本书是国家社科基金青年项目

"马克思经济学视角下振兴中国实体经济的资本积累结构研究"（17CJL002）

的成果

清华·政治经济学研究丛书　　西南财经大学全国中国特色社会主义政治经济学研究中心

"中国式现代化"系列专著

主编：李帮喜　刘震

振兴中国实体经济的资本积累结构

基于马克思主义经济学的视角

Capital Accumulation Structure of Revitalizing
China's Real Economy

From the Perspective of Marxist Economics

李怡乐　著

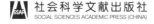

社会科学文献出版社
SOCIAL SCIENCES ACADEMIC PRESS (CHINA)

清华·政治经济学研究丛书

丛 书 主 编：李帮喜（清华大学）

　　　　　　刘　震（清华大学）

丛 书 顾 问（按姓氏拼音）：

　　　　　　白暴力（北京师范大学）

　　　　　　蔡继明（清华大学）

　　　　　　方　敏（北京大学）

　　　　　　刘凤义（南开大学）

　　　　　　卢　荻（英国伦敦大学）

　　　　　　孟　捷（复旦大学）

　　　　　　邱海平（中国人民大学）

　　　　　　荣兆梓（安徽大学）

　　　　　　王生升（南开大学）

　　　　　　张　衔（四川大学）

　　　　　　张忠任（日本岛根县立大学）

　　　　　　赵　峰（中国人民大学）

丛书支持单位：清华大学社会科学学院经济学研究所

丛书出版说明

"清华·政治经济学研究丛书"是清华大学社会科学学院经济学研究所与社会科学文献出版社共同策划的系列丛书。本丛书秉持马克思主义的核心指导思想,作为国内外中青年政治经济学学者优秀成果和国外优秀政治经济学译著的学术出版平台,内容涵盖马克思主义政治经济学、后凯恩斯主义经济学、中国特色社会主义政治经济学等方面的基础理论及经验研究。我们希望这套丛书能推动国内政治经济学研究的创新、发展,提升学科的国际化水平,总结建设中国特色社会主义实践中的经验,对相关问题进行研究和探索,力求有所创新和突破;同时成为国内政经"青椒"(青年教师)展现和交流优秀学术成果的一个窗口。

前　言

　　本书依托于 2017～2022 年笔者所主持的国家社科基金青年项目"马克思经济学视角下振兴中国实体经济的资本积累结构研究"。从党的十九大到党的二十大，与中国式现代化的特征与本质相适应，实体经济肩负着为社会主义现代化强国建立坚实物质技术基础的重任。2017年初，在研究起步阶段，笔者的关注点聚焦于发达资本主义世界金融化趋势向我国的传导、资本运动"脱实向虚"的成因，以及提升制造业利润率的针对性举措。伴随我国进入全面建设社会主义现代化国家的新发展阶段，"加快构建新发展格局，着力推动高质量发展"不仅对实体经济的稳定增长提出了新要求，也提供了新机遇。在构建新发展格局的背景下，我国经济处于技术路径升级、增长动能转换的重要时期，实体经济是为长期经济增长提供新技术和新产品的关键部门；与此同时，国内统一大市场的优势、国内国际双循环相互促进的流通空间，也为实体经济持续提升劳动生产率和利润率提供了可能，进而有助于实体经济投资结构优化、就业扩容、劳动者工资提升与居民消费升级，形成良性循环的增长体制。概言之，振兴实体经济是畅通经济循环、实现高水平自立自强的枢纽，也正是依托于经济现代化的系列战略部署，实体经济高质量发展才有了稳固的制度条件。

　　全书的核心工作，是在梳理马克思主义经济学资本积累理论与分析资本积累制度的基础上，基于理论、历史和实践的充分互动参照，构建中国特色社会主义市场经济条件下，经济循环、技术创新、制度体系三个方面协同演进的分析框架，突出三者间的正向互动机理，系统勾勒中

1

国式现代化背景下，实体经济高质量发展的结构性条件；进而分别研究经济循环过程中实体经济的积累动能与利润率提升、数字经济赋能实体经济的技术机理与制度基础，以及对经济循环畅通和技术创新促进有重要作用的三类具体经济制度的运行。

本书的理论逻辑建基于马克思的经典资本积累理论，通过对话20世纪以来代表性马克思主义经济学流派对资本积累阶段和制度的分析，厘清了市场经济长期增长面临的一般约束，提出在社会主义条件下形成相对稳定的经济增长，需要协调实际资本积累过程中的矛盾，建立一整套稳增长的结构，在市场有效性增强与国家经济治理能力现代化之间达成统一。在积累的社会结构理论、调节学派等研究视角的启发下，本书详细分析了振兴实体经济的资本积累结构，涉及积累当事人、积累动能、积累系统条件的有效组合，立足我国社会主义市场经济体制中的大量政策实践，如作为特殊的积累当事人，国有企业、地方政府的行为模式何以能更利于保持实际资本投资规模与优化实际资本投资结构；高标准市场体系、技术范式升级、循环空间扩容等如何对实体经济的资本循环顺畅与扩大再生产发生作用，突出了积累结构中制度体系始终与经济运行过程深度嵌套。结合理论与中国经验的分析显示，积累的制度体系不应局限在理论自洽、与经济循环脱节，而应在经济运行实践中自我革命与升级，技术创新亦内生于良好的经济循环与制度体系，增加了经济、技术与制度互动优化的理论参照系被用于构建稳增长结构的可能性。

我国实体经济的高质量发展需要遏制过度金融化、推动经济与金融的共生共荣。然而，资本积累的"两重化"却表现为现代市场经济的一般特征。本书第三章首先从理论角度分析了金融资本与实际资本积累的共生逻辑以及它们相对分离的过程；其次从历史角度简析了金融-垄断资本主义的矛盾演化；再次从经济、技术与制度的参照系出发，揭示了金融化对经济循环的实际作用，与所处生产关系、政府的协调性制度高度相关；最后立足我国金融体制改革的实际，论证了防御金融化风险，关键在于保障实体经济的持续增长和发挥社会主义经济制度的治理效能，并关注到金融供给侧结构完善对实体经济创新能力提升的作用。

利润率是马克思主义经济学宏观分析关注的重要变量。本书第四章尝试论证，利润率由经济循环过程综合决定，并反映经济循环状况。此章以我国制造业的实际资本积累现状与利润率水平为切入点，进行了一些经验研究工作，以下信息或许值得关注。（1）2017～2020 年，伴随国家助力实体经济发展的系列政策落地，制造业尤其是技术密集型行业的实际资本积累动能趋于增强，但存在的金融化风险依然需要警惕。（2）经营利润率、技术创新、有效市场与有为政府相结合的良好制度环境，是我国制造业企业进行实际资本投资的显著正向驱动因素，金融活动则对实际资本投资产生了挤出效应。（3）实体经济利润率波动的成因可以分解为分配格局、需求条件、技术水平三个方面因素。其中，技术与需求对于解释新常态以来实体经济的利润率波动尤为显著，与之相应，利润率提高的方案建基于建设现代化经济体系的总逻辑当中——在技术创新、循环扩容、制度优化三个层次重塑中国经济发展的结构与动力，这一发现也呼应了本书整体的理论框架。

针对技术创新，第五章依托于马克思的技术理论展开研究。一方面，在生产力层面考察了大数据、工业互联网、智能制造给劳动过程带来的革命性变化，分析数字技术促成更大规模协作、优化产业生态、实现人机互动的机理，关注数字经济推动劳动生产率提升、加快产品创新的可能。另一方面，着重于生产关系层面，讨论如何立足社会主义生产关系的制度优势，发挥数字经济在推动区域协调、绿色发展、共同富裕等方面的潜能，提出了数字经济对于改善整体经济循环，以及数字经济治理实践对于制度体系升级的意义。

最后回归经济制度体系，融合"制度"与"发展"，关注制度演进对经济循环、技术创新的作用。首先，分析了党领导下社会主义经济制度不断升级的总经验，提出成功发挥作用的经济制度，总是在保持经济增长与推进社会主义本质实现间达到有效统一；就振兴实体经济而言，有效制度既要在供给面激励创新，又要在需求侧扩大市场规模、改善分配格局，达到可持续的供需高水平动态均衡。其次，考察三类具体制度，论证了它们对实体经济稳增长的作用机理：共同富裕导向的收入分配制度改革为实体经济创新发展提供需求支持，实体经济创新发展又是共同富裕的物质基础；地区间协调发展导向的区域政策催生了新增长极且扩容经济循环，增强实体经济增长的稳定性；与科技政策协同性增强的产业政策，为实体经济催化技术创新、兜底技术变革风险，是实体经济发展质量升级的重要保证。

2023 年 4 月，习近平总书记在考察广东时指出，"中国式现代化不能走脱实向虚的路子，必须加快建设以实体经济为支撑的现代化产业体系"，振兴实体经济之于建成中国式现代化的意义毋庸置疑。本书从马克思主义经济学的视角展开，立足本质经济规律，通过考察振兴实体经济关键的结构性条件，探寻建成中国式现代化所需经济运行与制度体系间的耦合机理。在全书各个章节中，笔者都充分结合经济现实与马克思主义经济学的逻辑，尝试切入一些值得持续研究的经济本质问题，但由于全书偏重理论研究，难免存在重逻辑自洽、轻实践检验的缺陷；同时，我们将实体经济作为一个整体，没有关注实体经济内部多个细分行业的差异，也使得我们面临如何在更复杂的微观场景中，有效处理各种具体难题的挑战。如果说本书尚存一定的学术价值，或许主要在于，我们尝试将从经典到当代的马克思主义资本积累理论，与中国实体经济稳增长的已有经验、现实矛盾相融合，尝试贯通学术理论研究与政策话语研究，突出了中国特色社会主义经济发展战略演进背后的马克思主义经济学学理支持，见证了经典理论的生命力。行文中我们或许提出过一些有趣的问题，但是受个人研究能力和视野局限，只是简单地做出了一点解答，尚未深入讨论，期望能获得同仁的关注与反馈，更盼望本书能开启马克思主义经济学现实研究中一系列更具挑战性的命题。

本书的研究思路深受孟捷教授启发，他在《参照系与内循环：新兴政策范式的政治经济学阐释》等文章中提出：国民经济的内循环实现涉及三重条件，即经济条件、制度条件和科学－技术条件。这一视角直接启发了本书从经济循环、技术创新、制度体系三个方面构建实体经济稳积累结构的理论框架设计，在此向孟捷教授致敬。同时，感谢多年来关心笔者成长的各位师长，感谢相伴互助的多位学友，感谢对本书的数据处理有贡献的郑亚楠、陈亚、陈悦等同学。

2023 年 6 月于成都

目　录

第一章　引言：新发展格局背景下
振兴实体经济的挑战与机遇

实体经济是财富创造的根本源泉，是国家强盛的重要支柱。在新发展格局背景下，立足国内统一大市场的优势和双循环相互促进的流通空间，推动实体经济持续提升劳动生产率，获得利润率的合理提升，有助于促成实体经济投资增长、就业扩容，进而带动工资的可持续增长与居民消费升级，形成良性循环的增长体制。振兴实体经济的系统性方案根植于构建新发展格局、推动高质量发展的总背景，需要生产领域持续的创新能力释放、流通空间畅通与扩容，并立足社会主义经济制度体系对市场经济中再生产过程的一般矛盾进行有效协调，保证增长结果的共享，持续改善经济循环。

对于实体经济的范围界定，国内外学术界大多接受将金融与房地产部门之外的其他所有行业纳入广义的实体经济范围①，所谓经济"脱实向虚"的表述，一般针对的是各类资源，尤其是资本加速向金融业和房地产业流动，造成实体部门规模萎缩、发展能力受限。同时，基于新一

---

① 关于实体经济的概念范围划分，立足产业属性和学术界惯例，本书采纳黄群慧的界定方法，将实体经济划分为三个层次：第一个层次即以制造业为实体经济最核心的部分，也是最狭义的实体经济；第二个层次的实体经济包括制造业，以及农业、建筑业和除制造业以外的其他工业；第三个层次，在第二个层次的基础上加入了批发和零售业、交通运输仓储和邮政业、住宿和餐饮业，以及除金融业、房地产业以外的其他所有服务业，是实体经济的整体内容，也是最广义的实体经济。参见：黄群慧：《论新时期中国实体经济的发展》，《中国工业经济》2017 年第 9 期。

轮科技与产业革命现实，由于数字经济背景下一系列新业态的出现、农业现代化和现代服务业的发展，普遍以制造业的关键技术突破、生产率外溢和需求支撑为前提，我国的产业结构调整、现代化产业体系建设突出强调了要保持制造业占比基本稳定，巩固与壮大实体经济根基。故本书中所涉及的实体经济盈利、实际资本积累数据和案例等，多以作为"立国之本""强国之基"的工业部门、制造业部门为参照。

一 中国实体经济占比、投资与盈利水平简况

新时代以来，中国经济发展的动力和结构面临重大转变。改革开放后，倚重劳动密集型产业和"两头在外"的增长模式，中国经济曾获得较快的增速，并逐步积累起较强的工业生产能力。但是在人口红利减少、终端标准化消费品市场增量空间有限、价值链低端环节盈利微薄、国际贸易中保守主义势力兴起等因素的共同作用下，实体经济难以在原有技术路径中保持稳定的发展速度，低成本、高耗能、出口依赖度较高的增长结构，逐渐与创新、协调、绿色、开放、共享的高质量发展目标相冲突。

（一）实体经济占比走势

以 2008～2010 年为重要转折点，此后实体经济占比收缩，我国工业部门增加值、金融与地产部门增加值在 GDP 中的占比分别呈现明显的下降和上升趋势（见图 1-1 和图 1-2）。工业增加值占 GDP 的比重自 1998 年到 2020 年由 40.07% 下降到 30.87%，从新冠疫情发生前金融业增加值占比相对最高的 2015 年来看，金融业增加值占比达到 8.17%，高于同年英国、美国金融业增加值占比（为 6.6%～6.8%），更远超日本、德国 4% 左右的水平[①]。2015 年，我国金融业对 GDP 增量的贡献率达到 15.6%，

---

① 张晓晶：《金融发展与共同富裕：一个研究框架》，《经济学动态》2021 年第 12 期。

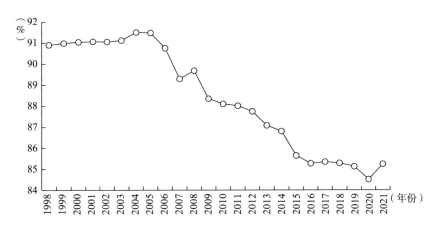

图 1－1　全部实体经济在 GDP 中的占比

注：根据国家统计局发布的相关数据计算，实体经济为除金融业与房地产业之外的全部行业。

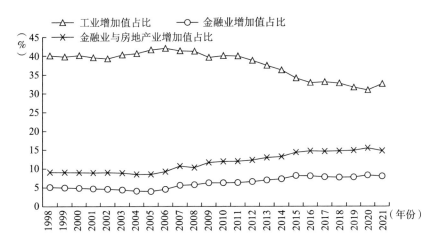

图 1－2　三部门增加值在 GDP 中的占比变化

数据来源：根据国家统计局发布的相关数据计算。

而工业对 GDP 增量的贡献率为 32.6%。[①] 工业和制造业增加值占比下降一方面是工业化进程中产业结构自发演变的结果，另一方面也与制造业企业的盈利能力不足，市场逻辑作用下资本大量流入金融、房地产等

<hr />

①　数据来源：国家统计局。

行业有关。从 2016 年底中央经济工作会议到 2017 年党的十九大,协调实体经济部门与虚拟经济部门的比例关系,避免经济"脱实向虚"开始成为我国重要的经济工作,实体经济占比下降的趋势基本被抑制。

(二) 实体经济积累动能发展趋势

图 1 – 3 展示了 2007 ~ 2020 年我国制造业固定资产投资规模、占比与同比增速。可以发现:2007 ~ 2012 年,我国制造业固定资产投资规模持续扩大,固定资产投资在总资产投资中的占比保持较高、较稳定水平,同比增速虽有下降趋势,但依然保持在 15% 以上。回顾相应历史,面对美国次贷危机引致全球经济衰退,我国适时出台了针对性的宏观经济政策,在较为积极的货币政策和四万亿元投资计划的刺激下,我国制造业固定资产投资总体处于扩张的阶段。2012 ~ 2018 年,制造业固定资产投资规模仍然扩大,但是增速明显下降,显示了固定资产投资紧缩的趋势,主要原因或在于经济增长动能、结构开始调整,既定类型产品的市场需求收缩,利润率趋于下降,企业面临去除过剩产能的主要目标。2019 ~ 2020 年,我国制造业固定资产投资规模与占比等指标有所回升,但是增速仍然下降,尤其是 2020 年面对新冠疫情的冲击,制造业固定资产投资增速一度下降为 – 2%。横向比较行业结构,房地产业依然是制造业之下的第二大固定资产投资部门,与此同时,水利、环境和公共设施管理业,租赁和商业服务业,科学研究和技术服务业等新兴服务业固定资产投资占比都有所提升,这反映了伴随我国工业化走向成熟,产业结构的自发演变升级。

需要及时更新的是,伴随"十四五"规划对制造业基础地位的强调和对制造强国战略的推进,以及疫情背景下中国制造对全球供应链的积极支撑,2021 年我国制造业固定资产投资增速回升到 13.5%,其中,投资结构和质量的升级特别值得关注。专用设备制造业、铁路船舶等交通运输设备制造业、电气机械和器材制造业、计算机等各类电子设备制造业的固定资产投资增速都达到 20% 以上。同年,高技术

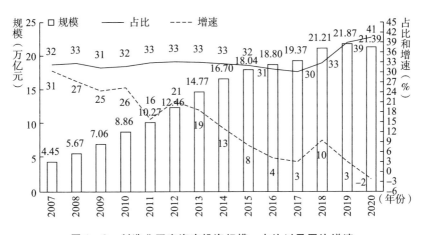

图 1 - 3　制造业固定资产投资规模、占比以及同比增速

数据来源：根据国家统计局发布的相关数据计算。

制造业和装备制造业增加值增速分别达到 18.2% 和 12.9%，远高于规模以上工业企业平均增幅（9.6%）。[1] 这些体现了我国传统优势部门、数字经济相关行业持续发展在稳投资和增长中的突出作用，由于实体经济保持积累动能和结构优化在带动长期增长与盈利中的关键作用，本书第四章将对制造业积累态势再做专门分析。

（三）实体经济利润率比较

实体经济投资动能变化的主要原因需回到行业间利润率的比较当中。2016 年，在我国 500 强企业的盈利总量中，制造业企业获得的利润仅占 17.1%，金融机构的利润占比为 56.8%。[2] 2017 年，我国 500 强企业中利润率排行前 40 的企业有 32 家为金融类公司，仅有长江电力、贵州茅台、五粮液、网易和腾讯等实体企业挤入前十名单。[3] 面对

---

① 数据来源：国家统计局。

② 李毅中：《四组数据证明实体经济"空心化"严重性》，《21 世纪经济报道》2017 年 3 月 8 日。

③ 数据来源：根据财富中文网 2017 年 7 月 31 日发布的报告整理，见《2017 年中国 500 强利润率最高的 40 家公司》（http://www.fortunechina.com/fortune500/c/2017 - 07/31/content_ 287535. htm）。

这一紧迫现实,2016 年底中央经济工作会议将"振兴实体经济"作为未来经济工作的重点。2017 年党的十九大明确了实体经济是建设现代化经济体系的着力点,做出一系列技术和制度层面的布局,帮助实体经济的发展质量、盈利能力提升。2019 年我国 A 股 3800 多家上市公司实现净利润总额 41576.5 亿元,其中银行、保险、券商等金融板块共 78 家公司实现的净利润占比为 49.05%,尽管依然存在金融业盈利占比较高的问题,但相较于 2016 年有所改观。① 同样,相比于 2017 年数据,2019 年我国 500 强企业中利润率排行前 40 的企业,有 16 家非金融类企业上榜,包括生物、交通、能源、数字经济相关企业部门。② 国家统计局发布的行业总体数据显示,从我国工业企业的主营业务利润率来看,2010 ~ 2016 年该指标从 7.6% 下降至 5.9%,2018 ~ 2019 年有一定波动,从 6.49% 下降至 5.86%,排除疫情的不利影响,该指标在 2020 年恢复至 6.08%,2021 年进一步上升到 6.81%。③

从实体企业盈利指标的数据走势中,可见过去五年间我国振兴实体经济的系列举措开始取得一定成效,既体现在利润率较高企业中实体经济部门占比增加,也体现为我国制造业、工业部门的利润率已从 2015 年前后的低迷状态中走出,趋向于一定程度的回升。作为国民经济的立身之本,在经济整体面临发展动能和结构转换的关键时期,实体经济既会经历调整的阵痛期,也是帮助中国经济发展跨越关口、实现高质量的关键。当然,还需要持续关注的是,笔者基于 744 家 A 股制造业企业的数据测算的结果显示(见图 1 - 4),相较于主营业务利润率的波动变化,金融资产投资收益率整体呈现上升趋势,要保持实体经济发展动能,势必需要它们修炼内功,持续增强主营业务的盈利能力,避免做出

---

① 《78 家银证保公司业绩大梳理:净利润占 A 股半壁江山》,网易网,https://www.163.com/dy/article/FBHL5P360530S72V.html,2020 年 5 月 1 日。

② 除金融类企业以及 2017 年就已上榜的贵州茅台、长江电力、腾讯等企业外,2019 年利润率进入前 40 的公司还包括中国生物制药、中通快递、汉能薄膜发电、海康威视等代表性公司。

③ 数据来源:根据国家统计局发布的公告整理。

过度金融投资选择。

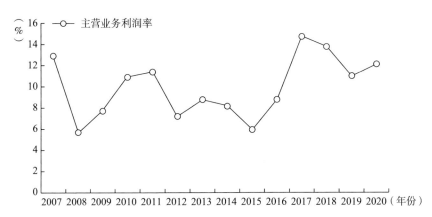

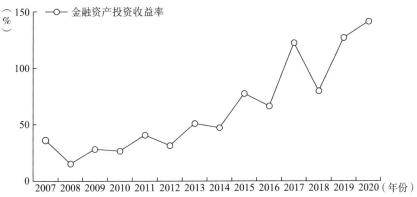

图 1-4　制造业上市企业主营业务利润率与金融资产
投资收益率走势

二　实体经济发展面临的积累结构性矛盾

　　实体经济盈利能力下降、经济结构"脱实向虚"的趋势，不仅是近十年来我国经济增长动能和结构转换中面临的问题，也是 20 世纪 80 年代以来主要发达国家经济运行中的突出问题，部分国家甚至出现了比较明显的实体经济空心化问题。实体经济空心化既加剧了资本主义国家本土的劳资矛盾，也导致跨国资本有更强的动机在国家间进行价值转移，维持自身的食利能力，激化国家间的零和博弈。从资本运动的基本属性来看，重大革命性技术创新乏力、传统投资领域过度竞争、生产过剩，势必助推资本向虚拟经济的流动。新自由主义资本积累体制为了快速修复资本盈利能力采取金融去管制化，也增强了金融资本相对于产业资本的剩余分割权力，固化了后者的低利润率和金融化发展趋势。金融主导型发展模式的运行，给当事国以及全球生产体系都制造了愈加突出的风险与潜在危机。

作为全球生产体系的一部分，中国实体经济的投资、生产与盈利同样受上述历史背景和资本运动规律的约束，并与经济发展模式转变期面临的特殊矛盾相关。

（一）传统技术范式下投资产出效率的下降

改革开放后，我国逐步加入全球生产体系。在赶超历程中，标准化存量工业知识的学习、物质资本投资快速扩张、充足的劳动力供给，共同帮助中国经济取得了较快的增速。1998～2007年，我国规模以上工业企业人均占有的固定资本存量年均增速为10.07%，而同期的劳动生产率平均增速高达18.17%[①]，即伴随资本技术构成上升的是劳动生产率更快的增长，这使得产出资本比长期提升。这一时期充裕的农村剩余劳动人口向城镇部门转移、偏向于效率的劳动力市场制度安排和收入分配政策，都使得实际工资增长率明显低于劳动生产率增长率，劳动收入份额下降而利润份额上升，结果是资本利润率处于长期上升趋势，上升的资本回报水平又推动了较快的投资增长。

但是上述增长轨迹逐渐面临积累过程中的制约因素——既定技术轨道上，同质化产品生产加剧企业间的破坏性竞争，高额固定资本沉淀抑制利润率进一步增长。由于既有技术范式的潜能逐步发挥殆尽，资本构成继续提高与劳动生产率增速变慢相结合，加大对利润率的不利影响。从我国实际数据来看，2009～2014年，规模以上工业部门人均固定资

---

① 数据来源：根据国家统计局发布的相关数据计算。

本存量增速为 9.7%，但劳动生产率增速则跌至 8.4%[①]，产出资本比出现下降。与此同时，投资扩张加剧的过剩产能难以根据需求市场变化及时调整。在缺乏全新的技术体系和重大产品创新的支持时，企业扩张投资尝试创造更多低成本产能以应对竞争，结果是一方面债务扩张强化了系统性金融风险，另一方面大量固定资本沉淀让企业退出机制失灵，市场竞争环境和企业盈利状况持续恶化。

供给侧结构性改革就是在这一背景下，将"去杠杆""去产能""去库存"以及"补短板"作为重要目标。中国制造加入世界市场的历程中，以低劳动力成本与高额投资的技术赶超相结合，形成了强大的出口竞争力。然而，伴随后发优势减弱、技术引进空间收缩，叠加全球性生产过剩加剧，在缺乏独立自主的重大技术创新和内部需求空间增长的条件下，增长限度的问题势必凸显。实体经济盈利水平出现下降是中国经济在旧技术范式和增长结构下发展到一定阶段必然面临的问题。

上述背景下，如果没有专门的制度调节和技术演进，由物质资本扩张阶段向金融资本扩张阶段的演变就难以避免。同时值得注意的是，发达国家的金融化和去工业化是以控制全球生产高附加值环节获得巨额"剩余"输入为基础的，后文将说明，发达国家对当前支柱性部门核心技术的把控，事实上为其金融化和大资本的持续获利提供了关键的"避险"机制；与之相比，中国若出现"过早的"金融化风险，实体部门的积累和创新就可能遭受打击。

（二）多种成本提升对利润份额的挤压

刘易斯转折点到来背景下的劳动力成本上升、虚拟经济扩张带动租金成本提高，以及生态承载量逼近极限后的环境成本攀升，都对实体经济的盈利能力增长设置了限制。

在劳动力成本方面，2010 年后我国就业市场上需求与供给的比值

---

① 数据来源：根据国家统计局发布的相关数据计算。

即求人倍率大体稳定居于 1.0 以上，从 2017 年第四季度至 2021 年一直保持在 1.2 以上的高位①，普通技能工人供给的不足成为劳动力市场上的一个长期现象。在劳动者收入平均增速最快的 2010～2015 年，以不变价格计算，城镇单位就业人员的年均工资增速为 8.4%，农民工工资年均增速为 10.7%，皆高于同期第二和第三产业劳动生产率 6.37% 的年均增速。2016～2019 年，城镇单位就业人员年均工资增速下降到 7.59%，依然高于同期第二和第三产业劳动生产率年均 6.57% 的增速。② 总体而言，伴随刘易斯转折点到来，以及 2008 年之后我国劳动与社会保障制度的保护性增强，劳动力成本总体上升趋势明显。从微观层面来看，企业应对用工成本上升对其利润边际的挑战主要还需依靠生产率更快增长；从宏观层面来看，挖掘公共政策保护性增强对劳动力供给质量和需求结构转变的长期正向效应是必需的，以国内大循环为主的增长体制恰是在此背景下逐渐形成的。

在租金成本方面，实体经济中产能过剩、劳动力成本上升，全球增长停滞，挤压中国制造的出口空间，推动资本加速进入金融和地产等部门，寻求次级循环空间以避开传统投资渠道的拥挤；而地产和金融垄断企业势力的增长，则进一步拉升了租金收益，使实体经济的运行成本加速提升。据相关报告，2015～2016 年，大量的中小企业只能以贷款基准利率上浮 5～30 个百分点的融资成本勉强获得资金，并且贷款额约 15% 被用于担保抵押和手续费。③ 除面临较高的利息支付成本外，正规金融市场发展存在短板，抑制企业多渠道融资，也催生影子银行从而加剧金融体系的系统性风险。

在实体经济缺乏足够盈利空间的背景下，房地产业充当了我国经济增长的支柱性行业之一。根据国家统计局历年发布的公报计算，2016～

---

① 数据来源：人力资源和社会保障部发布的《2021 年第三季度百城市公共就业服务机构市场供求状况分析报告》。
② 根据国家统计局发布的相关数据测算。
③ 中国财政科学研究院"降成本"课题总报告撰写组、刘尚希：《关于实体经济企业降成本的看法》，《财政研究》2016 年第 11 期。

2020 年，房地产业增加值对 GDP 的贡献率保持在 6.5% ~ 7.3%；由于其中尚未包含存量住房交易增加值，房地产业对经济增长的实际贡献率还要更高，如果纳入对建材、家装等关联行业的带动，房地产间接贡献的 GDP 比例还有 10% 左右。2021 年，土地财政收入总额为 8.7 万亿元，达到地方税收收入的 78%。房地产业的快速发展一方面是我国城镇化和工业化进程、要素自然向中心生产和生活区域聚集的结果，另一方面也受多重因素叠加推动，包括：地方政府基本财政收入不足，但同时面临促增长、保民生多重目标，增强了它们对土地财政的依赖；实体经济盈利能力有限，居民财产性收入渠道不多等。结果是大量资本涌入房地产业，加剧该产业的资产泡沫，增加企业、地方政府、居民部门的债务风险，抑制居民其他消费，住房的供需背离了其基本的使用价值属性，最终也使实体经济运行面临更高的租金成本。

再从能源环境成本来看，较高水平的能耗与排污是我国传统制造业增长中的顽疾，也是高质量发展必须攻克的问题。秉持绿色发展理念，推动资源、环境可承载的区域协调发展，是从"十三五"到"十四五"时期经济增长的约束也是目标。2020 ~ 2021 年，"碳达峰""碳中和"被提上日程，我国企业面临能源结构和生产方式转换的巨额成本，环境保护要求提高、企业治污投资与排污缴费增长，环境成本增长在短期内对企业利润率产生抑制，但也意味着新技术范式、产业体系升级提供的利润增长的机遇。绿色发展不仅是新发展理念瞄准的目标，作为现代化经济体系的一部分，绿色发展本身也是战略机遇，本书后续将分析，每一轮科技与产业革命的发生都包含信息传输方式与能源结构的重大变化。当前，新能源开发、节能环保产业都是各国尝试争夺先机的重要技术和产业领域，现代化的工业生产以绿色、低碳、智能制造为主要特征，既要借助大数据和智能化设施，促成对传统产业原料、能源消耗的改进，又需要新能源产业的大力发展，减少生产对化石能源的依赖。在传统制造领域产能相对过剩的背景下，绿色产业既是推动内需增长和经济增长的重点领域，也是建立现代化产业体系核心技术和产品结构的关键支撑。

（三）价值实现困境强化经济循环的负反馈

随着实体经济的利润率下降，生产、分配、消费间的矛盾愈加显现，阻碍了扩大再生产的高效率进行。经济快速增长往往伴随着一种新技术范式的扩张，在利润引导下持续的投资增长与新的生产布局，带动劳动生产率的提高和实际工资的一定增长，持续提供更多的就业岗位，并通过消费市场扩大、再生产深化推动社会分工和劳动生产率增长。然而，缺乏革命性技术进步、常规工艺创新加剧了产品市场的结构性丰裕和生产过剩，企业间在国际、国内市场上的零和竞争激化，利润边际萎缩，沉淀的投资难以收回，劳动与资本间利益分享的零和性增强，将威胁就业和工资的可持续增长空间，从而抑制内部市场规模扩张，并阻碍分工深化与产品创新，这就使得生产、分配与消费处在一个彼此加强的负反馈过程中。如图1-5所示，我国规模以上工业企业产能利用率在1998~2006年一度经历快速上涨，但是2007年之后呈现波动下降的趋势，这对需求扩容与升级提出更高要求。

图1-5 我国规模以上工业企业产能利用率

数据来源：根据国家统计局发布的相关数据计算。

2016~2019年农民工和城镇单位就业人员实际工资（扣除CPI）年

均增速分别为 4.30% 和 7.59%，其中农民工实际工资年均增速远低于该指标在 2009~2015 年 12.3% 的年均增速，2009~2015 年城镇单位就业人员实际工资年均增速为 8.98%。[①] 劳动力成本较快的增长一度被认为是新常态之下中国实体经济快速增长的成本负担。党的十九大以来，伴随供给侧结构性改革深入，扩大中等收入群体规模、推动中低收入劳动者持续增收，逐渐成为完善国内需求体系的重要基础。但是需要高度关注的是，以农民工群体为代表，实际工资增速在 2016 年之后出现了比较明显的下降。如何实现中低收入群体持续增收及做到这一点对于消费扩容的意义，我们将在后文再做具体研究。

总之，在原有积累体制对应的增长动力耗竭的情况下，要重建投资、就业、消费相互促进的良性循环，需要依靠重大技术创新，而要促成创新的常态化和内生化，又需要积累的制度结构的协同演变，为技术创新与扩散提供动力机制与系统条件。这也构成了本书的基本逻辑，要振兴实体经济，必须立足于社会主义市场经济体制，构建积累的制度结构，催化并释放技术创新，在新发展格局背景下再建良性的经济循环过程。

（四）实体经济与虚拟经济的结构偏差

从实体经济与虚拟经济的基本结构来看，当下实体经济与虚拟经济二者间未能形成合理循环，金融市场垄断与金融供给结构创新不足并存，实体经济同时面临高债务率和高融资成本。由于要素市场体系不完善，各类型企业间没能形成很好的功能互补与利润分享关系。根据兴业证券发布的报告测算，2020 年中国实体经济部门总的债务付息成本超过 14 万亿元，实体部门债务付息成本占名义 GDP 的比例约为 14%，占社会融资规模的比例约为 41%。[②]

[①] 根据国家统计局发布的相关数据计算。

[②] 《资产布局期——〈宏观大类资产配置手册〉第十八期》，搜狐网，https://www.sohu.com/a/460136405_611337，2021 年 4 月 7 日。

一方面，金融体系内部结构不完整，企业融资结构以短期信贷资金为主，欠缺助推实体经济长期创新型项目融资的资本性金融；另一方面，不仅金融类企业凭借在资本循环和再生产中把控货币资本流向，汲取一定垄断收益，由于实体经济投资渠道的收缩，非金融类企业资本的"食利倾向"也促使它们增加金融活动参与，在企业资本结构中大幅提升金融资本占比、获取金融类业务收益，抑制了有助于企业主营业务创新能力提升的实际资本积累，加剧资本在虚拟经济内部"独立"循环，助长资本市场的泡沫，抑制货币政策扶植实体经济发展的有效性。制造业企业金融资本投资对实际资本积累的挤出趋势值得关注，本书后续章节也将专门对此进行研究。

工业革命以来，重大技术进步的实现多建立在足够资本支撑的基础上。信用体系扩张促成金融资本规模增大与市场影响力增强，是现代经济体的基本特征，功能完善、健康运行的资本市场作为社会主义市场经济体系的一部分，是实体经济发展的血脉。金融供给侧结构性改革最终要能驾驭资本、协调资本流向，合理降低实体经济付息成本、充分催化实体经济的技术创新，实现经济与金融的繁荣共生，并帮助人民共享经济增长的收益。

（五）宏观经济治理体系的多目标和强约束

从宏观政策对实体经济发展的支持来看，我国宏观经济治理体系对振兴实体经济的推动还存在一系列可以改进的空间。例如，在货币政策方面，增量货币如果不能结合有效的信贷渠道传导助推实体经济发展，就可能加剧资产泡沫，并通过财产收益不均加大收入分配不平等，在供给和需求两个方面同时抑制实体经济增长；在财政政策方面，近年来我国税费结构不断优化调整，鼓励实体经济创新，营商环境建设注重提质增效，努力降低先前存在的各类制度性交易成本给企业经营造成的负担；在产业政策方面，既往政策设计偏重于对具体行业的补贴和投资引导，由于信息滞后、合成谬误等因素的存在，产业政策时常被质疑导致了特定行业过度拥挤、投资效率低的痼疾，尚缺少对源头创新的有效激励，没能很好地采取推动企业生产组织方式革命、改变与世界经济体系关系的根本性变革举措，但我国产业政策已逐渐由特定产业选择向功能性创新支持转变，后文篇章将有专门研究。与此同时，新时代以来，伴随新发展理念的逐步落实，政府协调性制度面临多目标与强约束。例如，在降低企业运营成本与提升公共服务质量之间、在推动金融工具创新与防范系统性风险之间，有限的政策腾挪空间更加考验经济治理体系的适时升级。

需要注意，挑战同时也是机遇。尽管我国的宏观经济治理体系存在多目标如何合理兼顾的困境，但是收入分配政策、城乡经济关系协调政策、区域政策等看似集中针对发展协调性与共享性的政策，长期来看也为中国经济发掘了新的增长动能。共同富裕、新型城镇化建设、乡村振兴发展、区域间生产力布局优化等一系列政策设计都是建设现代化经济体系的有机组成部分，为持续的投资与消费增长开拓了更大的地理空间，直接改善了流通体系，并塑造了更大规模、更高质量的再生产，是基于中国特色社会主义的制度优势对经济持续增长和质量提升的赋能。从这个角度来看，社会主义初级阶段不平衡不充分发展的领域，也为中国经济保持增长，并在增长中推动共同富裕提供了可以开发的空间。

综上，2010 年前后至今，在我国经济整体面临发展方式、增长动能和结构转变的背景下，我国实体经济遇到了盈利能力下降的问题，资本流向存在一定的"脱实向虚"趋势。从马克思主义经济学角度来看，实体经济发展的困境源于积累与增长过程长期面临的结构性矛盾，限制了经济良性循环的发生（如图 1-6 所示）。可能的具体原因包括：既有技术路径下固定资本投资无法持续带动劳动生产率提高，资本技术构成上升、产出资本比下降对利润率造成威胁，并凸显了各类成本上升导致利润挤压的困境；标准化消费品生产采取的常规工艺创新，逐渐加剧产品的结构性丰裕，较为严重的生产过剩破坏了价值实现条件，抑制了利润率；实体经济盈利能力不足，阻碍实际资本进一步投资，对就业形成威胁，影响工资可持续增长空间，进而限制消费市场扩容，难以从需求侧发力推动专业分工深化与产品创新；在总利润水平有限的前提下，价值链上不同企业间、全社会不同资本类型间的利润分配冲突加大，竞争逻辑强于共生逻辑；发达国家的金融化现状强化了跨国资本从后发国家进行价值转移和控制上游核心技术的动机，国家间的零和博弈加剧；在经济发展方式的转型期，政府协调性制度面临多重目标和较强约束。

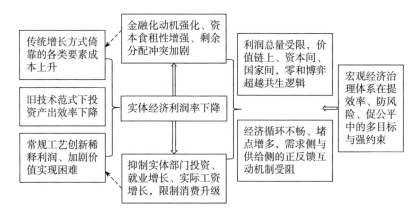

图 1-6　实体经济面临的积累结构性矛盾示意

三　振兴实体经济对于构建新发展格局的意义

新发展格局背景下，我国经济处于技术路径升级、增长动能转换的历程当中，要推动经济全面现代化，基础在于运用最新科学技术成果全面改造社会生产与流通过程，不断优化投资结构、推动生产率持续增长，形成供给结构升级、居民收入增长、国内消费扩容的良性循环。当前，我国拥有全世界品类最为齐全、规模最大的工业生产体系，强大的工业生产体系始终是独立自强的中国经济的根本。由于工业部门的高质量产出与技术体系升级互为条件，也是改善就业结构与收入分配格局的重要决定因素，进一步的工业现代化就成为我国经济高质量发展和人民共同富裕的物质基础。

（一）理论逻辑：工业现代化是产业体系现代化的基础

自 18 世纪 70 年代工业革命以来，推进工业化就是传统农业国家在经济、社会、政治等各个领域实现独立和步入现代化的生产力基础。新中国成立以来，实现社会主义工业化是党领导人民进行经济建设的重要目标，甚至可以说工业化就是社会主义经济现代化的核心。[①] 保持相对独立完整的工业特别是制造业体系是我国独立自主发展的战略支撑，也是应对国际环境变化和国外供需不确定风险的基本需要。

对于中国经济现代化的历程而言，工业化提供了最为关键的学习能力。如卢荻和黎贵才将快速工业化作为改革开放后中国经济增长的直接动力，原因不仅在于工业增加值构成了 GDP 的重要部分，而且在于工业是动态规模效应强劲的领域，持续地形成了生产率增长的动态效应，与新古典主义的逻辑不同，我国工业化建设一开始就表现为违背比较优势的资本深化型投资，但强化了"集体学习效应"，为非工业部门和整体经济增长提供了引擎。[②]

就我国现阶段工业化的发展程度而言，黄群慧团队基于产业结构、制造业增加值占比、城镇化率等指标的测算结果显示，2020 年我国已经基本实现了工业化，大部分省份处于工业化后期甚至后工业化阶段。[③] 然而，工业部门大而不够强，发展不平衡不充分的问题在工业部门内部依然明显存在，包括区域间工业化水平、质量差异，部分行业低水平产能过剩与高端产业发展不足并存，"工业四基"进口依赖度高，能源与环境压力巨大等。新型工业化的提出正是要在这些方面有所突破，特别是在数字经济背景下加强工业化与信息化的联动，及其对新型

[①] 黄群慧：《中国共产党领导社会主义工业化建设及其历史经验》，《中国社会科学》2021 年第 7 期。

[②] 卢荻、黎贵才：《生产性效率、工业化和中国经济增长》，载《政治经济学报》（第 16 卷），格致出版社、上海人民出版社，2019。

[③] 黄群慧：《2020 年我国已经基本实现了工业化——中国共产党百年奋斗重大成就》，《经济学动态》2021 年第 11 期。

城镇化和农业现代化的推动。

当前经济高质量发展的基础还是工业，特别是制造业的现代化。历次工业革命的历史显示，不论是消费品还是资本品的重大创新都源自制造业提供的升级的技术设备与工艺类型。制造业是实现国民经济整体技术改造的基础，数字经济发展中工业互联网建设、工业大数据整合应用，最终都落实在数字技术赋能制造业的实际过程中，数字基础设施布局、传感器部署、智能生产线改造等每样都涉及基础材料、零部件的生产能力，工业互联网的最终落脚点也在实际制造过程而不在连接设备本身。同样，绿色发展的践行也不仅是政策、意识形态转变问题，而且是工业部门基础工艺升级、能源结构转变和产业链定位的问题。

需要说明的是，实体经济不仅包含工业，也包含农业和服务业。服务业的适当占比与高质量发展也是学界关心的问题。由于我国服务业占比相比于发达国家历史同期水平尚低①，我们的研究视域中似乎就同时出现了"去工业化"与"服务业发展不足"的矛盾。而本书之所以将研究重心置于构建推动制造业创新发展的系统条件，原因在于服务业发展和升级的基础也在制造业部门。据知名智库曼哈顿研究所近期的测算，每年全球制造出价值约 2 万亿美元的信息硬件，从计算机、内存芯片到手机信号塔，从智能手机到数据中心，大致相当于全球的汽车销售总额。如果没有这些数字硬件，就不会有额外 4 万亿美元的软件服务注入如今的全球经济。②

一方面，由于生活服务业劳动生产率增长的空间有限，远远低于制造业，只有制造业生产率的极大提升，才能使资源从制造业流向服务业，不断改善居民的生活质量，优化民生；另一方面，制造业是创新之源，现代制造业提供了创新的平台或生态，离开制造环节，很多创新与

① 钟粤俊、陆铭、奚锡灿：《集聚与服务业发展——基于人口空间分布的视角》，《管理世界》2020 年第 11 期。

② "Addressing multi-cloud IT challenges in manufacturing," https://industrytoday.com/addressing-multi-cloud-it-challenges-in-manufacturing/.

研发都如无源之水。在数字服务对制造业和消费重新赋能的同时，围绕数字设备的制造能力也成为竞争力的关键。因此，现代制造业成为知识与资本高度密集的行业。[①]

制造业的技术创新推动了服务业与制造业的深度融合及其边界模糊，加速了现代服务业的兴盛，特别是在数字技术体系的支持下，既有从服务端起步，如一些电商企业凭借数据积累形成的云服务能将消费侧多元个性的需求快速传导至生产端，极大地优化资源配置，降低信息传播成本、减少信息传输偏误（凭借我国消费互联网的快速发展，此类业态增长较快）；也有凭制造端技术发力，建立"灯塔工厂"，实时感知投入设备的运行状态，快速回应客户需求。现代装备制造业的发展尤其需要这种能力，而我国制造业服务化的能力尚有不足。2014 年，我国 198 家装备制造企业中，155 家企业总营业收入中服务类收入占比不足 10%，而全球领先装备制造企业的该比例为 26%，"两业"融合短板比较明显。[②] 究其原因，还是产业基础中的短板如芯片、传感器、工业软件、共性技术等自主化程度不足，限制了智能装备的生产并影响我国在全球价值链中的地位提升。制造业服务化与服务业制造化的新业态、新模式不会导致产业结构失衡，而是会提升经济发展的整体效率和质量，这正是所谓产业结构升级的内涵，而非简单的两大产业比例问题。

（二）国际经验：对前沿技术的控制力是企业盈利能力的关键

从国际经验来看，自 20 世纪 80 年代以来，美国经济出现了明显的金融化趋势，非金融部门实际资本积累减速、制造业资本外流，制造业就业人口占劳动人口的比例从 30% 左右下降到 8% 左右，制造业产值占比约为 11%，关于美国制造业空心化的问题被广泛关注。但同时要注

---

① 汤铎铎：《大国经济崛起与双循环：国际经验》，《学习与探索》2022 年第 2 期。
② 中国社会科学院财经战略研究院课题组：《制造业服务化成共识 需促进制造业与服务业高效融合》，中国新闻网，https://www.chinanews.com.cn/cj/2022/01 - 04/9643559.shtml，2022 年 1 月 4 日。

意的是，由于美国抓紧了向制造业产业链高端领域布局，着力提升在新一轮产业革命中具有核心技术控制力的部门的生产能力，美国头部科技企业始终保持了极高的盈利能力。

考察美国高科技企业经营的现实，会发现"关于美国制造业走向终结的表述是片面的"，诸如苹果、微软、谷歌、亚马逊等高市值的科技公司（2021年四家公司的市值居全球第一、第二、第四、第五位），不论它们的收益是主要来自硬件（苹果80%的销售额来自硬件），还是软件产品，本身都在硬件基础设施上进行了大量投入，否则就无法提供改造传统生产与流通方式的"云服务"。例如，亚马逊运营了超过1500万平方英尺的建筑，其中密布着服务器、路由器、内存条等计算机硬件，它还运营了超过2亿平方英尺的包含大量机器人的仓库。① 如果没有足够的芯片、先进材料等硬件制造能力，互联网时代的智能算力、各种云端服务都会成为无米之炊。

就苹果公司而言，硬件产品尽管绝大多数由供应链企业生产组装，但是从元器件研发到生产和制造过程，苹果都参与了对技术标准的确立，不允许"黑箱"的存在，极强的供应链管理能力依托于它对制造核心信息的绝对掌控，甚至直接给供应链企业投入生产设备（仅用于生产苹果的产品）。据公司财报，每年百亿美元的资本支出中75%以上用于设备和软件购买，这也确保了苹果公司能够在最终硬件的销售中获得绝大部分利润。

就美国宏观数据来看，在国内企业的全年研发投入中，68%来自制造业企业的贡献，这些研发投入保证了它们即使不直接生产产品，在关键材料、生产设备和管理系统上也具有控制力。尽管2019年美国制造业增加值约为GDP的10.93%，但凭借制造业总体存量规模和控制能力，美国制造业企业的市值相当于全球制造业企业市值的一半。

传统制造业在美国的衰落导致了一些区域的衰退、就业困境与劳资

---

① "Addressing multi-cloud IT challenges in manufacturing," https://industrytoday.com/addressing-multi-cloud-it-challenges-in-manufacturing/.

矛盾激化，但是大型科技公司的崛起及其对上游技术、核心投入品、标志性消费品品牌的垄断等，使得它们具有极强的产业链控制力和利润瓜分能力。如果比较产业链体量、就业规模，美国在绝对数量上落后于中国，但是在产品终端，美国企业具有极强的盈利能力。

中国式现代化的物质基础在于实体经济，特别是工业部门的创新能力和盈利能力。伴随工业化进程，城镇人口比例增加，为工业生产和居民生活提供支持的服务业比例增加是自然趋势，但是依然需要高度关注工业部门的引擎作用。尤其是，制造业是技术创新的主要来源，要发挥生产率提升的外溢效应和实现产业联动，必须在制造业部门内形成关键创新，避免过早的去工业化。理解我国工业化进程的基本经验，对于形成合理的产业结构比例、把握创新动能如何形成具有重大意义。

（三）历史实践：中国工业现代化的道路与自主创新能力的形成

既然振兴实体经济关键的技术卡口在任重道远的高质量工业化，那么必须有产业基础高级化和产业链现代化[①]，本部分我们关注新中国成立以来中国工业生产能力形成的三个主要阶段及相应的经验总结，目的是从根本上理解新阶段中国实体经济发展如何具备独立的自主创新能力，在已经基本实现工业化的基础上全面推进工业现代化。

第一阶段（1949～1978年）：以国家力量启动工业化、建成大型骨干企业，中国工业精神、工业生产与学习能力形成。新中国成立之后，快速推进工业化、建成独立的工业生产体系，是社会主义国家确保政治独立的基础。要发展重工业和上游工业，必须违反所谓比较优势的原则，确保资源向重工业生产部门汇集。对此，我国以公有制改造为基础，逐步建立高度集中的计划经济体制，在苏联和东欧国家一定的技术植入下，形成了社会主义的国有工业生产体系。"一五"期间建成了社会主义工业化的初步基础，1952～1957年工业增加值年均增长率为

---

① 马建堂、张军扩：《充分发挥"超大规模性"优势，推动我国经济实现从"超大"到"超强"的转变》，《管理世界》2020年第1期。

19.8%；到 1957 年，我国钢材自给率达到 86%，机械设备自给率达到 60%。①

除了在物质生产层面直接取得的成就外，社会主义新中国的工业化探索之路形成了"独立自主、自力更生"的中国工业精神。根据路风的总结，正是新中国工业的早期建设者，不断突破资源和能力瓶颈，进行高强度技术学习和创新的尝试，帮助中国获得了正常条件下难以取得的成就。尽管在当时的封闭条件下开发的产品与工艺未必有领先的技术水平，但是这条高强度的自主学习研发道路锻造了中国工业的技术能力基础。时至今日，对于具有独立甚至领先技术能力的中国工业企业，如核能、石油化工、铁路装备等领域的工业企业，技术源头可以追溯到"自力更生"年代形成的技术能力基础。技术能力的形成是累积性过程，当一种新工业发展起来时，成功进入并主导该工业的企业更可能是之前生产相关产品的企业，资本自由流动以同样条件随时进入任何生产领域的完全竞争假设，并不适用于工业生产的实际场景。技术本身和进一步的自主创新能力，远远不是可以随意转让移动的物品，而是在自主开发的实践中"成长"。割裂长期积累学习，依靠技术引进，无法帮助中国工业形成学习能力，更无法实现发展路径的升级。②

第二阶段（1978～2012 年）：市场经济体制下多种所有制企业发展，开启全球生产体系中的工业生产能力新探索。伴随改革开放，在市场力量的调动下，原有的农村集体经济、私营经济等率先切入轻工业消费品的生产，极大地弥补了先前重工业生产能力积累阶段个人消费品生产不足的缺陷。在计划经济时期形成的工业生产能力的基础上，工业技术升级、工业现代化之路也与这一时期加速形成的全球生产网络相关。

20 世纪 80 年代后全球价值链的形成在一定程度上消除了传统贸易壁垒，中国制造凭借质量和成本优势较快地融入了全球生产体系。客观而言，在信息通信技术革命支持下的全球价值链，一度为中国企业提供

① 汪海波、刘立峰：《新中国工业经济史》，经济管理出版社，2017，第 130 页。
② 路风：《光变：一个企业及其工业史》，当代中国出版社，2016。

了较快获取新知识和新生产能力的渠道，对中国工业的赶超发展产生了积极的溢出效应。①

在融入全球生产网络的过程中，我国企业较快地学习到新技术并逐渐积累起自主创新能力。例如，2020 年中国大陆地区有 48 家苹果供应链（业界简称"果链"）企业，共计 2.6 万亿元市值。企业本身需有特定领域的技术能力和相比同行的创新优势，才能加入"果链"，而价值链内的学习机会，如主导企业的知识转让、对当地劳动力的培训，以及遵循国际标准的压力等都促成了本土企业的创新活动和技术体系升级。一些企业从仅从事装配活动转向设计工作和自主创新，也带动了本土相关产业的发展，特别是国内信息通信产品市场的繁荣。在声学、面板等领域，大陆地区电子产品供应商已处于中高端。

然而，以日本制造的全球化经历为前车之鉴，20 世纪 80 年代末到90 年代，面对标准化消费品压缩的市场空间、利润水平下降，以及日美贸易战的威胁，曾经以终端家电见长的日本企业经历了技术路径的巨变。它们逐渐加速向上游的核心技术以及商用领域转型升级。代表性的转型包括：松下转向住宅能源、商务解决方案等，夏普转向健康医疗、智能住宅、空气洁净技术等，东芝业务扩展到大型核电、氢燃料电池等。②

90 年代中后期，伴随互联网全面进入个人消费领域，我们面对的标准化电子类消费品主要是从个人电脑到智能手机，中国企业走入全球化价值链的过程，大多以发达国家掌控产品构建的模块化、关键技术与核心工艺被内置于核心零部件与加工设备中的内置化为技术前提的③，这种模式既帮助中国制造在电子消费品终端快速扩大生产能力，但是不

---

① Yuqing Xing, *Decoding China's Export Miracle*: *A Global Value Chain Analysis*（World Scientific Publishing, 2021）.
② 《中国技术如何追赶美国？》，智本社（微信公众号），https://mp.weixin.qq.com/s/Gu2PyDl8aDqufLqKFTGd2g，2019 年 10 月 29 日。
③ 宋磊：《中美贸易争端的本质是生产组织方式之争》，《中央社会主义学院学报》2018年第 6 期。

掌握元器件和技术诀窍，也让中国经历了和日本相似的困境。如上文所述，即使如美国等出现金融化陷阱的国家，凭借对关键零部件、材料以及核心生产技术的掌控，产业链"链主"的地位依然让它们的实体企业具有极强盈利能力。因而，新时代下，重视自主研发、侧重产业基础再造的高质量工业化就成为必然选择。

第三阶段（2012年至今）：以创新为第一动力、全面推进工业现代化。工业化程度是数量问题，而工业现代化要求一批行业、产品在全球范围内的领先，是效率、质量问题。振兴实体经济的技术基础就在于工业的全面现代化。只有具备自主学习研发能力，在产业上游领域掌握核心技术，才能把握国民经济的命脉。这也正是我国强调产业基础再造的原因。①

从上一阶段的发展轨迹中寻求突破，一个典型案例是从"果链"起家的代表性企业——立讯精密。该公司从生产数据连接器开始，逐渐成为主动满足企业电子产品差异化需求的一站式供应商。通过不断并购和拓展产品品类，在苹果产业链中获取更多订单业务，该公司2010～2020年营业收入提升了近90倍。2022年2月，立讯精密宣布将与奇瑞汽车成立合资公司合作造车，由奇瑞汽车提供新能源整车的技术和品牌、立讯精密提供消费电子的技术和客户资源，为奇瑞汽车进行ODM代工。在新能源车逐渐普及、汽车电子化的大趋势下，立讯精密和奇瑞汽车的联手，是想结合双方优势，培育出新的汽车零部件一级供应商，切入更多车企的供应链。

立讯精密的发展历程对于理解中国制造业在全球价值链内的发展路径有一定参考价值，从几乎完全依赖苹果订单，到技术能力积累和品类拓展，着眼国内外市场环境变化和技术机遇，逐渐另辟赛道。立讯精密等企业的经验也显示，作为独立的市场主体，要避免陷入只加入供应链、没有创新研发的困境。我国企业在新阶段必须不断提升自主创新能

---

① 黄群慧：《实施产业基础再造工程》，《人民日报》2019年12月31日。

力，依托国内和国际市场的各种优势条件，优化运营领域，提升盈利能力。这也印证了路风教授的观点，尽管从 80 年代开始，我国形成了技术引进推动工业化升级的政策思路，但是如果放弃自主学习，就不可能获得独立的赛道，更无法形成自己对核心、关键技术的掌控能力。[①] 即使在短期内，我国制造业企业要完全突破现有的全球生产体系中模块化分工的模式尚有难度，也应当始终保持自己的学习能力，绝不放弃对上游核心技术的研发，立足于大国现代化进程中的空间优势和中国特色社会主义经济治理制度体系的政策红利[②]，稳步进入自主创新的道路，以推动中国加速工业现代化。

四　马克思主义经济学视角下振兴实体经济的基本逻辑

面对实体经济长期增长存在的结构性矛盾、实体经济尤其是制造业在产业体系现代化中的基础性作用，振兴实体经济的重要性毋庸置疑。自党的十九大以来，学术界对于振兴我国实体经济已经累积了非常丰富的文献。避免"脱实向虚"、振兴实体经济意味着资本盈利核心机制的变化，是中期、长期宏观经济循环和微观当事人行为模式的根本变革，也需要中观层次影响积累的关键制度结构的系统调整。近年来，学术界对振兴实体经济、避免"脱实向虚"已形成的政策建议思路大致包含三类。

一是推动优质资源向实体经济的流动，需要立足于社会主义市场经济体制，提升实体经济自身的创新能力和盈利水平，为此就需要以供给侧结构性改革为根本，发展战略性新兴行业、带动各类传统产业升级，

---

① 路风：《光变：一个企业及其工业史》，当代中国出版社，2016。
② 黄群慧：《中国共产党领导社会主义工业化建设及其历史经验》，《中国社会科学》2021 年第 7 期。

突出从技术端发力，推动实体经济的高质量生产。①

　　二是理顺实体经济与虚拟经济间的循环，尤其是关注金融市场的功能完善以贯通金融体系助推技术创新的有效机制，通过完善的市场体系建设助力实体经济发展。②

　　三是政府政策体系的配套支持，除改进传统宏观政策，如畅通货币政策助力实体经济的有效渠道之外③，社会主义经济制度优势要转化为治理效能④，如：收入分配制度要立足于推动中低收入群体增收，增加内部市场需求以改善国内循环；区域、城乡、产业政策在中观层面起到调整结构、增加新动能的作用等。总体上，要引导资本运动"脱虚向实"，使资本盈利回归以产业创新为主导、以人的发展与生态系统可持续为前提，使生产力长期发展的动力机制与生产关系内的制度结构相匹配。

　　在新阶段、新理念和新格局的背景下，在数字经济与实体经济深度融合的技术机遇期，在完善的社会主义市场经济体制框架内，本书期望避免碎片化的政策建议，而是寻找经济、技术、制度协同演进的推动实体经济高质量发展的动力机制与系统条件，形成一份符合中国经济社会发展的理论、历史与实践统一的建议。

　　从理论角度来看，振兴实体经济的底层逻辑应置于保证实际资本积累的动能，解决积累过程中新旧技术更替、就业结构转换、利润率变化、不同群体收入分化等基本问题；理顺实体经济与虚拟经济的关系，基础逻辑要回到实际资本与金融资本的关系，系统回答金融资本积累加

①　洪银兴：《培育新动能：供给侧结构性改革的升级版》，《经济科学》2018 年第 3 期。
②　代表性文献参考：苏治、方彤、尹力博《中国虚拟经济与实体经济的关联性——基于规模和周期视角的实证研究》，《中国社会科学》2017 年第 8 期；李扬《"金融服务实体经济"辨》，《经济研究》2017 年第 6 期；徐忠《新时代背景下中国金融体系与国家治理体系现代化》，《经济研究》2018 年第 7 期；刘志彪《结构性政策视角下振兴实体经济的思路与路径》，《社会科学战线》2018 年第 5 期。
③　王博、李力、郝大鹏：《货币政策不确定性、违约风险与宏观经济波动》，《经济研究》2019 年第 3 期。
④　洪银兴：《进入新时代的中国特色社会主义政治经济学》，《管理世界》2020 年第 9 期。

速的一般趋势缘何发生；社会主义市场经济体制在遵循现代市场经济的一般规律基础上，能够有效驾驭资本、协调资本积累过程中的一般矛盾，并推进社会主义共同富裕目标的实现。本书的理论逻辑即从马克思经典的资本积累理论出发，融合当代马克思主义经济学有关资本积累问题的代表性学说，并纳入中国特色社会主义经济制度体系中影响和协调积累矛盾的一系列具体制度条件，构建一个从经典到当代体现马克思主义经济学理论传承的、立足基本经济规律和中国特色社会主义生产关系的解释中国实际资本积累、实体经济发展的创新的理论框架。

从历史角度来看，一方面，金融活动占比增加、虚拟资本规模膨胀并非我国发展过程中突然出现的问题，而是全球生产体系中共同面临的问题。作为开放经济体，中国在难以独善其身的客观现实中，要分析"脱实向虚"的原因，就必须着眼全球垄断资本主义和经济金融化的现实，在对资本主义类型和演变历史有深刻理解的基础上，基于全球化背景把握对抗外部风险和振兴实体经济的整体战略。另一方面，当前振兴实体经济处于党推进经济形态不断向高级迈进的历史过程中，也正值新一轮科技与产业革命的战略机遇期。经济现代化关键在实体经济，尤其是制造业的现代化。在我国已经具备独立完整的工业体系的基础上，必须扎根新一轮技术革命背景，补齐产业基础中的短板，基于信息通信技术、新能源等的突破性应用，形成以智能、绿色为先导的现代化产业体系，如此才能为实体经济的增长及其拉动整体经济现代化奠定基础。为此，本书会从政治经济学角度梳理全球垄断资本主义的矛盾、科技与产业革命充分扩散与释放经济增长动能的基本历史经验，为我国把握当前技术革命的历史机遇提供经验参考。

从实践角度来看，实体经济盈利不足是传统经济增长模式乏力的伴生问题，而振兴实体经济就是经济高质量发展的中枢，高质量发展落实在经济指标上表现为劳动生产率、利润率、实际工资率等指标的共同增长。①

---

① 杨虎涛：《高质量经济活动：机制、特定性与政策选择》，《学术月刊》2020年第4期。

这样就必须推进充分的"数实"融合，发掘一批生产率高速增长的行业、产生强有力的产业协同效应，如此才能既提供更高质量的产品，又提供足够的就业和促进实际的工资增长，实现供需间的相互支持和驱动，达到高水平动态均衡。当前，我国经济与社会发展存在的不平衡不充分问题，既是以往发展过程中的短板也是持续发展新的机遇。区域协调发展、新型城镇化建设、促进共同富裕、生态环境治理、国家创新体系建设等其实都为增加优质投资、扩容消费市场，改进大循环和优化双循环提供了新的支持，是中国共产党领导下强大的经济治理能力的体现，使得市场经济的增长逻辑和社会主义生产关系的共富本质达成有效统一。

综上，本书的核心逻辑建基于马克思主义政治经济学，分析振兴实体经济为何需要的是先进生产力与先进生产关系有机互动的过程；在对马克思的经典资本积累理论，及其衍生的当代马克思主义资本积累理论版本进行整理和借鉴的基础上，从长期积累和经济增长面临的一般矛盾出发，分析新时代以来我国经济运行存在"脱实向虚"风险、实体经济利润率下降的原因。基于我国经济运行结构转变——以国内大循环为主、国内国际双循环相互促进的现实背景，立足新一轮科技与产业革命的技术机遇期，以及中国共产党领导下稳健提升的经济治理能力，探寻经济循环、技术创新与制度体系三个方面协同演进的振兴中国实体经济的积累结构。图1-7展示了从当前的实际经济背景出发本书研究布局的基本路径。

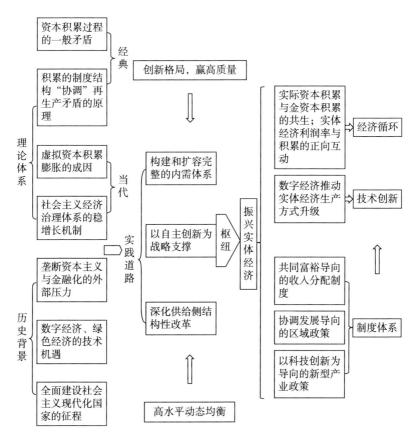

图 1 - 7　总体布局

第二章　资本积累结构：经济、技术
与制度协同演进的框架

　　马克思经典的资本积累理论解决了积累的基本条件、一般特征、根本动能与长期矛盾等问题，正如马克思主义经济学本身是科学性与阶级性的统一，经典的资本积累理论包含对经济增长规律的客观描述和对积累进程内在矛盾的深刻剖析。从 19 世纪中后期到 21 世纪初，第二次和第三次工业革命重组了资本主义的企业组织方式和劳动过程，劳资关系演变、资本间竞争格局变化，一系列试图协调资本主义基本矛盾、维持增长动能的具体制度开始形成并演变，也使当代马克思主义经济学者的研究视角，较多转向对特定历史阶段积累模式及其演化规律的分析。

　　在社会主义市场经济体制中，构筑有利于实际资本投资和实体经济发展的经济环境，既要遵循现代经济一般规律，又必须立足社会主义基本经济制度建立强有力的经济治理制度体系，跨越资本主义生产关系中积累律令引致的矛盾陷阱。

一　经典资本积累理论视域下实体经济
长期增长的矛盾

　　本节围绕马克思经典资本理论的核心议题，在将之运用于分析中国社会主义市场经济现实的过程中，探究了一般经济规律与社会主义特定经济制度的互动，分析了长期积累过程中的四个典型矛盾问题——资本有机构成提升对投资产出效率的影响、产业后备军形成对就业质量和劳动报酬提升的挑战、平均利润率长期下降趋势抑制增长动能，以及由积累特征内生引致的金融资本权力崛起，与之对应分析了中国实体经济保持增长的基本应对机制。

（一）《资本论》体系中的资本积累理论

在马克思的理论体系中，完整的资本积累理论贯穿于《资本论》三卷，除第一卷第七篇对资本积累本身的分析外，第二卷的社会总资本再生产与第三卷平均利润率的变化趋势都是资本积累过程的直接展开，而资本有机构成变化的原因与资本积累一般规律的形成又需要回溯到《资本论》第一卷第四篇对资本主义生产方式特征的剖析。

《资本论》第一卷的资本积累是与资本主义典型生产方式演进相衔接的，注重积累过程中的技术进步特征及其对劳资关系与就业的影响，包含由生产关系性质决定的无法协调的资本主义基本矛盾。《资本论》第二卷考察资本流通过程，更为直观地展现了资本作为无限运动过程的特征，商品资本向货币资本转变这一价值实现环节的重要性被体现出来。值得寻味的是，扩大再生产与资本积累由资本增殖属性本身决定，而保持扩大的积累规模又是剩余价值得以实现的重要条件，在工人阶级与资本家个人消费规模不变的前提下，决定剩余价值实现程度的是资本的积累欲，积累动能不足会直接表现为需求条件的恶化与生产萎缩，即为积累而积累使得整个再生产体系得以延续。

在前两卷分析的技术进步动态和资本循环周转条件的基础上，《资本论》第三卷对资本运动总过程和剩余价值分配形式的研究，引出作为资本积累直接动能的平均利润率长期变化规律。在信用体系为资本积累提供制度支持的同时，资本间竞争、技术进步作为资本主义生产关系的内在特征也导致资本积累不断遭遇利润挤压的挑战，生息资本与土地所有者凭借所有权分割剩余的诉求进一步侵蚀资本的利润边界与积累能力。20 世纪后期经济金融化的问题已然蕴含在马克思对资本主义发展加剧资本间剩余分割矛盾的讨论中。

概括而言，《资本论》体系内含现代经济增长的一般条件与制约因素，资本积累既是增长的引擎，也受资本主义生产方式的基本矛盾限制。当代马克思主义经济学者大卫·哈维在分析产业资本常规循环渠道的生产过剩后，引入基础设施建设、金融活动等次级循环空间，次级循环难以与扩大的"剩余"蓄水池相匹配，既加剧了资本家、国家间剩余转移分割矛盾，也使当代资本主义总体上呈现停滞衰退的特征。

（二）经典积累理论的核心议题与中国稳定积累结构的目标

在中国经济的改革发展进程中，伴随社会主义市场经济体制的确立，我们的经济运行自然会面临市场经济的一般问题。例如，劳动生产率提升的过程与资本有机构成上升相伴，会对劳动者就业与收入分配格局产生影响；头部企业较大的资本规模使得它们具有更强积累能力，更易把握新技术和市场机遇从而在竞争中获得先机，建立更强垄断权力等，都可能使得收入分配两极分化、各类不平衡发展的问题加剧。构建中国经济发展的战略规划，要从根本上符合经济运行规律，有效部署资源，规范资本运动和扩大再生产，将稳经济增长与解决不平衡不充分发展问题、满足人民美好生活需要相统一。从这个角度来看，新发展理念不仅是高质量发展的目标要求，也是我们针对振兴实体经济如何有效进行投资布局、改善经济循环的发力点。[①]比如，朝向具有较强技术外溢性的部门的投资、区域间生产力的合理再布局等都是对资本循环渠道的理性规划。

高峰先生将马克思资本积累学说的核心问题提炼为三个部分：一是

---

① 习近平总书记在 2014 年 12 月的中央经济工作会议中讲到："新的增长点在哪儿呢？就在我们身边，就在党的十八大提出的新型工业化、信息化、城镇化、农业现代化之中……我国城乡、区域发展不平衡现象严重，但差距也是潜力。总之，这些潜在的需求如果能激发出来并拉动供给，就会成为新的增长点，形成推动发展的强大动力。"习总书记的讲话将改善不平衡不充分发展的问题与保持经济增长动能的问题实现了有效的联立。

作为积累规律前提的资本构成及其变化趋势；二是作为资本积累杠杆的相对过剩人口理论，这两者同时解释了马克思的工资理论是资本积累的工资理论，劳资间的分配关系从属于资本积累过程的性质；三是由资本有机构成和剩余价值率决定的利润率的变动，对积累的周期波动与长期发展起决定性作用。[①] 尽管生产关系性质存在本质差异，但是经济运行层面的一般问题依然适用于对我国当前发展阶段实体经济面临困境的研究。

首先，积累过程中资本有机构成的变化趋势构成了资本积累一般规律的理论前提。在持续推进新型工业化、信息化、城镇化和农业现代化的进程中，在数字技术与实体经济深度融合的背景下，要进一步推动劳动生产率提高，追加包含先进技术的固定资本投资是一个前提。这使得资本有机构成依然存在上升趋势，相应地就为增加就业岗位、提升劳动收入份额施加了一定的技术约束，也使得部分企业面对更激烈的融资竞争，以及固定资本增加导致的资本利润率下降压力。为此，在社会主义生产关系中形成配套的制度架构，应当既推动有利于技术进步、劳动生产率提高的有效实际资本投资增长，又确保投资优化过程中核心部门技术进步的正向外溢，避免资本积累在企业与居民部门、在不同规模生产者之间加剧的分化。这里的有效制度架构就构成了我们的研究对象。

其次，资本积累制造产业后备军，而又依靠产业后备军作为杠杆推动自身持续。改革开放以来，中国从步入全球生产体系寻求赶超式发展，到在新一轮科学与技术革命中独立自主、寻求突破核心技术获得发展先机，劳动者就业与报酬增长受制于技术范式的历史变革。要跨越资本主义技术进步路径中劳动异化的陷阱，进而推动共同富裕，至少包含两个方面工作：一是在技术范式变革中确保劳动者的生产经验积累发挥主动作用，使劳动者避免成为机器或智能体系的附庸；二是建立配套的政策体系，稳定技术升级过程中的就业增长和收入增长。

---

① 高峰：《资本积累理论与现代资本主义——理论和实证的分析》（第2版），社会科学文献出版社，2014。

最后，利润率变化是资本积累动能和经济运行状态的直接体现。利润率变动的分解内含生产、分配、价值实现，新技术的产出潜能与成本约束等多重矛盾关系（本书第四章会对此进行详解），这意味着它综合反映了经济循环状态。当前中国经济的高质量增长，寻求利润率、劳动生产率与实际工资率的协同增长，既要求通过重大技术创新获取生产力高速发展，又要求发挥社会主义经济治理体系的协调能力，开拓新的增长空间，以有效的需求侧管理发掘持续技术进步的内生动能。问题落脚点就在于一套使得技术进步内生化、改善经济循环的积累的制度体系所应具备的条件。

此外，以第一次工业革命的发生与技术扩散为历史叙事背景，马克思对资本积累的研究主要针对投入在工业部门的实际资本而言，但是在他对资本主义生产方式特征、资本积累趋势的深刻阐释中，生息资本、信用体系对资本循环、扩大再生产的重要性，以及资本无限逐利的内在属性都提示，金融资本权力增强，金融活动试图"统摄"再生产成为积累进程的典型特征。例如，产业资本在竞争中要取得前沿的技术，往往是以对新机器设备的占有为前提的，而后者多需要高额固定资本投入。庞大的资本规模本身是企业取得先进生产力的初始条件，在此基础上，固定资本的长期周转特征与资本循环不间断性的矛盾，又要求必须有金融市场为企业保持足够货币资本流动性提供支持（第三章将针对实际资本与金融资本积累的共生与分离关系专门进行研究）。资本积累过程中技术进步的特征就直接赋予了金融资本更高的权力地位，对发达资本主义世界经济金融化趋势、我国如何规避过度金融化风险、金融市场制度建设展开分析的逻辑起点，都在马克思对资本循环和积累的基础叙事当中。

综上，面对经典资本积累理论涉及的积累一般性矛盾，我国实体经济在持续增长过程中，应对矛盾的落脚点在于怎样形成社会主义经济制度的一整套协调机制，能够适应且不断推进新技术的涌现，畅通经济循环过程，推进国家经济治理能力的现代化，在有效克服长期增长一般矛盾的过程中，解决社会主义初级阶段不平衡不充分发展的问题，进一步服务于社会主义本质的实现。因此，经典资本积累视角下中国实体经济积累结构优化的主要目标可概括为如图 2 − 1 所示。

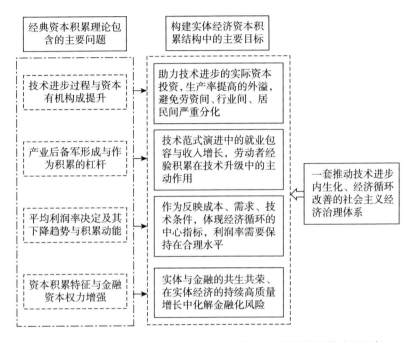

图 2 − 1　经典资本积累视角下中国实体经济积累结构优化的主要目标

二　积累的社会结构理论、调节学派及其对中国经济发展模式的解释

20 世纪以来，伴随资本主义生产方式运行积累的更多经验样本，当代马克思主义经济学者在对资本主义发展的纵向阶段比较与横向模式对照中，开拓了关于资本积累研究新的领域。相比于马克思更偏重于对长期和资本积累固有基本矛盾的分析，以调节学派、积累的社会结构理论（简称 SSA）为代表的学者关注了积累、社会再生产过程与支撑积累的制度环境间的矛盾，突出所谓"中间层次"的分析。尽管 SSA 与调节学派分析积累问题的具体概念和制度体系设计不同，但他们都强调了

积累不是发生在真空当中，积累的一般规律和具体支持积累的制度体系相互依赖，且存在动态互动过程，积累矛盾引致的经济萧条将威胁积累的制度体系的稳定性，制度体系的不稳定又会破坏正常的积累过程。

近年来，中国学者较多引介并运用 SSA 与调节学派的理论，解释中国经济增长的阶段性特征。在我国实体经济面临增长动能、结构及发展方式转换的重要时期，在与上述流派展开对话时，除借鉴发展阶段分期的视角外，还应系统考量中国特色社会主义经济体制，探讨如何建构一个相对更稳固的推动高质量发展的制度体系。

（一）积累的社会结构理论：稳积累预期的制度体系

SSA 产生于 20 世纪 70 年代末 80 年代初，此时的美国资本主义在经历了战后黄金年代的高速增长后，陷入滞胀的危机之中。20 世纪资本主义发展的历史显示：不同于一般均衡经济学构想的，资本主义生产始终伴随着不可预期的、异乎寻常强度与时长的危机，然而，资本主义也并未如一些马克思主义者设想的，完全陷入永久的萧条。SSA 直接面对的问题是对资本主义长期波动规律，特别是战后资本主义发展阶段矛盾的分析。作为学派的代表性学者之一，麦克唐纳曾这样解释 SSA 在马克思主义经济学流派发展史中的传承："希法亭、布哈林、列宁等开创了资本主义发展阶段的研究，垄断资本学派和以曼德尔为代表的晚近资本主义分析在这一路径上起到了承接作用，SSA 则使得列宁等突出的资本主义'最高阶段'理论转变为资本主义发展阶段的一般理论，通过纳入一套制度集合的形成与演变，解释资本主义的扩张与收缩。"[1]

SSA 根植于马克思主义和凯恩斯主义宏观经济理论的传统，同时也借鉴了老制度主义的分析思路。马克思主义经济学视资本主义为一个固有的矛盾体系，劳资之间的矛盾、资本之间的竞争在持续推动积累加速的同时，也会不断诱致危机因素的累积。在此基础上，SSA 纳入凯恩斯

---

[1] Terrence McDonough, "Gordon's accumulation theory: The highest stage of stage theory," *Review of Radical Political Economics*, 1999, 31 (4).

主义对生产当事人投资决策不稳定性分析的角度，认为制度环境的不稳定将加剧金融与实体经济的周期性失衡、加速投资的波动与经济萧条。因此，需要建立一套能够缓和阶级矛盾、稳定资本家预期的制度。[①] 这套制度即积累的社会结构，良好的制度环境将使得投资与再生产有序进行，反之则会出现利润率下滑、投资动能不足，经济陷入衰退。

SSA 内部不同学者对影响积累的制度类型的凝练有所差别。例如，在早期著作中，大卫·戈登曾围绕资本运动过程与再生产的发生凝练出13 类具体制度，之后积累的社会结构的制度类型划分更趋简化，以对资本内部和外部，即劳资间、资本间关系的协调为基础，纳入全球化生产和国家经济角色加强的背景进行四种制度类型的划分。例如，在对二战后到 80 年代美国经济的分析中，鲍尔斯等人对积累的社会结构的建构包括美式霸权（突出对发展模式的意识形态共识）、劳资协议、资本与公民协议，以及对资本间竞争关系的抑制四类。[②] 考虑到在资本主义发展具体历史阶段中，由劳动过程差异导致的劳动者内部分化与分割的劳动力市场同样是雇佣劳动关系的重要特征[③]，在教科书《理解资本主义》中，积累的社会结构被分为劳动与资本、劳动与劳动、资本与资本（包含对国内市场竞争关系的协调和全球生产网络中的竞争关系演变），以及政府与经济四重关系，并且美国经济历史的动态被划分为竞争资本主义（19 世纪 60 年代～1898 年）、公司资本主义（1898 年～1939 年）、受调节的资本主义（1939 年～1991 年）、跨国资本主义（1991 年～?）四个阶段。[④] 面对金融化对实体经济运行和对市场主体行为逻辑愈加显著的冲击，沃尔芬森还将金融体制加入作为第五项积累的社会结构。

---

① 特伦斯·麦克唐纳、迈克尔·里奇、大卫·科茨主编《当代资本主义及其危机：21世纪积累的社会结构理论》，童珊译，中国社会科学出版社，2014，第 2 页。

② S. Bowles, et al. , *After the Wasteland* (New York: M. E. Sharpe, 1991).

③ David M. Gordon, Richard C. Edwards, and Michael Reich, *Segmented Work*, *Divided Worker* (Cambridge University Press, 1982).

④ 塞缪尔·鲍尔斯、理查德·爱德华兹、弗兰克·罗斯福、梅伦·拉鲁迪:《理解资本主义：竞争、统制与变革》，孟捷等主译，中国人民大学出版社，2010，第 143 页。

积累的社会结构的基本作用机理可以理解为：当一种积累的社会结构产生的时候，它内在决定利润率的因素（包括成本、需求、劳动生产率与资本构成等）大致保持稳定，使得经济主体对利润率的预期稳定化，从而形成较快的资本积累，并进一步带动经济扩张与增长；随着时间推移，积累过程的内在矛盾加剧，影响积累的稳定运行，具体冲击因素包括：生产资料市场竞争加剧、成本提高，消费品市场饱和度上升，日益增强的阶级矛盾、缺乏新技术支持导致劳动生产率增速下降等。矛盾因素的累积和冲击造成了利润率和利润预期的降低，进而抑制投资率，使得一整套积累的社会结构加速衰退并瓦解。

值得注意的是，SSA 强调不同的制度形式与不同阶级的利益相联系。因此，某种制度形式的产生和确立也是阶级斗争中各方利益达到一定妥协的结果。积累的社会结构中的制度因素是作为阶级关系和阶级统治的产物出现的，而不完全是经济必然性带来的结果。这在新自由主义时期表现得尤为突出，对此，大卫·科茨对积累的社会结构的定义进行了修正，认为积累的社会结构是为促进资本盈利而存在的制度结构，并不一定促进较快的积累。不同于以往的时代，新自由主义时期的积累的社会结构并没有带来快速的积累，而只致力于资本（特别是金融资本）利润率的修复。[①] 2008 年危机之前，SSA 就对新自由主义积累体制的潜在危机提出了预警，指出它导致了不平等和剥削加剧、债务膨胀、实际资本积累速度变慢等问题。危机发生后，主流经济学集体失语，科茨等学者则指出新自由主义的积累的社会结构中，国家经济地位弱化、资本对劳动的剥削加剧、跨国资本间零和竞争以及金融资本食利增长，这些制度因素相互巩固与强化，妨碍正常积累过程，导致危机的爆发。

作为当代西方马克思主义经济学的代表性学说，SSA 将现代经济的一般运动规律和具体历史结合起来，发展出一套中间层次的制度分析，并辅之以经验研究，是经典资本积累理论发展演进的重要版本。近 20

[①] 特伦斯·麦克唐纳、迈克尔·里奇、大卫·科茨主编《当代资本主义及其危机：21 世纪积累的社会结构理论》，童珊译，中国社会科学出版社，2014，第 62～66 页。

年来，SSA 被用于对韩国、南非、墨西哥、印度、中国经济实践的研究，其经验研究范围不断扩展。

（二）调节学派：劳动过程、制度体系与再生产过程的配适

调节学派产生于 20 世纪 70 年代末的法国，时代背景与美国的 SSA 基本一致，是对资本主义增长以及危机的分阶段制度分析。代表性学者包括阿格列塔、利佩茨、布瓦耶等，他们至今依然活跃在马克思主义经济学研究的理论前台。

调节学派在马克思主义经济学理论的基础上，吸收了凯恩斯主义和法国年鉴学派的思想，形成了研究资本主义条件下经济长期发展的分析框架。"调节方式"与"积累体制"是其理论体系中的核心分析概念。其中"调节方式"被视为影响积累的一系列具体制度形式，包括五类：货币和金融体制、竞争形式、雇佣劳动关系、国家的制度形式，以及国际体制。大体上可以直接与积累的社会结构概念对应。在调节学派的开创性著作中，阿格列塔将"积累体制"定义为由社会制度制约的资本积累的过程[1]，之后布瓦耶、利佩茨等提出"积累体制"可被视为两大部类间的再生产图式——涵盖价值实现与积累的关系。在对生产的分析中，还涵盖与一定技术范式关联的劳动过程的典型特征，价值实现则涉及导致消费者需求变动的商品类型与收入分配。[2]

调节学派的分析突出了再生产过程中生产与消费的平衡关系怎样在特定的技术范式和制度协调中得以实现。当调节方式与积累体制相协调时，资本积累和再生产过程将持续进行；当新的技术体系出现，或者调节方式不适应、不完善等原因破坏了积累体制内部各变量的均衡关系时，资本积累过程就会出现周期性或结构性的经济危机。

依照对积累体制的分析框架，调节学派将资本主义发展史大体分为

---

[1]　Michel Aglietta, *A Theory of Capitalist Regulation*：*The US Experience*（London Verso，1979）.

[2]　Robert Boyer, *Regulation Theory*：*The State of the Art*（New York：Routledge，2002）.

三个阶段，如表 2-1 所示，每个阶段有相应的劳动过程特征，以及生产与消费的关联方式。从外延型到内涵型再到后福特制金融化积累体制的演进中，技术体系与制度结构间存在有机关联，并相应地形成生产与消费循环的典型特征。① 2008 年危机的发生宣告了金融主导型发展模式的崩盘，在这一模式中，金融业与实体经济脱节，走上了"自我循环的危机之路"；劳动力缺乏真实消费能力的消费增长导致债务增加，协同推动股价和住宅价格大幅上涨，形成了经济虚假繁荣的泡沫，经济不稳定性加剧。

表 2-1　调节学派对资本主义发展的分期

体制类型	时间	技术体系	再生产特征	国家作用
外延型积累体制	资本主义产生~19世纪末	绝对剩余价值生产；手工劳动或机器体系的简单协作劳动；人身监督和初步的等级控制；有限的生产率提升	工人阶级消费有限，小农经济维持劳动力再生产；价值实现主要通过资本主义市场范围的扩张，资本积累主要依靠增加劳动时间和劳动力投入	自由主义，有限的调节
内涵型积累体制	19世纪末~大萧条时期	以相对剩余价值生产为主，开始以泰勒制和流水线来组织生产，管理部门取得了对劳动过程的绝对控制权，劳动生产率空前提高，资本积累主要依靠劳动生产率的提升	大规模生产与有限的消费；资本生产规模扩大，垄断性增强；价值实现危机加剧	有限的调节
	20世纪大萧条~70年代	福特主义积累体制，管理建立在科层制组织的基础上，工人阶级队伍急剧扩大，劳动力市场分为受工会保护的一级劳动力市场和由市场供求决定的二级劳动力市场	大规模生产与大规模消费，雇佣工人的工资增加通过集体谈判得到一定保证，资本间竞争关系受一定的协调制约；价值实现开始依靠商品类型与市场规模的扩张	国家对经济进行积极干预，建立了社会保障和福利制度；凯恩斯主义的宏观调控政策和最低工资立法调节经济波动

---

① Robert Brenner, Mark Glick, "The regulation approach: Thoery and history," *New Left Review*, 1991, 188.

体制类型	时间	技术体系	再生产特征	国家作用
后福特制金融主导的积累体制	20世纪80年代至今	企业采取灵活雇佣方式实现生产的弹性，劳动力被分为能获得更多薪资、技能水平更高和职位稳定的核心工人，和更低的薪资、技能水平低、不需要培训、不稳定的边缘工人，雇佣劳动关系急剧分化	企业的产品竞争日趋激烈，商品价值的实现取决于持续性的创新过程；来自金融市场股票升值的压力更大，成为左右企业决策的主要因素	新自由主义下，国家对金融市场管制的减少

利佩茨、布瓦耶等人还对近年来以人为中心的新发展模式和环境友好的"绿色新政"进行了探索。随着信息通信技术的发展和平台组织模式的兴起，有学者基于调节方式中的五类制度形式，分别就它们在平台经济中的表现方式进行考察。例如，就货币和金融体制来看，平台早期发展需要风险资本的支持以圈占市场，而风险资本的目标就是寻找新的独角兽，使之成为新的 GAFA（Google、Apple、Facebook、Amazon），风险资本与金融科技、平台企业叠加生成的互联网金融模式增加了新的风险点。平台组织与金融科技的特征，使得原本主要在制度形态上金融化的积累体制进一步获得了组织方式与技术类型的支持。关于其他制度形式在平台经济中的表现形式见表 2-2。

表 2-2　调节学派的制度形式在金融化体制与平台经济中的表现

制度形式	金融化的积累体制	平台经济
货币和金融体制	纯粹信用货币；央行作为最后贷款人抵御金融危机；商业银行和机构投资者占据市场支配地位；金融市场高度发展；货币经理资本主义；股东价值的支配地位；风投和私募外包	金融化的货币体制升级版；加密货币的竞争；区块链与金融科技作用于商业银行和资产管理行业经营；补充风险资本的众筹
竞争形式	金融化和全球化的竞争；无形资产投资增加；跨国公司的支配地位；日常活动的商品化与金融化；作为竞争策略的税收与监管逃避	金融化的竞争体制的升级版；平台竞争与商品化的扩展；大平台的支配地位；先发优势和赢者通吃对竞争的干扰

续表

制度形式	金融化的积累体制	平台经济
就业关系	个人化、弹性化、去工会化；劳动报酬与激励的金融化；对社会保障与就业保障的侵蚀；工资相对于劳动生产率缓慢增长	金融化的就业关系的升级版；按件取酬、包买商制度下的"依附型独立工人"
国家形式	新自由主义国家；对福利国家的侵蚀；公共政策的技术化和去政治化	紧缩型新自由主义和硅谷化熊彼特主义的国家；公共政策的硅谷化与技术化；数字化和平台成为政治问题的技术解决方式
国际体制	自由贸易和资本的自由流动；跨国公司和机构投资者的支配地位；国家间的竞争；美国霸权的减弱和新兴国家的发展	

注：笔者根据经济现实，稍有删改。

资料来源：Matthieu Montalban, Vincent Frigant, and Bernard Jullien, "Platform economy as a new form of capitalism: A régulationist research programme," *Cambridge Journal of Economics*, 2019, 43 (4)。

（三）两学派的理论比较及其与中国学者的研究互动

同样是"探索制度形式和资本主义动态规律之间的联系"，同样吸收了马克思主义、凯恩斯主义的重要思想，并对新古典主义的静态、均衡分析展开批判，调节学派的研究与 SSA 在起点、目标和方法论特征上都具有极强的一致性，它们各自的核心分析概念也有着较强的可比较性。例如，"积累体制"作为调节学派的核心概念，在技术与消费、积累之间建立起关联，一个典型表现如福特制的流水线生产与工人阶级的大规模消费；与之相比，SSA 虽然没有运用"积累体制"的概念，但该学派特别考察了劳动过程在积累的社会结构中的作用，突出的是与典型生产组织方式相关的资本与雇佣劳动的社会关系。[①]

基于对两学派方法论与分析概念结构的系统考证，深化其研究角度特别是将之应用于对中国问题的分析，尤其有参考价值。作为 SSA 的代

---

① 马艳、大卫·科茨、特伦斯·麦克唐纳：《资本积累的社会结构理论的创新与发展——与吕守军先生商榷》，《中国社会科学》2016 年第 6 期。

表人物，大卫·科茨曾就两个学派的差异做出以下总结。[①]（1）SSA 强调制度的稳定性、可预期性，为资本保持高速积累的决策创造了前提条件，更关注积累的速度本身；调节学派并不十分关注积累的速度，而是关注调节方式与积累体制互动中的资本有机构成、消费不足等指标变动如何引致萧条、危机的发生，强调积累体制与调节方式的相互适应，即特定劳动过程、生产方式与制度结构的相互适应。从这一层面来看，调节学派的理论更具马克思主义的色彩，SSA 则有更强的凯恩斯主义的特征。（2）调节学派更具历史唯物主义视野，关注积累体制内部技术动能耗竭、积累与制度体系矛盾加剧并导致危机的过程，SSA 则似乎将危机主要归因于（阶级矛盾加剧的）制度解体，这种做法可能陷入的认识误区是认为制度重构就能带来新的快速积累过程，但是制度重构的技术基础是缺失的。（3）调节学派为危机的发生提供了一种结构性解释，再生产过程中消费与投资结构性矛盾的显现是阶级斗争加剧的原因；而 SSA 将危机视为阶级斗争的结果，阶级斗争本身会导致积累的既有制度框架的瓦解，并形成一个非预先注定的新的积累结构。此外，科茨还批评了 SSA 中制度体系缺乏整体性的痼疾，尽管这一学派一再强调并申明积累的社会结构不是制度罗列而是有机整体，但现实是每种制度都可以表现为独立实体。（4）与 SSA 赋予阶级斗争在制度变革中的重大意义相比，调节学派过于强调结构主义而缺少对阶级斗争自主性的关注，对于作为马克思主义经济学的流派，这是一个明显缺陷。值得一提的是，相比于 90 年代起 SSA 四类制度的典型构架，大卫·戈登早期关于 SSA 的开创性文献反倒更能体现有机的整体性。[②] 对此，我们将在本章第三节详述。

　　针对积累进程中内在矛盾的冲击，SSA 和调节学派基于对资本主义

[①]　大卫·科茨：《法国调节学派与美国积累的社会结构学派之比较》，田方萌译，《西北大学学报》（哲学社会科学版）2018 年第 5 期。

[②]　D. Gordon, "Stages of accumulation and long economic cycles," in Samuel Bowles and Thomas Weisskopf (eds.), *Economics and Social Justice* (Cheltenham and New York: Edward Elgar, 1998).

经验的分析将阶级冲突、再生产过程被破坏作为重要的发展张力；而在中国的改革实践当中，需要突破性总结的是，党的经济治理如何形成了一种更强的内在协调能力，创造了一个稳定的积累环境，在其中能够保持较好的经济循环状态。理论上讲，通过参考 SSA 和调节学派的制度结构分析方法，社会主义经济制度体系对于稳增长之作用的学理逻辑可以得到较好的梳理；另外，SSA 等理论也一直面临缺乏制度组合中心逻辑、对变革动能分析不足、技术创新与制度形式分割等问题，这些问题恰在中国实践中不断获得更多经验材料，面临更多开放性解决方案的可能，有望成为理论发展方面新的突破点。近年来，在两个理论流派对中国问题的研究以及国内外学者的对话中，涌现出一些代表性的有益思路。

在将调节学派理论与中国经济发展经验相结合的研究中，布瓦耶提出，中国改革实现了政治和经济的协同演进，国家干预是经济稳定增长的关键，还将推动中国的积累体制向福利主导型发展模式转变。这是调节学派在对资本主义发展阶段几类积累体制划分的基础上，对中国特色社会主义积累体制新的总结。

国内学者吕守军[①]、任保平[②]等在推介调节学派理论的基础上，提出了运用调节学派的分析概念凝练中国经济发展阶段与发展经验的新思路。谢富胜和匡晓璐构建起经济体制改革与技术经济体系互动的分析框架，提出解释中国经济高速增长的关键在于明确"每个经济发展阶段中的经济体制改革，以构建新的技术经济体系以促进增长"，这与调节学派的概念体系有一定对照关系。改革开放后中国渐进的市场化改革之路，是从有计划的商品经济（1984 年），到社会主义市场经济体制初步建立（1992 年），再到社会主义市场经济体制完善（2002 年），直至2012 年进入新时代；技术经济体系也从数量温饱到质量温饱，再到大

---

① 吕守军：《抓住中间层次剖析当代资本主义——法国调节学派理论体系的演进》，《中国社会科学》2015 年第 6 期。
② 任保平：《法国调节学派的政治经济学理论及中国特色社会主义政治经济学对它的借鉴》，载《政治经济学季刊》（第 2 卷第 4 期），社会科学文献出版社，2019。

规模标准化消费，从技术进步有限的粗放式生产到大规模生产，直至新时代以来个性化与标准化需求并存、智能化网络化生产扩大中高端供给成为主流。[①]

在应用 SSA 视角对中国问题的研究中，学者多参照上述四类型制度划分的方式理解中国经济运行的制度特征，并做出相应的分阶段描述。一些代表性的研究，如马艳等学者提出了中国积累的社会结构理论（CSSA），立足中国实践与中国社会主义生产关系的性质，构建中国积累的社会结构划分的六大原则，以劳动关系、劳资关系、政府职能、意识形态、国际关系、生态问题六类制度的变革，区分了从新中国成立以来，中国经济站起来、强起来、富起来的阶段特征。[②] 吕景春和李梁栋对 CSSA 的研究关注了土地、城乡、产业、外交、市场、环境、人口七类制度，并将新中国成立以来的积累的社会结构划分了三个阶段，即国有工业化战略下的积累的社会结构、社会主义市场经济下的积累的社会结构以及新阶段全新对外关系下的积累的社会结构。[③] 有关 CSSA 的研究无疑提供了一个从积累的制度结构角度，可视化地分析中国经济发展阶段特征，特别是其内在演进逻辑的有益框架。

（四）资本积累的制度研究在中国实践中面临的突破空间

综合上述的理论研究，要更好地发挥调节学派的理论与 SSA 等在中国实践中的解释力，并使得这些理论本身有进一步优化的空间，或许值得从以下角度展开进一步思考。

首先，SSA 通过调节关键制度促进积累的机制包含三个层次：提供制度环境的稳定性和当事人对未来的可预期性，形成相对高的利润率，

---

① 谢富胜、匡晓璐：《转型增长的中国奇迹》，《教学与研究》2021 年第 11 期。

② 马艳、王琳、杨培祥：《"中国特色社会主义新时代"的资本积累的社会结构理论》，《学术月刊》2018 年第 10 期。

③ 吕景春、李梁栋：《中国经济增长的阶段演进与高质量发展——一个社会积累结构理论的分析框架》，载《政治经济学报》（第 18 卷），格致出版社、上海人民出版社，2020。

进而推动总需求。① 当前国内学者的研究对历史特征的分析较多，而对其中利润率与经济增长互动作用的分析尚不足，未将 SSA 的制度分析与马克思的经济增长理论进行综合，这里的综合需要考虑纳入政府通过影响总需求干预利润率与积累动态的机制，而这一机制就是 SSA 中所谓政府协调积累矛盾的表现，是 SSA 的重要组成部分。

其次，国外代表性学者在运用 SSA 分析资本主义的发展阶段演变时，居中的关注对象是生产过程中资本对劳动的控制方式，以对劳动过程的分析为基础，进一步关注其他制度条件，但是 CSSA 的已有研究对中国劳动过程的直接分析相对缺失。对此形成一定补充的是，上述文献中任保平等学者参照调节学派的分析概念，借助调节模式和积累体制，分别对应工业生产范式与制度形式，将问题引向生产技术体系与积累体制的融合关系②，对分析中国实践的适用性更强。这一视角也在技术创新、经济运行与制度演化间形成更强的关联。

再次，近年来也有新的文献特别提出，应当高度关注积累的社会结构重构中的政治因素，清晰化"制造同意"的政治过程。例如，对于美国而言，引致新的积累的社会结构生成的社会矛盾中，参与者可能具有性别、种族等因素作用的不同利益诉求，具有相对稳定性的积累的社会结构必须协调不同利益，使各方在扩大的物质产出中获取所需，不应把视野局限于劳资矛盾中，参照葛兰西等的概念，其中形成"霸权"的政治过程需要被明确。③ CSSA 的发展在这一问题上将面临更大的挑战，即完全不同于资本主义阶级斗争推动积累体制演变的方式，党的经

---

① David M. Kotz, Deepankar Basu, "Stagnation and institutional structures," *Review of Radical Political Economics*, 2019, 51 (1). 在文中，作者还提到在一个完全自由的积累的社会结构中，由于缺乏对总需求的有效管理，积累对利润率的反应减弱，而在一个受政府调节的积累的社会结构中，有效的总需求管理使得利润率对投资的积极反应更大，积累速度更快。

② 任保平：《法国调节学派的政治经济学理论及中国特色社会主义政治经济学对它的借鉴》，载《政治经济学季刊》（第 2 卷第 4 期），社会科学文献出版社，2019。

③ Pedro M. Rey Araujo, "Institutional change in social structures of accumulation theory: An anti-essentialist approach," *Review of Radical Political Economics*, 2018, 50 (2).

济治理如何协调积累过程中的矛盾，促成一定的积累体制中政治共识的形成。在马克思关于资本主义生产方式运行的经典叙事当中，资本主义生产方式从绝对剩余价值生产向相对剩余价值生产演进的历史与制度背景，是工人阶级作为一个自为阶级斗争性的增强，使得工作日长度立法出现。因而，阶级矛盾本身也是资本主义进行内部具体制度调整，使之具备一定的"自适应性"的基本动能。在社会主义经济制度中，根本上不同于资本主义式的阶级斗争，我们协调人民内部各类矛盾，并持续推动具体制度演进的经验是什么？对此，需立足于中国共产党作为使命型政党极强的经济与政治治理能力，展开进一步学理总结。

最后，积累的社会结构是一个制度体系，研究者普遍认同它是一个整体，各部分相互间存在有机关联，但是常见的几类制度分割方法，又始终缺乏中心逻辑去架构这些制度关联。相比于调节学派的研究，SSA如何能更好地联通制度体系与再生产过程，关联起利润率、投资、消费以及技术创新的过程？这些问题散落在 CSSA 已有的分析当中，但更需要一个系统的构建。

总之，将资本积累的结构性条件分析置于中国实体经济的振兴发展当中，需要着力考察，相比于虚拟资本扩张，如何推动实体经济部门有效的实际资本积累，而后者又建基于积累扩张所需的现实经济条件，包括持续的技术创新动能和良好的制度环境，形成一个有益于振兴实体经济的资本积累结构，涉及积累当事人、积累动能与积累系统条件的有效组合。在其中实现资本循环顺畅衔接与扩大再生产有序展开，能够以有效的制度体系完成对再生产过程中矛盾的协调，在经济、技术和制度间形成一个协同演进的系统。

三　资本积累结构视角下中国经济稳增长的制度布局

相比于积累的社会结构的四类型制度划分，大卫·戈登早期关于积累的社会结构的开创性文献从资本循环全过程和再生产的制度支持来布局，相较于四类型制度分割在一定程度上存在缺乏中心逻辑和整体性这一缺陷而言，围绕资本运动全过程布局的制度调节，在经济的制度层与运行层实现了更为有效的统一。戈登从资本运动的基本需要到稳定的积累结构的必要性，划分了积累的社会结构的四种类别和十三种具体制度。[①] 这些制度条件是单个资本家无法左右的，但会直接影响个体资本家生产与积累的可能性，塑造生产当事人对未来收益的预期。这一系列组合条件越稳定，积累的速度与可能性就越快和越大。将戈登的制度划分对照社会再生产各个阶段的支撑条件来看，尤其显现出其深刻的马克思主义经济学逻辑。

以戈登围绕积累过程的制度体系构架作为理论参照系，分析中国在稳增长过程中，加强和改善制度供给的典型举措，尤其能够理解后者具体内容的系统性、整体性、协同性特征，明确社会主义市场经济制度，何以建立一整套稳定积累、增长的条件，在市场的有效性增强（突出表现为畅通经济循环一般过程，改善积累与盈利），与国家经济治理能力现代化（政府对积累过程中各类矛盾进行协调，在对增长的均衡条件的不断调整过程中稳固社会主义的核心意识形态）之间达成统一。

围绕资本运动和社会再生产的全过程展开，以积累当事人如何具备理性的实际资本投资能力和良好预期为起点，以下具体分析在影响积累的每一种制度条件中，现代经济的一般性特征，以及中国经济治理体系相应的特殊制度表现（见表 2 - 3）。

表 2 - 3　积累的制度布局与中国经济体制中的可参照制度安排

制度类别	具体制度	当前中国经济体制中的可参照制度类型
积累当事人	公司结构（创造性破坏对旧组织结构的挑战；股东价值最大化对实际资本积累的影响）	积累主体包括各种所有制企业，以及中央 - 地方政府；国有资本投资运营的特殊性，关于保持积累动能、优化投资结构、促进共同富裕、避开金融化陷阱的经验；地方政府投资行为的特殊性

① D. Gordon, "Stages of accumulation and long economic cycles," in Samuel Bowles and Thomas Weisskopf (eds.), *Economics and Social Justice* (Cheltenham and New York: Edward Elgar, 1998).

续表

制度类别		具体制度	当前中国经济体制中的可参照制度类型
积累的动能		竞争结构（竞争与垄断动态对积累与创新的作用；不同的竞争体制下投资模式的差异）	产业链上各类所有制企业的协同竞争关系建；竞争政策在宏观调控和国家技术创新体系中的传导；数字经济背景下公平竞争审查与协同创新生态构建
		阶级斗争结构（取决于劳资间的相对权力关系与意识，并受技术创新周期的影响）	以人民为中心的发展，着力解决不平衡不充分发展问题，在此过程中为高质量的积累提供动能
积累必备的系统条件		稳定的货币体系（稳定性取决于信用货币数量与实际生产规模的匹配）	畅通货币政策助力实体经济的渠道、提升货币政策对于微观主体积累决策的精准度
		国家结构（政府在民主和资本权力间的调和能力、政治关系相对稳定性）	党与政府的同构性、党的核心意识形态在经济运行和社会组织中的全面贯彻
单个资本积累的必备条件（围绕产业资本循环与再生产布局）	生产资料的可获得性	自然资源供给结构（新能源、新材料开发的科学基础和利益斗争）	高标准市场体系建设（劳动力、资本、土地、技术、数据五类要素市场的制度完善）；不同要素市场上"政府"与"市场"的职能差异（劳动力市场、金融市场的特殊性，集体消费资料、集体生产资料市场等由个体能力难以投资建设，但对整体经济运转高度重要的战略性基础设施市场，对政府角色的不同要求等）；新基建；产业链、供应链安全等
		中间品供给结构（价值链贸易成为全球主导）	
		社会家庭结构和劳动力市场结构（劳动力供给）	
	剩余价值生产	劳动管理结构（控制－效率体系、制造同意）	技术体系转变背景下，弘扬工匠精神，劳动者主体性重塑
		最终消费品需求结构（宏观调控、基础设施）	共同富裕与大循环的内在逻辑一致；收入分配—消费升级—投资扩张—就业增长持续的良性循环；新基建、民生建设等
	资本周转	金融结构	金融供给侧结构性改革
		行政管理结构	信息通信技术对企业运营网络的优化

（一）积累当事人：市场主体的理性投资能力

在市场经济的环境中，绝大部分投资决策由企业做出，而公司治理结构对企业的投资行为抉择具有关键影响。公司制度取代理性个人成为积累主体，是资本主义生产方式演进中规模扩张的必然结果。马克思在《资本论》体系中已对此有深刻说明，相对剩余价值生产方式演进的过程中，技术进步的路径以一定的资本量集中为前提，个别资本逐渐难以独立成为企业，联合起来的个别资本形成社会资本，作为公司与小业主式的生产相对立。股份制公司的形成使公司治理成为专门的学科，资本所有者权益与管理者利益、企业实际资本投资需求与所有者收益的矛盾逐渐显现。

20 世纪 80 年代初，面对资本主义企业规模进一步扩张与经营领域多元化的现实，戈登将公司制度影响积累的基本机理归结为——企业惯用的内部组织方式与生产规模持续扩大，以及进入新领域之间的冲突，可以视为组织变革和运营创新的创造性破坏对公司内部既得利益的损伤。彼时，他还没有特别关注到，股东价值最大化的治理导向正开始兴起，将成为 20 世纪 80 年代以来发达资本主义经济金融化的重要推力，严重影响实际资本投资的增长，而这一现象在近十多年以来金融化研究的文献中得到了较多关注。

公司治理中的关键制度之一对应马克思视域下的资本积累比例和方案问题，即谁来制定投资决策，包括采取什么样的投资类型和投资收益的分配方式，这一制度的明确将影响企业的长期绩效。在委托代理问题的一般逻辑下，股东价值最大化目标兴起，但其中的缺陷也是显而易见的。例如，股票价格能否真正解释公司业绩，还是更易激发公开市场的逆回购？对逆回购影响企业实际资本积累的担忧，也在经验数据中得到了证实。例如，449 家标准普尔 500 指数公司在 2003～2012 年斥资 2.4 万亿美元回购股票，占总收益的 54%，另有 37% 的收益用于支付股息，其余用于发放员工薪酬和提升生产能力的资金受到严重挤压。在此期间，排名前十的回购企业如惠普和辉瑞制药，回购股票和支付股息的金额分别达到净收益的 177% 和 146%。① 这也印证了股东和经理人增长的

---

① 威廉·拉佐尼克：《只有利润，没有繁荣》，柴苗译，《哈佛商业评论》2014 年 9 月。

收益完全可能建立在低工资、低养老金和就业机会减少的基础上。从而引发了所谓股东价值最大化的治理结构的悖论，股东目标如果是所谓的企业长期成长，股东价值最大化导向却完全不见股东的生产性作用。[①] 以辉瑞制药为例，尽管公司一再声称药品高价是因为利润被投入了更多的新药开发，但是公开数据显示，在 2003～2012 年辉瑞制药用于股票回购的金额是利润的 71%，用于股息支付的金额相当于利润的 75%。

创新经济学领域的代表人物霍尔和勒拿在分析创新投资的"资金缺口"问题时，也涉及公司制度的问题。在市场上，利用自有资金投资的企业家所期望的收益率与外部投资者所要求的收益率之间存在差距，有时甚至相去甚远。同时，在研发领域，通过更充分的信息披露来减弱信息不对称的做法徒劳无功，原因在于对被模仿的担忧使公司不愿向市场公开其创新构想。如果向竞争对手公开了信息，就会增加成本，这让公司能够公开的项目信息寥寥无几。信息的不对称以及缓解这一问题的高昂成本使得公司和投资者在研发领域面临比内部资金成本更高的外部资金成本。同时，相比于大陆经济体，盎格鲁－撒克逊经济体由于股票市场高度发达且所有制结构相对透明，研发通常对现金流更敏感，反应更强烈；此类更强的反应有可能是因为这些经济体受制于金融市场，外部资金成本远比内部资金成本更为高昂，所以当它们使用外部资金进行边际投资时需要相对更高的收益率支撑。[②]

企业的生产融资可来自销售收入、银行贷款与证券发行。大型老牌公司的创新投入可以通过销售收入来提供资金，而小型的新公司却不能做到这一点；因为不确定性强，它们只能艰难地在潜在利润预期的基础上去寻求债务性融资，这也让外部股权融资成为企业创新融资的主要来源，尤其是对小型的新企业来说。[③] 进而，它们的积累决策也更加受

---

① 威廉·拉佐尼克：《经济学手册》，人民邮电出版社，2006，第 57～60 页。

② 布朗温·霍尔、约什·勒拿：《创新融资及创新》，载布朗温·霍尔、内森·罗森伯格主编《创新经济学手册》，上海交通大学出版社，2017。

③ 罗伯特·沃德：《美国的两面性：自由市场意识形态与产业政策的真相》，贾根良等译校，《中国社会科学内部文稿》2017 年第 6 期。

制于外部资本市场。

还有学者以通用电气（简称 GE）为例，提出股东价值最大化的意识形态导致了老牌工业企业的金融化选择，以应对回购与分红的压力。GE 在多元化转型中，从事大量非相关金融活动，这些活动侵蚀了公司的工业利润与长期投资能力。经济金融化的大背景作为对工业企业行为的"制度诱拐"，不仅没有制造理想形态的"产融结合"，非相关金融业务反而成为金融"拖累"。① 金融资本积累与实际资本积累的分离，我们将在下一章具体展开，本章主要关注支撑实际资本积累的关键制度因素。

通过考察公司治理机制分析积累当事人的行为逻辑，无疑为宏观的经典资本积累理论建立了部分微观基础，也解释了世纪之交发达资本主义世界大型公司普遍金融化行为的制度背景，我国改革进程中现代企业制度的建设应吸取发达资本主义世界企业组织模式中的缺陷导致企业实际资本积累能力不足的教训。

坚持两个"毫不动摇"、增强市场主体活力，是新时代完善社会主义市场经济体制的重要内容之一，而建立起稳企业积累动能、优化积累与分配循环的制度环境也是社会主义经济治理的题中之义。特别是对于国有企业和公有制资本的投资运营模式而言，国企经理人的业绩考核办法、国有资本的投资绩效评估与分配方案，都会深刻影响实际资本长期的积累能力。一方面，"公有资本的强大积累功能与增进人民福祉结合，主导了持续 30 余年的中国经济快速增长，是中国特色社会主义的首要依据"②，公有制资本承担了经济增长与共同富裕协同的使命；另一方面，国有企业扮演一系列重大技术变革实践者和战略物资生产者的角色，需要持续的高强度投资，保证长期的做强做优做大能力，过度的现

---

① 孙喜：《制度诱拐、金融拖累与能力退化：以通用电气（GE）为例》，《科研管理》2017 年第 12 期。

② 荣兆梓：《生产力、公有资本与中国特色社会主义——兼评资本与公有制不相容论》，《经济研究》2017 年第 4 期。

金分红和财政责任也将影响企业的实际积累。因而，国有资本的运营和国企的内部治理，是一个复杂问题，需要协调好所有利益相关者的目标，激励企业的实际资本积累行为、培育产业能力。

除企业这一市场主体之外，在社会主义市场经济体制中，嵌入经济活动中的政府也在一定意义上发挥了市场主体的功能，直接影响了积累的行为与规模。[①] 除中央政府运用财政货币政策作用于经济总量的调节外，产业、区域等结构性政策更直接地引导了资本积累的流向；地方政府间的竞争模式，使得它们更鲜明地充当了经典教科书之外的一类市场主体，凭借财政收入，以及一度大量凭借土地出让金进行地方产业布局性质的战略投资，部分专注于区域创新能力提升的地方政府甚至呈现熊彼特式企业家的特征[②]，这值得理论关注和诠释。

2015 年之后国有资产投资运营公司的建设、各类地方政府引导基金的设置，在巴里·诺顿看来表现为一种参考市场逻辑的政府直接控制的金融工具，以更为市场化的方式实现政府的产业政策目标。[③] 典型案例即近年来备受学界和公众关注的深圳模式、合肥模式。基本机制表现为地方政府通过一定的财政资金或国企战略重组建立国资平台，组建或参与投资各类投资基金，吸纳更多社会资本参与，为能够发挥地方产业集群优势的部门提供持续的支持。作为中国改革的前沿，深圳以国有投资基金为先导，加大资产杠杆、扩大资产规模[④]，形成"大国资"战略，打造了一批与深圳城市地位相符，有更高层次配置资源能力的大企业集团，以及形成了匹配深圳的城市发展战略、匹配深圳国资的战略布

---

① 孟捷：《中国特色社会主义政治经济学的国家理论：源流、对象和体系》，《清华大学学报》（哲学社会科学版）2020 年第 3 期。

② 孟捷、吴丰华：《制度－垄断地租与中国地方政府竞争：一个马克思主义分析框架》，《开放时代》2020 年第 2 期。

③ Barry Naughton, "The financialisation of the state sector in China," *East Asia Policy*, 2019, 11 (2).

④ 从 1979 年到 2019 年，深圳的国有经济平均每年增长 28.7%，总资产增长了 24600 倍。深圳国资委直接或间接控制的经济总量，在 4.41 万亿元左右，比上海 2020 年全市全年 GDP 还要高。参见：《深圳国资委是怎样神奇的存在》，虎嗅 APP（微信公众号），https://mp.weixin.qq.com/s/5HPAPzfyHImUq25b8MdFbQ，2021 年 5 月 5 日。

局；深圳国资委对外投资企业所涉及的行业类型不仅包含各类基础设施、民生工程，还涵盖大量战略性新兴行业，并间接持股如万科、荣耀等地产、通信行业的支柱性企业，实现了国资保值增值、投资经营能力进一步提升的良性循环。[①]

相较于深圳的大国资模式，合肥模式的基本经验是巧用资本市场，强化地区特定产业优势。先由国资认购流动性较强的上市公司股权，上市公司在拿到股权融资后自行在合肥落地项目，避免政府投入的固化和沉淀。政府再将前期股权投资收益用于发起组建或参与投资产业基金、政府天使投资基金等，政府背景的基金为高度成长性企业进行信用背书，由市场化的专业管理机构进行管理，国有资本的参与增强了社会资本的信心，而在完成既定目标后，及时通过市场化方式安全退出并获得较好收益，从而为新的产业投资积累资金，最终实现国有资本"投入—退出—再投入"良性循环。在选择投资领域时，着眼地方产业生态建设，坚持瞄准优势产业进行战略布局，以创新型大企业、重大战略项目为引领，对全产业链谋篇布局。[②]

在以上事实中，国有资产投资公司、地方政府都充当了保持积累速率、优化投资结构的重要角色，在"积累当事人"这个制度维度上提供了新的经验。

（二）积累的动能：再生产矛盾的协调与竞争政策

关于积累的动能，戈登承袭了马克思的经典叙事，将直接作用于积累的动能归结为竞争结构和阶级斗争结构。劳资间的斗争与资本间的竞争既是资本主义生产关系内部的长期冲突形式，又形成了资本积累的持续动能。"自由竞争使资本主义生产的内在规律作为外在的强制规律对

---

① 吴超：《深圳国资系崛起这七年：杀入 500 强，屡做"白衣骑士"》，《南方周末》2021 年 4 月 10 日。

② 唐溯：《合肥模式是时间的玫瑰吗？》，香帅的金融江湖（微信公众号），https://mp.weixin.qq.com/s/eODjYCp2G_FlgM-x45LI-w，2021 年 4 月 3 日。

每个资本家起作用。"①

1. 从阶级矛盾到不平衡不充分发展问题

在马克思主义经济学中，劳资间的阶级冲突表现为三类形式：劳动者与资本对剩余价值生产过程中相对控制权力的斗争，生产资料私人所有制、工人对资本实际隶属加剧共同导致的两极分化的收入分配结果，劳动力再生产对资本的依附与挑战。劳资矛盾对生产延续和对剩余价值实现的约束，共同制约了持续的积累。要稳定积累就必须缓和阶级冲突，除福利国家等制度协调外，劳资间相对"和谐"关系的生产力基础，在于显著的技术创新带来的超额利润，以及相对缓和的资本间竞争关系，能在使用价值层面使工人阶级分享生产力发展的好处。这一观点已在有关劳资冲突与产业周期的研究中得到了经验支持。②

伴随社会主义生产关系的确立，阶级斗争不再是社会主要矛盾，在人民根本利益一致的前提下，社会主要矛盾是非对抗性的。从党的八大（1956 年）到党的十一届六中全会（1981 年），再到党的十九大（2017 年），关于我国社会主义初级阶段矛盾的论断，始终以人民的需要出发，从工业国要求与农业国现实的矛盾、物质文化需要与落后生产力的矛盾，到美好生活需要和不平衡不充分发展的矛盾。社会主义初级阶段，在市场经济运行中，会遇到行业间、区域间、不同劳动者之间的发展程度与利益分配不均衡问题。因此，加强我国广大领土范围内各个空间发展的协调性、发展利益的共享性本身就成为持续增长的重要动力来源。本书分析实体经济发展的关键制度支持，最后也会回到在经济运行和社会再生产过程中，党领导下全社会共同参与，着力突破发展中的不平衡不充分问题，在此过程中达成最大范围的政治共识，并稳定我国的积累体制运行。

----

① 《资本论》（第一卷），人民出版社，2004，第 312 页。

② Beverly J. Silver, *Forces of Labor：Workers' Movements and Globalization Since 1870*（Cambridge：Cambridge University Press, 2003）.

在积累体制的研究中，劳资关系的类型被赋予了极高关注度，相较而言，直接关注竞争结构的文献较为有限。竞争的压力促使资本具有更强的获取剩余价值的冲动，既推动了技术的持续革新，亦在其中加剧劳资间的冲突与剩余价值实现困难，并使投资过程面临更高风险。因而，在戈登看来稳定的积累结构应该包含一套缓和竞争的制度体系，避免单个资本因为过于残酷的竞争压力堕于积累。

2. 竞争体制与社会主义市场经济中的竞争政策完善

涉及竞争结构，在马克思主义经济学中，有两个方向上的讨论。第一个是从经典体系出发，对竞争与垄断关系的认识。在资本主义生产方式中，激烈的市场竞争和对超额剩余价值的追求欲，促使技术进步不断发生，但技术进步以一定资本规模为前提的特征以及更长时期占有超额剩余价值的期望，使得资本主义竞争模式天然地具有形成垄断的倾向。如马克思的积累过程"表现为许多单个资本的互相排斥"[1]。资本积累动态就是对完全竞争的破坏。在市场实际运行中，竞争与垄断表现为动态的互动关系。例如，熊彼特认为，完全竞争不利于技术进步，原因在于完全竞争对应的平均利润率，难以创造真正的创新激励。由于完全竞争不能保证超额利润奖励，就无法激励资本家和企业承担有风险和不确定的项目。创新通过整合新产品、新技术、新组织类型等，创造了高于成本的盈余。然而，竞争往往会消除这些额外的收入。"具有相当大的市场力量的大公司，而不是完全竞争的公司，才是'技术进步最强大的引擎'"。希法亭也提出了相互印证的观点：发展依赖于大型非竞争性企业，这些企业的技术优势来自它们获得高于平均水平的利润的能力。[2] 因而，简单的价格竞争是对企业利润的损害，也会影响企业的创新和实际资本积累能力。伴随生产方式演进，在有序的社会分工条件下，不同企业在协同竞争中获得合理的利润与稳定的积累水平，就成为

---

① 《资本论》（第一卷），人民出版社，2004，第721页。

② P. Michaelides, J. Milios, "Did Hilferding influence Schumpeter?" *History of Economics Review*, 2005, 41 (1).

对协同竞争和良性市场生态的期望。

第二个讨论的层面则涉及，不同历史时期和技术背景下竞争体制的差异。例如，针对黄金年代之后美国大公司为何出现利润率下降这一问题，不同于当时"主流的"利润挤压论观点，布伦纳认为主因是愈加激烈的全球竞争，使美国公司的成本加成能力急剧下降，而非制度环境造成的劳工优势地位、能源成本上升和利润挤压。[①] 布伦纳的视角也在克罗蒂的研究中得到了支持，固定资产投资并不存在自由退出机制，在对抗投资风险的过程中，企业间倾向于订立寡头垄断协定，并在恶化的全球竞争环境中，延续产能过剩。[②]

克罗蒂更为直接地强调了竞争环境对积累的影响。进入机器大工业时代以来，持续的固定资产投资就是技术进步的物质基础，但投资的庞大规模和不可逆性，使得企业投资面临着高度的不确定性。克罗蒂构建了包含凯恩斯主义 – 明斯基主义色彩的马克思主义投资理论，提出了"权衡增长与安全的投资模型"。促进投资的因素包括管理者对增长的偏好、更高的利润率、金融稳定性、低利息率、极弱的投资不确定性；而竞争压力的加大会通过降低利润率与增强不确定性来抑制投资。进而，克罗蒂区分了两种不同的竞争体制对积累的影响：一是相互尊重的竞争体制，二是敌对的无序竞争体制。相互尊重的竞争体制意味着，企业将在不严重损害行业整体利润率、不迫使其他公司进行重大技术调整并改变劳资关系的前提下，扩大资本规模。这样一种可控的不确定性较弱的竞争关系，即所谓"权衡增长和安全的投资模型"，使得企业能关注长期战略。与之相对，"强制性的投资或死亡模型"发生在行业的外部条件遭到破坏，企业长期利润率严重下降时。在这种竞争体制中，企业间竞争强度失控，更易采取资本深化型投资，投资不确定性激增、利润率下降。企业被迫采取以前拒绝的高度破坏性、高度风险性的投资战

---

① R. Brenner, *The Economics of Global Turbulence* (London：Verso, 2006).

② 詹姆斯·克罗蒂：《为什么全球市场会遭受长期的产能过剩？——来自凯恩斯、熊彼特和马克思的视角》，向悦文译，《当代经济研究》2013 年第 1 期。

略，通过劳动替代和提高劳动生产率的方式降低劳动力成本，将竞争压力转嫁到劳动力身上，导致劳资关系由相对妥协变为激烈对抗。①

采纳克罗蒂的视角，则在积累动能的两种制度结构中，竞争结构的性质对阶级斗争的类型产生了决定性影响。那么导致行业竞争结构变化的外部条件是什么？回答该问题又不能不回到一定技术体系和供需结构作用下的利润与分配空间，回到经济循环的基本过程当中。

在中央强调新时代建设高水平市场经济体制和数字经济带动市场结构重大变化的背景下，"竞争政策"在我国具体经济制度体系中作用突出，如何更好地立足新技术体系的特征和产业链关系建立协同竞争关系，以及最能体现市场活力与有序性的竞争政策设计得到了前所未有的关注。

针对社会分工和产业链架构的协同竞争，谢富胜和王松以信息通信革命以来，后福特制弹性生产的特征为参照，关注了我国不同所有制企业间的协同竞争特点。后福特制生产的一般特征是，企业不直接通过纵向一体化控制全产业链，而是缩小生产规模、降低运营成本，以跨组织协同替代内部组织治理，优势互补更快速地对市场变化做出响应。企业间主要围绕中间品价格和工艺标准等竞争，而在产品开发等环节协作互补。对照我国所有制改革的实践来看，国企分类改革、"抓大放小"的思路，使得国企与民企大致上分别居于产业上游和下游，在垂直分布格局下形成了协同竞争关系，前者提供生产资料，后者面向最终需求。已有经验显示，上下游企业的协同竞争和良性循环，促进了各类所有制企业的共同发展。②

2020 年以来，竞争政策在市场经济制度体系中的重要性被重点关注，竞争政策包含两类内容。第一类内容以中国经济体制改革如何持续

---

① James R. Crotty, "Rethinking Marxian investment theory: Keynes-Minsky instability, competitive regime shifts and coerced investment," *Review of Radical Political Economics*, 1993, 25 (1).

② 谢富胜、王松：《在协同竞争中推动公有制经济与非公有制经济共同发展》，《教学与研究》2020 年第 12 期。

增进市场有效性为基础，竞争政策开始作为宏观调控和技术创新政策体系的核心内容之一。如洪银兴提出竞争政策应当在国家宏观调控体系中起到基础性的作用，是其他宏观政策发生作用的有效传导机制。突出表现为，高质量产业政策的设计需要以市场机制的选择为基础。尽管产业政策反映政府意志，但是产业政策的实施机制不能排除有效的市场竞争，借由市场竞争选择国家或特定区域的产业发展方向，竞争性地建立上下游产业联系。① 上文中提到的合肥模式的产业培育，是建立在地方已有的产业生态和竞争能力基础上的。坚持竞争政策的基础性地位，还必须深化要素市场化改革和垄断行业改革。如黄群慧认为，竞争政策应当是产业政策和其他各类经济政策的"前置性和约束性政策"②，社会分工的优化与协同竞争关系的形成都是在有序高效的竞争中发生的。

第二类内容是对市场竞争秩序的维护，反对资本在特定领域的无序扩张与垄断，破坏正常市场竞争和创新动能。为此，必须落实公平竞争审查制度，制定和改进反垄断法规，增强反不正当竞争的执法。尤其是在"互联网＋"各类市场的背景下，特别需要建立和完善针对迅猛发展出的一系列新经济业态的竞争秩序，而其中涉及的专业知识亦更为深入和复杂。资产专用性和企业动态发展能力都是设计适当的竞争政策的关键。③ 例如，互联网平台巨大的正外部性使得有限竞争成为符合技术特性的自然选择，但有限竞争导致垄断高价以及抑制持续创新的可能也应运而生。传统的竞争政策、反垄断方案面临如何在不破坏网络外部性的前提下合理拆分业务和服务，预判和阻止可能严重反竞争的收购，数字时代的竞争政策也要求更为迅速和果断的决策，在灵活应对新环境的过程中，持续处于"干中学"的状态。总之，在反垄断、顺应技术自

---

① 洪银兴：《公平竞争是建设高标准市场体系的核心》，澎湃新闻，https://www.thepaper.cn/newsDetail_forward_7686932，2020 年 6 月 3 日。

② 黄群慧：《新发展格局的理论逻辑、战略内涵与政策体系——基于经济现代化的视角》，《经济研究》2021 年第 4 期。

③ 戴维·蒂斯：《创新、治理和能力：对竞争政策的启示》，载《比较》（总第 115 辑），中信出版集团，2021。

然逻辑的市场分割、正常利润与产品定价等多重目标约束下，竞争政策本身面临更强的专业性挑战。本书在第五章第五节将专门分析，数字技术不仅加剧了平台的垄断倾向，也有利于构建协同创新生态，合理的竞争政策通过构建合理的协同竞争体制，将推动实际资本积累和技术进步的发生。

（三）积累的系统条件：货币体系价值稳定与信用扩张的协调

积累的系统条件包含稳定的货币体系与国家结构两个部分内容：前者突出积累所需的货币体系稳定性；后者这一宏大命题被戈登界定为集中处理资本主义财产权利与公民权利（即"一元一票"与"一人一票"）的内在冲突。

在《资本论》正文中，国家的首次出场与铸造货币相关联，这已经由货币作为一种社会集体行动赋权的产物的属性决定了。货币产生于交换中个人过程与社会过程的矛盾关系，马克思曾引用《启示录》中的语段，货币是被人类授予力量和权柄的那只兽："凡没有这种印记即没有这个兽名或兽名的数字者，都不能买或卖。"① 货币本身不是随意想象的价值形式，但是它在商品流通中的基本功能可以由符号来代替，于是符号化的表象又让人以为价值、货币都只是人脑思考的产物。马克思在不断纠正人的认识误区时强调，流通中的货币虽然可以是想象的形态，但是必须有坚硬的质地，可以真实地充当价值尺度，而规定货币标准，稳固它所能代表的价值的任务就由法律规定，由权威的中心国家来承担。

流通过程的自然倾向要将铸币的金转变为金的假象，由国家强制行动和信用担保的货币的出现是一个必然，由此货币的供给从生产所受的物理制约中解放了出来，但是国家权力的重要性也显著增强，依靠政治和法律的后盾取代由货币商品提供的后盾。

---

① 《资本论》（第一卷），人民出版社，2004，第106页。

　　信用货币时代，货币发行权使得政府拥有了前所未有的经济干预权力，但是正如马克思对货币本质及职能基本逻辑的说明，作为价值尺度的（坚固的）货币和作为流通手段的（灵活的）货币之间的核心矛盾始终存在。商业银行是制度化个人与个别资本间信用关系的机构，但商业银行也是竞争性的私人机构，它们需要彼此间结算账目的稳固价值尺度，中央银行出场满足这一需要，但它必须拥有高品质货币，以保证银行间交易的安全性。然而，作为本国黄金储备的管理者，央行只是在本国领土内保证货币的品质，一旦跨越领土界线，建立稳定的货币秩序的问题依然存在。因而，在大卫·哈维看来，货币的价值承载与高度流动性灵活性矛盾并未得到解决，只是在货币机构的等级制中转移到了更高的层级上。国际货币基金组织可以规训民族国家，中央银行可以规训商业银行，银行则可以规训商品生产者。可是，这样行使的权力是否定性的而非创造性的，没有一种信用货币可以执行最终的价值尺度职能，除了用特定商品的生产约束各国货币外，人们尚未找出办法保证信用货币的品质。①

　　在劳动价值论的视域中，信用货币同样"内生"于商品生产流通过程，必须始终与实际的价值生产与流通过程相符合。在马克思的货币理论中，没有哪种货币可以凭借自身的力量魔术般地带来商品生产的扩大，能够发生作用的只有在商品生产交换过程中实际发生的资本积累的过程。货币作为一般社会权力的化身，所拥有的权力有多大最终取决于它能代表的社会劳动真实生产的商品规模。

　　为建立稳固积累的制度环境，甚至更直接地介入积累规模的扩大中，国家需要稳定且有"生产性"的货币体系。面对经济增速的不足，全球主要经济体多采取了量化宽松的货币政策，现代货币理论甚至将央行作为财政部的无限借款人，而要让宽松的货币政策模式具备生产性，且依然保证货币作为价值尺度的稳固性，就必须注意新增信用货币的流

---

　　①　大卫·哈维：《资本的限度》，张寅译，中信出版社，2017，第396～398页。

向，除非进入实际资本积累的过程，与扩大的价值生产相关联，否则涌入虚拟资本积累的货币只能加剧金融资产泡沫，和导致财富分配差距的扩大。

当前，在货币体系稳定性与信用扩张间建立较为有效的权衡，畅通货币政策助力实体经济的渠道、提升货币政策作用于微观主体市场决策的精准度，是我国货币政策效率提升的重点。促进实体经济生产规模扩张和技术进步，货币支持是基础，而在其中协调好货币流通、支付手段与价值尺度的关系是稳增长的货币体系的底层逻辑。

（四）积累的系统条件：政府的协调能力与政治共识

戈登将稳固的货币体系与国家结构一同纳入积累的系统条件，对于后者突出货币占有量差异带来的社会权力与公民政治权利的矛盾。马克思在分析货币属性时，论及货币的出现使得社会权力成为私人的私有权利。他借用法国谚语来表达，"没有一块土地没有主人""货币没有主人"[①]，"古代社会咒骂货币是自己的经济秩序和道德秩序的瓦解者"[②]。相较于前资本主义社会，"匿名"的货币能量释放带来了社会加速变革的巨大动能，但同样将引致货币、资本占有量成为权力的中心，使看似自由的市场经济成为货币权力投票选择的场所。因而，积累体制的研究者将所谓"国家结构"——国家在民主和资本权力间的调和能力促成政治关系的相对稳定性作为一项重要制度条件，积累与增长的持续运行需要政治层面的一定发展共识。

在评析凯恩斯的国家理论时，奈格里提出，1871年之后资本主义国家的经济干预在不断增强。这种增强的前提是认可了工人阶级对资本主义制度的对抗性，对抗性无法抹除，只有通过国家权力加以协调，使得工人斗争不再是夺权性的，而变为推进资本主义发展的动力因素。通过对收入分配的干预，通过减少资本过剩和流通领域失灵，使工人阶级

---

① 《资本论》（第一卷），人民出版社，2004，第172页。
② 《资本论》（第一卷），人民出版社，2004，第156页。

的自主性被限制在一个既定的权力结构中。[①] 这与阿尔都塞在《论再生产》中的观点形成了呼应，"再生产"一个适当的剩余价值再分配比例，是资本主义必须经历的阶段，国家真正恐惧的，不是再分配剩余价值，而是由工人阶级直接塑造和控制再生产过程。[②] 19 世纪后期到 20 世纪初期，资本主义国家在对阶级斗争进行协调，对分配和再生产的均衡条件不断进行调整的过程中，也再造了自身的合法性来源。但是资本主义政府的这一协调过程也始终遭到增长逻辑和合法性基础的拷问。

在我国社会主义市场经济体制中，中国共产党的执政始终代表最广大人民的根本利益，在持续推动生产力不断发展的过程中，有力地解决经济社会发展存在的各类不平衡不充分问题，推进社会主义根本任务的完成，而非掉入阿尔都塞资本主义国家的"陷阱"。2021 年，在庆祝中国共产党建党百年的历史背景下，学界就党的治理能力形成了一系列经验和学理总结，第六章会再谈到该问题，这里简要提及。就经济治理领域而言，驾驭市场经济增长的一般逻辑，与顺应以人民为中心的共同富裕要求，使得中国的积累体制呈现各种特殊制度条件。究其基本原因：一方面，党与国家的同构性，使得党可以运用国家机器"贯彻其在方向性、全局性和战略性问题上的政治领导作用"；另一方面，党的意识形态的作用使之稳固政治自主性，不为资本和官僚俘获，党的意识形态也是生产关系的建构性原则，还是指导国家发展战略选择的终极依据。[③] 通过推进高质量发展、不断增强群众的现实获得感，稳固政治认同，构建中国式的稳增长结构。

（五）资本循环与再生产条件：生产要素供给体系

相较于稳定的货币体系、国家结构这两类宏观性的积累的系统条

---

① 安东尼奥·奈格里：《凯恩斯和资本主义的国家理论》，王行坤、张雪琴译，载《政治经济学报》（第 17 卷），格致出版社、上海人民出版社，2020。

② 姚云帆：《重绘马克思主义国家理论的地形学构造：〈论再生产〉读后》，《东方学刊》2020 年第 1 期。

③ 孟捷：《中国共产党与当代中国经济制度的变迁》，《东方学刊》2020 年第 1 期。

件，戈登原初概念体系中"单个资本积累的必备条件"，直接针对单个资本运动过程与再生产布局。对于实现快速有效的积累而言，这些条件同样是必需的，但是单个资本自身无法决定这些条件的供给，并且这些条件也未必可以完全同质地覆盖到每一个市场主体身上，从而导致不同市场主体实际积累能力的差异。戈登的这一思路在SSA后来的文献中似乎没有再得到充分的展开，但围绕资本运动与再生产条件的制度类型考察，反倒更能显现制度组合的中心逻辑，而这恰是后来的SSA版本所缺乏的，对于理解资本真实的积累过程，以及市场主体的实际选择阈差别具有突出的意义。

产业资本循环的第一阶段是货币资本向生产资本的转变，对应的制度条件即"生产资料的可获得性"，包含自然资源供给结构、中间品供给结构、社会家庭结构和劳动力市场结构，决定了资本循环过程中货币资本向生产资本的转变能否顺利进行。

（1）自然资源供给结构。资本必须合并形成财富的原始要素——劳动力和土地，才能获得超出其自身大小的扩张能力。于是，获取不被自然束缚的低价原料、掌握随时可以调度的足量产业后备军以及减少地租成本，是资本稳定获利和积累的条件。而这些生产要素的质量维护与成本维持又需要全社会宏观层面的总协调。例如，资本无限扩张要求打破对地球所能提供的既有原料和化石能源的约束，"靠天吃饭"对资本盈利造成了约束，而对新材料和新能源的研发又意味着生产资料市场的多方权力博弈，以及能否获得科学研究增量发现的支持。

（2）中间品供给结构。随着社会分工发展，工场手工业中的局部劳动有独立化为新的行业的趋势，"同一个生产部门，根据其原料的不同，根据同一种原料可能具有的不同形式，而分成不同的有时是崭新的工场手工业"[①]。马克思在分析这一问题时曾举例，18世纪上半叶，单在法国就有100多种不同的丝织品。新产品类型对中间投入品的性质提

---

① 《资本论》（第一卷），人民出版社，2004，第409页。

出新的要求，需要上游部门的技术创新支持。20世纪中后期，伴随信息通信技术发展，相较于第二次工业革命的纵向一体化生产，更具灵活应对能力的产业链分工成为社会分工的主导形式。全球分工从产业间和产业内，转向产品内和生产工序环节，价值链贸易成为全球主导性贸易和生产方式。[1] 20世纪80年代，全球货物贸易额中制成品占比约为70%，2010下降至40%，而各类中间品贸易额占比达60%，2018年进一步升至70%。[2] 网络化、数字化的生产方式，令任何一个国家都无法掌握供应链体系的全部中间环节，中间品供给稳定的重要性越发凸显。但也使得中间品的"掉链""卡脖子"问题日益突出，特别是在新冠疫情暴发和全球保守主义兴起的历史背景下，全球供应链系统的稳定性遭受了大考。如斯蒂格利茨提出，"没有或者只有很少库存的准时化生产配送系统，可能足以应对小的扰动，但我们已经看到当意外的风险来临时，这种系统的崩解"[3]，如果缺乏稳定的中间品供给，资本积累就会严重受限。

（3）社会家庭结构和劳动力市场结构。这两类结构对资本稳定积累的作用在于，提供合乎质量和成本要求的劳动力供给。在马克思看来，劳动力再生产是资本关系再生产的前提条件，"资本的积累就是无产阶级的增加"[4]，足量的相对过剩人口是劳动力供求规律借以运动的背景，也是工资增长绝不威胁积累过程的基础。国家参与教育、医疗、住房等劳动力主要集体消费资料的供给，缓和劳动力再生产过程中成本上升的问题，其影响效应既包括为整体的资本积累稳固劳动力供应，在一定程度上也通过降低劳动力自身在集体消费资料上的开支，提升其个人消费品消费能力，改善剩余价值的实现，还通过劳动力再生产的"降成本"，促进相对剩余价值的生产。

---

[1] 刘志彪：《产业链现代化的产业经济学分析》，《经济学家》2019年第12期。
[2] 王生升：《准确把握新发展格局的三重逻辑》，《思想理论教育导刊》2020年第12期。
[3] Joseph Stiglitz, "How the economy will look after the coronavirus pandemic," *Foreign Policy*, April 15, 2020.
[4] 《资本论》（第一卷），人民出版社，2004，第709页。

为持续有效的实际资本积累以及在此基础上的创新和生产力发展提供"生产资料条件",是我国社会主义市场经济中市场体系建设直接面对的现实要求;同时,由于不同类型生产要素性质的差异,在不同要素市场上,"政府"与"市场"的职能边界存在差异。

（4）社会主义市场经济体制中高标准市场体系建设。高标准市场体系是生产力现代化的客观要求,只有建立统一开放、竞争有序的现代市场体系,才能推动各类要素自主有序流动、供需匹配、合理定价,提高要素配置效率,以充分激活市场主体的活力和不竭的创新能力。当前,完善要素市场化体制机制建设,重点是推进劳动力、资本、土地、技术、数据五类生产要素市场的制度完善。例如,人力资源是新一轮科技革命中我国竞争力提升的重要基础,是建立现代化经济体系的关键要素,劳动力市场建设既是畅通劳动力和人才流动渠道的基础,也关乎收入分配制度改革如何坚持按劳分配原则、持续增加劳动收入份额。当前,依然要深化户籍制度改革、土地市场改革,加快劳动力在城乡、区域间的合理对流,也要通过对劳动力的合理配置、评价,重新在生产组织中增强劳动者主体性、弘扬劳模精神和工匠精神,使劳动过程内生地作为技术创新的关键渠道。对于资本市场而言,功能完备的金融体系是资本获得不竭动能的体制保证,各国发展的历史经验显示,重大技术创新的发生与扩散总是与金融制度的重大创新相关联。高效的资本市场通过资金盘活与资本融资,不断增强经济的创新力与竞争力。振兴实体经济要依靠金融供给侧结构性改革提供资本支持。增加直接融资比重、降低融资成本、提高交易品种丰富度的资本市场改革则是金融供给侧结构性改革的重点,多层次资本市场是土地、劳动力、技术、数据等要素获得合理估价与充分流动的重要基础,是推动创新扩散的体制保障。创新驱动发展战略的实施,关键是需要解决科技成果（新技术）迅速转化为现实生产力的问题。技术转移的重要路径是技术交易市场形成与配套制度完善。建立国家创新体系,基础在于发挥市场的导向作用,由市场为技术要素合理定价、引导流向。数据是信息社会、数字经济时代最具时代特征的生产要素。人工智能、大数据、云计算、物联网等新一代信息技术共同呈现数据偏向性技术进步的特征，数据要素大规模地应用于生产、分配、交换、消费各环节以及制造与服务等各场景，对经济增长起到重要作用。数据的互联互通、共享利用正在深刻地改变着人类社会的生产方式、生活方式和工作方式。当前，我国面临工业化、城镇化、信息化同步推进，特别是信息化发展愈加迅猛的势头，数据作为最关键的要素引领着资本、技术、劳动力的流动。伴随数字经济发展，数据作为独立生产要素的价值日渐凸显，对此，我国不断针对性地出台和完善相应法规。

高质量发展以技术进步和效率增长作为主要动能，更为细致复杂的市场机制推动要素间优化组合是高质量发展需要具备的基础条件，完善要素市场化配置体制机制是建设统一开放、竞争有序市场体系的内在要求，是市场机制有效聚合要素的现实表现。推进高标准的土地、劳动力、资本、技术、数据要素市场建设，直面土地制度改革、劳动力市场融合、金融供给侧结构性改革、科技创新制度改革、数字经济发展最现实的要求，补齐了过往我国市场经济体制建设中要素市场化配置制度体系的短板，努力做到价格市场决定、流动自主有序、配置高效公平，为稳固实际资本积累奠定了重要的基础。

（5）不同要素市场上"政府"与"市场"的职能差异。各类生产要素自身的特殊性，意味着要素市场本身是一种特殊的制度条件，国家在这些制度条件的维护中执行着重要职能。[1] 其中之一为劳动力市场，作为"虚构商品"，劳动力的再生产始终处于市场与社会的共同作用过程中，劳动力再生产矛盾的加剧既影响正常的剩余价值实现过程，也威胁前述发展的统一意识形态的稳定，并将成为经济运行的障碍，只有国家出场对劳动力再生产过程做出合理保护，才能维护市场经济的健康有序运行。同时，在后凯恩斯主义经济学的视域中，充分就业的实现有赖

---

[1]　孟捷：《中国特色社会主义政治经济学的国家理论：源流、对象和体系》，《清华大学学报》（哲学社会科学版）2020 年第 3 期。

于国家作为最后雇主。资本积累及其内嵌的技术变革的过程，始终包含对就业进而对劳动力再生产过程的威胁，也就对政府就业政策的设计和实施提出了内生要求。就资本市场而言，我们既关注到重大技术创新与金融支持的密切联系，也将在后文细述，资本积累过程与普通产品市场生产过剩的一般矛盾势必加剧经济金融化，导致虚拟经济中的泡沫膨胀。一定的资产泡沫是市场繁荣的前提，但是国家要在维护货币所能代表的价值体系的稳定中发挥积极作用，金融市场也需要国家发挥最后贷款人和安全保障者的作用，特别是在具有中国特色的宏观经济治理体系中，通过专门的发展规划，重新挤出金融资产的过多泡沫，使资产价格保持与价值实体的有效关联。

除更易于被确权至个体的各类生产要素的市场外，集体生产资料市场的建设也应当被关注，它们同样构成了社会再生产的关键条件，属于由个体能力难以投资建设但对整体经济运转高度重要的战略性基础设施市场。对市场供给失灵的再生产条件的维护，以及通过规划建立优质的再生产条件催化重大技术进步，是市场对政府职能的期望。史正富将一国的生产性资产分为企业级资产和国家级资产。后者具有超大规模、超长周期、超强不确定性、超弱的收入排他性等特征，且与地理环境和自然发展阶段密切相关，其范围广阔，包含高标准农田、优质空气、清洁能源等广义生产要素以及战略性科技产品、民生资产、国家安全资产等。[1] 这些基础性战略性资产的投资对长期生产力布局和民生具有关键影响，也是社会主义国家能够进行国土空间规划、再建生产力布局从而践行协调发展的区域政策的基础。同时，新技术革命也对新型基础设施建设[2]（简称"新基建"）提出了专门的要求，新基建是以信息化和智能化为突出特征的新型工业化的基础，也是支持高质量城镇化以及绿色

---

① 史正富：《功能货币论与中国经济的高质量发展》，《文化纵横》2020年第2期。

② 新型基础设施主要包括七大领域：5G基建、特高压（电力物联网）、高铁（轨道交通）、充电桩（新能源汽车）、数据中心（云计算）、人工智能、工业互联网。

发展的基础。[1]

此外，就中间品市场而言，近年来习近平总书记在讲话中多次强调了"保障产业链供应链安全畅通"[2]。部署创新链要特别关注被部分发达国家断供的环节，建立自主可控的产业链，在自身的系统集成能力方面获得自主性。[3] 因而，双循环的格局中既要坚持真正的多边主义、不断深化改革开放，在优势互补的全球分工中降低生产成本、改进产品质量、增强创新活力，又要增强自主创新，努力填补产业链中短板，解决"卡脖子"问题。通过产业链现代化推进我国的高质量发展。[4] 只有聚整体之力补短板和实现产业链现代化，才能使单个企业的再生产与积累过程不受中间品环节"掉链"的制约。

（六）价值生产过程：技术类型与劳动管理制度

在剩余价值生产过程中，有效的劳动管理制度对协调生产过程中的矛盾起到重要作用。资本主义生产的劳动过程是典型的控制－效率体系，劳资间针对价值生产与分割的争夺，是围绕对工作时间的控制以及工作日内劳动者行为的有效掌控展开的。时间是利润的元素，劳动力必须具有"平均的熟练程度、技巧和速度""通常的平均的紧张程度"[5]。有关劳动过程及其协调制度的演变，是调节学派、SSA 等积累的制度理论不同版本中共同的重要组成部分。

《资本论》第一卷描绘了相对剩余价值生产过程中生产组织方式演进的一般趋势，明确了资本主义条件下劳动的生产力日趋在形式上转变为资本的生产力的必然。通过组织协作与分工、与前沿的科学技术相结合、使用新机器设备，资本表现为生产力发展的"总指挥"，占据生产

---

[1] 黄群慧：《从高质量发展看新型基础设施建设》，《学习时报》2020 年 3 月 18 日。

[2] 《坚定信心 勇毅前行 共创后疫情时代美好世界——在 2022 年世界经济论坛视频会议的演讲（2022 年 1 月 17 日）》，《人民日报》2022 年 1 月 18 日，第 2 版。

[3] 洪银兴：《政治经济学视角的新发展格局》，《马克思主义与现实》2021 年第 1 期。

[4] 刘志彪：《产业链现代化的产业经济学分析》，《经济学家》2019 年第 12 期。

[5] 《资本论》（第一卷），人民出版社，2004，第 228 页。

过程的权力中心，并决定再生产什么样的劳动技能。资本主导的技术进步再生产局部工人，瓦解大多数的小生产方式，让劳动者不仅因为没有生产资料所以必须依附于资本，而且因为不具备关于生产过程的完全知识和与资本独立竞争的能力，充当资本治下的"总体工人"的一个部分。劳动对资本的隶属从生产到再生产全面加剧。资本之所以成为生产、流通、分配乃至整个经济过程的权力中心，底层逻辑都可以回溯至它作为生产过程权力中心的原因。

在马克思的视域下，伴随技术进步，相较于资本，劳动者在对生产过程的实际控制能力上是全面败退的。20世纪70年代之后，以布雷弗曼的《劳动与垄断资本》为代表，以第二次和第三次技术革命为经验背景的劳动过程研究得以复苏。SSA的代表著作《分割的劳动、分化的工人》正是以劳动过程的典型变化为重要标识区分了美国资本主义发展各个阶段的不同的积累结构。布雷弗曼之后，拉佐尼克等考察了不同国家特定生产技术模式下工人内部的分化与劳资权力的分配特征，尝试对马克思指出的技术进步过程中劳动者相较于资本权力"线性式"减弱发起挑战；以布若威的《制造同意》为代表的马克思主义劳动过程研究，更多地关注到生产组织中劳资间的实际妥协过程如何发生，强调了即使在资本主导的技术变革中，劳动者主体性也始终无法被完全抹除，因而需要一系列制造同意的具体机制，并将之上升为意识形态霸权，以换取工人的合作。这就意味着，生产过程中具体的劳动管理制度是维系生产有序进行的重要条件，也关乎再生产和积累结构的稳定性。

战后黄金年代福特制生产的典型特征是大规模生产与标准化消费的匹配，工人不在生产过程中挑战资本的权威，相应地获得了扩大的使用价值生产的一定物质鼓励。后福特制时代，全球生产网络建立，中心与外围的生产结构加固，承担功能弹性与数量弹性的劳动者地位进一步分化。大工业确立以来的劳动过程演进显示，总体上劳动者难以在生产过程中挑战资本的绝对权力，二者的利益协调主要是在收入分配环节和劳动力再生产过程，通过社会保障网络、制度化的集体议价、相对稳定的就业关系，即劳动力一定的"去商品化"，换取劳动者在生产过程中的配合。此类协调性制度安排的现实基础，既需要有技术创新支持劳动生产率稳步提高，又要有国家有力的政策干预以保持实际工资与劳动生产率的同步。

在我国资本积累体制的相关研究中，无论是基于调节学派还是 SSA 概念框架下的文献，直接针对劳动过程的研究都是相对缺失的，这也是我国社会主义经济理论研究中固有的一个短板。相比于针对企业所有制改革的研究，对于企业劳动过程研究的不足，可能限制通过生产过程实践探寻技术创新的内生动能。例如，我们关注的国有企业改革的制度基础，多侧重于对资本结构的重新整合、对国有资本运营的有效管理，还是以一定的资本量集中作为协作、分工与研发的前提，而较少从社会主义企业的劳动过程实践应具有什么特征、如何发挥效率优势出发。

社会主义生产关系最终要跨越劳动异化的陷阱，通过劳动者主体性的重建，取代资本对生产过程的控制权，使技术进步来自劳动者的创造并服务于劳动者本身。从实际历史背景出发，直接对企业劳动过程研究的缺乏，也与改革开放后我国赶超式发展过程中的技术体系有关，一个典型表现即模块化分工侧重对低成本和大规模生产的要求，而缺乏对自主创新的激励。例如，在信息通信消费品生产中，产品建构的模块化使产品部件、生产工序间的连接更为简化且开放。相比于以往将生产工序集中的垂直统合型分工企业，运用水平分工型组织形态的生产场景增加。产品建构模块化减少了生产活动的技术壁垒，降低了对产品加工现场生产管理能力的要求，中国企业通过大规模批量生产的数量和成本优势加入全球生产体系，但是模块化生产中关键部件和关键加工设备的提供者主要是西方国家的企业。模块化生产消解了承担加工组装职能的后发国家企业进行劳动过程治理的必要和能力，也就在一定程度上抑制了主动学习和开发能力的积累。在全球经济运行不稳定性加剧的背景下，它们更易遭受矛盾转嫁和技术限制。进入新发展阶段，自主创新成为经济高质量发展的第一动力，回到对劳动过程的积极治理，探寻技术与劳动的不同组合方式，劳动者生产经验积累基础上的技术创新就成为重要的命题。近年来，发扬工匠精神，依托劳动者在实际生产当中的精益求精、经验积累不断创新，也成为我国劳动管理制度中的突破性探索。[1]

（七）价值实现过程：最终产品需求结构

《资本论》第一卷讲述了典型资本主义生产过程的技术进步路径以及技术进步对劳动者的影响，在分析单个资本再生产和资本积累时，马克思假定剩余价值的实现是没有问题的："积累的第一个条件，是资本家能够卖掉自己的商品，并把由此得到的绝大部分货币再转化为资本。下面假定资本是按正常的方式完成自己的流通过程的。对这一过程的详细分析要在第二册里进行。"[2] 然而一旦进入第二卷，再生产图式的"微妙平衡"，又将揭示剩余价值实现的现实困境。由于剩余价值的生产和实现在时间、空间上是分开的，生产数量主要取决于生产能力，在技术进步的作用下，生产能力呈现几何级数的增长；而剩余价值实现依靠现实的消费能力，后者取决于劳资间对抗性的价值分配关系（限制了群众的消费力的根本提升）、不确定性较强的各部门比例关系以及资本积累的欲望和能力。

相比于前资本主义生产关系，资本主义生产方式的客观进步在于，通过不断主动推动生产力发展取得更大的价值增殖，但是生产力发展反倒又成为持续实现价值增殖的障碍。不论是资本积累一般规律作用下劳资间地位的根本性分化限制工人阶级消费增长，还是对超额剩余价值的追求在不断的工艺创新过程中，降低产品价值和利润边际，导致陷入在以资本增殖为根本目的的生产中，资本主义经济运行都必然掣肘于目的与手段的冲突，生产力发展无法普惠于大众，以价值增殖为目的的生产

---

① 宋磊：《中美贸易争端的本质是生产组织方式之争》，《中央社会主义学院学报》2018年第 6 期。

② 《资本论》（第一卷），人民出版社，2004，第 651 页。

亦面临长期动能的枯竭。

二战后，凯恩斯主义缓解资本主义经济再生产矛盾的方案，直接表现为对剩余价值实现能力的扩充。包括福利国家对工人阶级的再分配方案、国家参与到大型公共品的生产中以消化剩余，以及宏观政策调整以增强资本的积累意愿，继续通过积累实现剩余。但是，针对最终产品需求，依然需要关注家庭部门的消费能力变化。大卫·戈登在关于 SSA 的开创性文献中提出，消费者需求不仅是家庭偏好的结果，也受宏观经济因素作用的有效需求制约，他将关注点置于影响消费可能性的基础设施建设。例如，消费者买车的需求要以高速公路的修建为前提；同样，必须有城市电力系统，才能扩散现代电器生产与消费。这一关注角度可能受其兄弟——美国经济史学者罗伯特·戈登影响，罗伯特·戈登的代表作《美国经济增长的起源》详细考证了政府建设基础设施如公路、公共电力系统等为居民的汽车、电视机、洗衣机消费提供的支持，而居民消费的增加又为新技术扩散、新产品生产提供了增量的订单。罗伯特·戈登将汽车与硬化道路的关系称为鸡与蛋的关系，公路的缺乏是汽车业发展过程中的最大障碍。1916 年《联邦道路援助法案》颁布后，公共资金大量建设公路，使汽车业获得了比城市公共交通和客运铁路更大的财务活力。"20 世纪 20 年代至 30 年代，通过联邦援助项目，美国很快就建立了覆盖全国的硬化道路网络，司机可驾车按照指定路线从东海岸抵达西海岸，且中途不会经过未硬化的泥泞土路"。[1] 公路的发展与福特 T 型车价格的下降、汽车消费信贷的流行，共同使得至 1929 年，汽车"在美国出现了任何其他国家都无法匹敌的迅速普及"[2]。总之，战后黄金年代生产与消费间的良性互动是以政府对这一时期代表性消费品消费配套公共设施的建立为前提的。

因而，即使针对最终产品的价值实现，积累的制度结构研究依然没有将消费者的收入与选择作为独立变量，而是继续挖掘支持新消费品消

---

① 罗伯特·戈登：《美国增长的起落》，张林山等译，中信出版社，2018，第 157 页。
② 罗伯特·戈登：《美国增长的起落》，张林山等译，中信出版社，2018，第 163 页。

费扩张的历史条件。为此，大卫·戈登在早期文献中索性将基础设施投资作为投资集群出现和长经济周期的重要起点，并认为这是比熊彼特从单个资本视角出发预期投资集群更为合理的做法。在价值的实现过程中，基础设施建设不仅是政府缓解资本过剩问题的方式，也为扩散新技术和生产新消费品建立了可能。

考虑到稳积累结构中，最终消费对于再生产的重大意义，也就完全可以理解，当前推进作为社会主义本质目标的共同富裕与我国经济发展结构转变、动能转换间的协调关系。在构建新发展格局的背景下，以国内大循环为主，要求供给侧结构性改革与消费升级扩容相配合，通过发挥大市场优势，挖掘分工深化与劳动生产率提升潜能，推动经济运行的质量和效率提升。党的十八大以来，我国的收入分配制度改革持续关注分配的公平性问题，逐渐将共同富裕目标置于突出的位置，共同富裕是一个循序渐进的过程，必须有技术和制度基础：一方面，要求制度范式变革充分激发新技术的包容性、共享性潜能；另一方面，依托于前沿领域技术创新不断助力高质量发展带来的增量分配空间，而创新作为一个集成体系又内嵌于升级扩容的内需体系，需要在收入分配—消费升级—投资扩张—就业增长中实现持续的良性循环。

在数字经济的技术机遇期，新基建对于最终消费的意义也是非常显著的。如5G基站、数据中心、工业互联网等关涉数字技术发展与赋能的关键基础设施建设，既是推进实体经济高质量发展的基础，也是消费持续升级的枢纽。与此同时，除了传统和新型基础设施外，教育、医疗等事关消费升级的重大民生领域，表现为软性基础设施，同样面临持续的投资空间，而其目标不只是短期的 GDP 增长，还有不断带动上下游产业联动，服务于创新、绿色和共享发展与最终的消费升级。

（八）资本周转条件：金融与行政管理

单个资本积累必备条件的最后一项关涉资本周转，包含金融结构和公司的行政管理结构两个部分，是对资本作为总运动过程的协调，进而提升资本的获利和积累能力。

就不断的资本循环过程而言，资本必须始终保持现金流以获得生产资料，并进行存货管理。当资产流动性欠缺或自留利润不足时，就必须获得外部资金支持，而利息率过度波动和金融体系支持不足，都将损害资本的实际资本积累预期。考虑到资本运动过程的实际需要，信用制度的建立和金融支持的必要性是一定的，尤其是机器大工业时代固定资本投资的特征，势必与虚拟资本的扩张相同步（我们将在下一章专门探讨实际资本积累与金融资本积累的"两重化"问题）。

关于金融市场的重要性，马克思在《资本论》第二卷中曾这样谈道："资本主义的商品生产，——无论是社会地考察还是个别地考察，——要求货币形式的资本或货币资本作为每一个新开办的企业的第一推动力和持续的动力……在这里，就单个资本说是如此，就社会资本说也是如此。"[1] 但要注意货币能够引起扩大再生产，"这是由于再生产扩大的可能性在没有货币的情况下就已经存在"[2]，货币资本是开启和延续生产过程的必要条件。因而，信用体系的必要性毋庸置疑，但货币资本要想带来生产过程的扩大，必须同时具备相应的物质条件。通过分析资本循环与再生产，在马克思这里，金融部门与实体经济的关系已经显现，金融是加速资本周转、扩大生产规模的重要活动，但需要有对应的技术、生产资料、劳动力储备，社会再生产始终以完整的产业资本循环过程为基础。

以金融供给侧结构性改革为重大政策信号，近年来我国在金融领域的持续改革深化，协助企业解决经营过程中的资本周转和融资问题，为推动实体经济资本积累、催化创新提供了支持。下一章中我们将专门针对实体经济与金融部门的理论关系和已有的可参照经验，分析我国经济运行如何有效解决既存在一定的"脱实向虚"，又面临中小企业融资

---

[1] 《资本论》（第二卷），人民出版社，2004，第393页。
[2] 《资本论》（第二卷），人民出版社，2004，第551页。

难、资本市场发育不足的问题。

行政管理结构更具体地触及微观层面，指的是在大公司制生产的模式下，协力促成资本流通加速的管理制度安排，财务管理、营销和广告活动都被包含其中。将公司运营的实际过程这一看似管理学的问题，纳入对积累的制度结构的考察，这种做法是极具马克思主义经济学方法论特征的。大公司科层制结构产生于资本主义生产方式演进，只有具有一定资本规模，公司经营才能持续改进协作与分工条件，获取生产效率优势，但是组织协调与信息传输成本的增加也相应出现，同时组织规模增大带来固定资本投入增长，都使得大企业行政管理结构需要处理好如何加快资本周转的问题。学者雅各布·索尔在《账簿与权力》中谈道："从亚当·斯密到马克思，现代经济学思想的奠基人认为，复式记账法是经济和现代资本主义成功发展的重要因素"；"复式记账法的出现，标志着资本主义历史和现代政治制度的发端……与收支平衡表这样的单式会计记录相比，复式记账法是一种准确控制和计量利润、损失以及资本价值的方法。复式记账法使企业和政府可以准确掌握其资产和负债状况，避免或防止盗窃的发生，以财富和收入以及最为重要的利润作为指标衡量业绩表现，使得复式记账法成为财务规划、管理和问责的重要工具"。[①] 在后文关于数字经济赋能实体经济的相关章节中，我们会分析信息通信技术对现代企业行政管理网络的作用。

四　经济循环、技术创新、制度体系
协同演进的理论框架释义

在马克思主义政治经济学体系中，经济增长就是以资本积累为基础的扩大再生产过程。资本积累理论深刻地架构起经济运行机制与历史发

---

① 雅各布·索尔：《账簿与权力》，侯伟鹏译，中信出版社，2020，第 8 页。

展规律的统一，描绘了经济增长的基本动力、实现过程、内在矛盾与发展趋势，是分析现代经济运行方式特征及其演变逻辑的重要理论基础。在社会主义市场经济的实践当中，保持实体经济的稳定增长、推动生产力不断发展是实现共同富裕的重要物质基础，而稳增长的过程同样面临系统制度构建以协调再生产过程中的具体矛盾。

恰如资本积累的制度分析的起点，突出了不能将积累置于真空环境中，而是系统分析支撑积累的制度体系，资本积累的制度分析本身不能陷入与经济循环过程脱节的理论自洽当中。稳定的制度环境与实际资本积累行为的良性互动，体现在经济运行的具体指标上，理想状态下应当呈现利润率、实际工资率和劳动生产率的协同增长，以及投资升级与消费扩容的同步。同时，良性循环并稳定增长的经济体又需要持续的技术创新，为投资与消费、生产与分配提供正向互动的增量空间，但是技术创新并不是生产当事人被动等待重大技术成果的涌现，而是既需要现有经济运行过程中内生动力的激发和学习经验的积累，又需要制度结构的协同，最大可能地鼓励与扩散创新。至此，一个稳定实体经济增长的结构，无一不是经济循环、技术创新与制度体系良性互动的产物。回到马克思主义经济学关于长期经济增长的分析，持续的积累多指向较高利润率对投资的吸引、由技术革命和创新集群奠定的投资的物质基础、对积累矛盾进行协调的系统制度环境，以及承载投资的市场规模或需求条件，高峰先生将之概括为积累的"技术—制度—市场"三元分析框架[1]。其中，决定价值实现的需求规模显然又受到新技术机遇、收入分配格局与投资预期的作用，而这些条件本身被制度因素深刻影响。[2] 在构建新发展格局的背景下，孟捷提出经济、科学技术与制度间相互耦合，推动生产率、实际工资和利润率并行增长，是国内大循环的实现条件。[3]

---

[1]　乔晓楠、王奕：《长波理论的数理解析及其对新发展格局的启示——纪念我国著名马克思主义经济学家高峰先生》，《政治经济学评论》2021年第2期。

[2]　高峰：《论长波》，《政治经济学评论》2018年第1期。

[3]　孟捷：《参照系与内循环：新兴政策范式的政治经济学阐释》，《复旦学报》（社会科学版）2021年第4期。

　　如图2-2所示，在已有文献和经验研究的基础上，本书从经济循环、技术创新与制度体系协同演进的视角①，分析振兴中国实体经济的积累的结构性条件。党的十九大以来，创新引领是经济现代化的战略支撑，关系我国经济发展的动力、效率、质量升级，尤其是对于实体经济来说，发展先进制造业、深入推动"数实"融合等，都是以前沿领域的持续创新为前提。没有科学技术的同步发展、没有新技术带动新业态为传统部门赋能改造，就没有实体经济持续积累与增长的物质基础，也就失去了共同富裕的生产力条件，只有生产率增长才能带来实际收入的持续提升和总需求规模的扩大。需求规模扩大除直接对劳动生产率提升较慢的部门产生带动外，还将进一步内生化劳动生产率提升，表现为规模经济的作用使得工业部门乃至整体部门的劳动生产率随总需求总产出增长而增长，需求规模扩大和消费升级的驱动又将为产品创新不断提供动能，由此形成技术条件与良性经济循环间的互动支持。与此同时，有利于积累的制度条件要直接协调再生产过程中的各类摩擦和矛盾，中国特色社会主义的经济治理体系包含基于国家长期发展战略规划的一整套

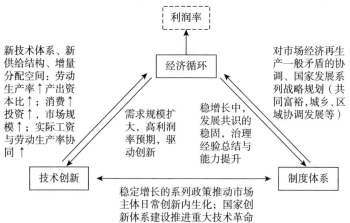

图2-2　经济、技术与制度协同演进的机理

---

　　① 孟捷、高峰：《发达资本主义经济的长波：从战后"黄金年代"到2008年金融-经济危机》，格致出版社，2019。

推动技术创新内生化、为双循环体系扩容的制度设计，如国家创新体系，城乡、区域发展的系统布局。新发展格局要求产品有市场、投资有收益、企业有利润、居民有收入、政府有税收的良性循环，其物质根基在技术创新，制度保障在社会主义国家的经济治理能力。持续的创新与增长，在不断化解社会主义初级阶段不平衡与不充分发展问题的过程中，推动发展共识的稳固和社会主义本质的实现。

第三章 实际资本积累与金融资本积累共生与分离的矛盾关系

在经典政治经济学体系中，资本积累原本意指剩余价值转变为实际资本投资，扩大产出规模和增加剩余生产的过程；而追加的实际资本投资也是经济体持续获取技术进步、保持生产力增长动能的基础。20世纪80年代以来，发达资本主义国家的经济重心多出现了由生产部门向金融部门的转变，突出表现为：金融资本在 GDP 中的占比膨胀，以制造业为代表的实体经济占比下降，而以金融、保险、地产为代表的虚拟经济部门占比提升，金融资本获取的剩余分割比例极大提高。

金融资本崛起对传统的资本积累概念造成了挑战，高峰先生曾对此进行过梳理：在资本主义早期阶段，企业的物质资本（包括生产资本和商品资本）和货币资本都是实际资本，企业资本价值就是实际资本的价值，伴随股份制公司形成，资本价值出现了"两重化"，即实际资本价值与公司股票在虚拟资本市场上的"市值"，资本价值"两重化"势必引致资本积累的"两重化"，即企业同时追求实际资本和虚拟资本价值的最大化。① 垄断资本学派的学者斯威齐提出，资本积累不仅增加实际的资本品，还增加金融资本存量。传统假设中企业持有金融资产，如持

---

① 高峰：《资本积累理论与现代资本主义——理论的和实证的分析》（第 2 版），社会科学文献出版社，2014，第 460 页。

有股票和债券，是以间接方式增加实际资本，但是在金融市场形成"自我循环"的背景下，已经出现了实际资本与金融资本积累的"两重化"现象。[①] 理解现代经济运行，需要一个对实际资本和金融资本关系梳理得更为完备的资本积累理论。

对于我国而言，进入经济新常态以来，传统技术范式和需求结构下的经济增长动能受限，生产领域的资本积累速度减缓，资本流向金融领域的比例快速增加，"脱实向虚"的问题加剧了中国经济运行的风险。但与此同时，中小企业贷款难、直接融资市场发育不足、资本市场制度不健全等金融市场的结构、制度问题也客观存在，阻碍技术创新和扩散，从而使得中国经济看似处在经济金融化趋势和金融市场发育不足的矛盾中。

一　理论逻辑：资本积累"两重化"的发生过程及其影响

资本积累金融化的现象在马克思主义和后凯恩斯主义学派的学者中得到了广泛关注。其中垄断资本学派是早期代表，他们从垄断资本主义时代剩余的堆积和非生产性耗费中推导出金融化的必然趋势，前文所述的调节学派、积累的社会结构理论等都分析了 80 年代以后日渐金融化的资本积累体制的特征以及金融化导致 2008 年国际金融危机和全球性资本主义衰退的内在机理。而这些研究的理论逻辑都源于马克思对"资本"运动特征的深刻分析。从资本运动总过程来看，一方面，金融资本力量的崛起源于资本连续运动过程的基本需要，没有信用体系发展和现代金融市场，就没有企业生产规模的迅速放大与创新加速，因此金融资本与实际资本之间存在共生的关系；另一方面，金融资本积累促使生产力加速发展、资本间过度竞争加剧生产的过剩，推动"过剩的"实际

[①]　孟捷、李亚伟、唐毅南：《金融化与利润率的政治经济学研究》，《经济学动态》2014 年第 6 期。

资本转向金融"避风港",而膨胀的资产泡沫要求分割更大比例的剩余价值,如果实际资本生产领域不足以产出匹配的剩余增量,就将激化金融资本与实际资本在分配领域的零和关系。本节拟通过对资本概念及其运动特征的解析,分析资本的流通过程为何"反过来"指导资本的生产与再生产,从而梳理金融资本积累独立于实际资本积累的成因。

(一) 生息资本积累超越实际资本积累的过程

在《资本论》文本中,马克思没有直接使用过"金融资本"的概念,与产业资本形态相对,他关注了商人资本、生息资本的运营特征。在分析利润被分割为利息和企业收入时,他具体解析了生息资本的概念,生息资本是从职能资本中分离出来的货币资本的独立化,作为一种资本商品,要求取得其价格(利息率)。又由于生息资本涉及所有者和使用者(借贷)双方的关系,故被称为借贷资本。在《资本论》第三卷的文本中,二者多数是被同义替换使用的。需要说明的是,在第三卷后续的文本中(第三十六章),马克思提到作为"古老形式的生息资本"的高利贷资本,与前资本主义生产方式的小生产相适应;高利贷形式下,债务人只是将货币用于支付个人消费、维持简单再生产等,不具有资本的增殖特征,因而高利贷资本只有资本的剩余分割属性,却没有资本的生产方式。[①] 与之相区分,"借贷资本"概念则被用于资本主义条件下的借贷关系,要求在对资本商品使用价值的消费中,保存并增加其价值与使用价值。[②]

生息资本总的运动过程是 G(A)—G(B)—W—G′(B)—G′(A),包含资本家 A 向 B 贷款,和 B 还款给 A 的过程。这里呼应了《资本论》第一卷对资本总公式的表述,资本增殖是生产与流通过程的统一,生息

[①] 《资本论》(第三卷),人民出版社,2004,第671页。

[②] 《资本论》(第三卷),人民出版社,2004,第389页。需要补充说明的是,由于《资本论》第三卷主要考察现代经济关系中的生息资本,且马克思亦直接换用二者,本书不对"生息资本"与"借贷资本"所应用的历史范围加以严格区分。

资本运动尽管会表现为"没有中介的结果"①（G—G′），但还是资本总公式的一种特殊形式。随后马克思就深刻地指出，在人们的认知过程中，生息资本的回流与放出，"只是资本所有者和另一个人之间进行的一种法律交易手续的结果""中间发生的一切都消失了"②。从法律契约角度理解生息资本的运动，抹除了资本的生产过程和增殖实质，也让人易于陷入生息资本可以脱离资本增殖基本条件并自我循环的误区。

生息资本起初只是循环过程中暂时闲置的可用于生息的实际资本，但在具体的投资过程中，逐渐可以放大为若干倍的生息资本，这里就需要引入生息资本的不同投资形式——银行资本和虚拟资本。银行资本包含银行家的自有资本和吸收的客户资本，由货币和有价证券（国债券、股票、商业票据以及不动产抵押单等）构成，其中有价证券大部分是虚拟资本。虚拟资本以生息资本的存在为前提，对于购买国债、股票的人而言，货币是作为生息资本投入的，但他们持有的债券、股票仅仅是实际资本的"复制的纸本"。

虚拟资本并非凭空出现，它产生的原因要归于资本的运动特性。生息资本一旦作为实际资本被投入特定的使用价值，特别是投入固定资产形式，流动性就会大大减弱，"无限"的流动过程将受到限制，而移除障碍的办法是虚拟资本的出现，使得由固定资本代表的对未来产出的债权，被信用体系转变为流动的货币资本对持续产出的一定份额的索取权。③ 生息资本生出利息，现在被颠倒为定期收入生出资本，即把收入化为资本，所以虚拟资本实质上是收入的资本化。逐渐地，任何潜在收入来源都可以虚拟地资产化，且可以成为生息资本的投资形式。④

虚拟资本不是生息资本本身，却是生息资本的重要投资场所。因

---

① 《资本论》（第一卷），人民出版社，2004，第181页。
② 《资本论》（第三卷），人民出版社，2004，第391页。
③ 大卫·哈维：《资本的限度》，张寅译，中信出版社，2017，第421页。
④ 本·法因：《马克思主义视角下的金融化》，秦路平译，载《政治经济学报》（第15卷），格致出版社、上海人民出版社，2019。

为生息资本积累在很大程度上表现为对有价证券的投资，并由于有价证券的虚拟性而与实际资本积累发生背离。作为生息资本的一种独立循环，只有当促进了生产性资本的扩张时虚拟资本运转才是真正的资本积累。但是从投资的实际场景来看，虚拟资本"独立循环"中的价格决定受利息率、盈利预期、市场投机等行为影响，逐渐与实际资本的价值完全脱离。假定国家发行债券所筹集的资金主要用于非生产性的财政开支（在《资本论》中马克思假定国债是被政府消费掉的，而非形成资本[1]），这种开支当然不会形成实际资本。但是，一旦可以索取利息，一笔债权就有了自己的市场生命。购买国债对于生息资本所有者来说是一种投资，它执行着资本的职能，表现为生息资本的增加，这种增加就与实际资本投资出现了不一致，债权积累领先于实际资本积累。

当人们对债权（国债、股票，可扩展至房屋等）的投资与生产投资同等重要，甚至领先于实际生产时，由信用体系发动生息资本支持产业资本的初衷就被颠倒了[2]，但这一结局近乎不可避免。由于国家债务增长、独资或合伙企业向股份制公司转化，以及平均利息率趋向下降，现代经济模式的运行本身就意味着名义的生息资本积累远远超过实际资本积累。故马克思深刻地指出，生息资本积累大部分成为对生产的索取权的积累，也就是"索取权的市场价格即幻想的资本价值的积累"[3]。由此，本·法因索性将金融化定义为生息资本在资本积累中作用范围的扩大和程度的上升。

综上，对于资本运动这样一个连续过程，保持充足的货币资本流动是一个基本条件。信用体系汇集了经济、生活中各类闲置的货币，将它们作为生息资本投入运动过程中，生息资本的直接目的是分割剩余以获

---

① "这不仅是说贷给国家的金额已经不再存在。这个金额从来不是要作为资本支出的，不是要作为资本投下的，而只有作为资本投下，它才能转化为一个自行保存的价值。"参见：《资本论》（第三卷），人民出版社，2004，第527页。

② 大卫·哈维：《资本的限度》，张寅译，中信出版社，2017。

③ 《资本论》（第三卷），人民出版社，2004，第531页。

取价值增殖，但其投向并不一定是实际生产领域的扩大再生产，这是因为在延续流动性和扩大再生产的基本诉求下，作为债权凭证的虚拟资本出现了，并成为生息资本的重要投资渠道。生息资本形成了一个看似独立的循环，因为掌握庞大数量的货币，它逐渐开始掌控实体部门的决策，通过控制产业、商业资本的经营，形成了金融资本这一融合形态，决定资本积累的过程。其结果可能使得投资更为高效，从而加速扩大再生产的过程，但是也将使得生产过剩的资本主义痼疾更易显现，压缩新技术的红利期。与此同时，金融活动与实际生产的分离意味着信用体系与价值形成之间的偏差加大，导致整个经济体系的不稳定性加剧。流通领域金融活动的理想形态是帮助产业资本筹集资金以扩张实际资本，生息资本的所有者获得利息与分红，两类资本是合作伙伴关系，但现实是，生息资本投资于名目繁多的金融工具，大量在金融市场内部保持独立循环，使金融部门有了独立的生命。[1]

（二）金融资本膨胀对实际资本积累的矛盾作用

尽管未直接使用"金融资本"的概念，在《资本论》第三卷分析商人资本运营时，马克思引入"金融贵族"这一称谓，并将之归于在政治上反动的、与土地贵族同类的反产业资本联盟。[2] 这或许意味着，在马克思这里"金融"活动一出现就包含阶级间的权力对抗。随后，以列宁、希法亭为开创者，学者们对"金融资本"概念的界定主要包含资本主义发展阶段和资本间权力关系转变两个方面的特征。

1. 资本积累过程中金融资本权力增强的内生性

19 世纪后期，第二次工业革命的发生对企业资本规模提出了更高要求，能实现快速资本集中的股份制公司成为主要的企业组织形式，资本主义逐步进入垄断资本主义时代。垄断资本与金融权力相结合，金融

---

① 保罗·斯威齐、哈里·马格多夫：《生产与金融》，张雪琴译，载《清华政治经济学报》（第 3 卷），社会科学文献出版社，2014。
② 《资本论》（第三卷），人民出版社，2004，第 365 页。

资本相对其他一切形式资本占据优势，少数拥有金融实力的国家可以掌控其他的国家。希法亭基于德国经验提出，金融的统治地位表现为银行资本和工业资本的融合，以及银行资本在这种融合中的优势地位。[①] 在融合过程中，一方面，产业资本中一个不断增长的部分不再属于使用它的产业资本家，产业资本家只有通过代表他们对立者的银行，才能获得对资本的支配；另一方面，银行业也不得不把它们资本的一个不断增长的部分固定在产业之中。因此，银行在越来越高的程度上变为产业资本家，金融资本就是产业资本与银行资本的融合形态。我国学者张薰华先生提出，生息资本向金融资本的转变，也是资本主义生产由自由竞争阶段向垄断阶段的转变。[②] 至此，不仅（从职能资本中分离出来的）生息资本大量投资于虚拟资本，实体企业的职能资本也转化为金融资本，进入金融资本循环以谋取金融收益。

当代学者中，哈维对金融资本的研究突出从资本作为连续运动过程的需要到金融资本权力集团的构建这一过程。他指出，从资本运动一般特征出发，金融资本是以信用体系为中心的资本流通过程的产物（尽管马克思没有直接用金融资本的概念，但是这点已经包含在马克思对资本生产和流通的分析当中），是"资产阶级内部制度化的权力集团"[③]。

遵循马克思的经典逻辑和希法亭的表述，哈维提出了一个重要的观点：货币资本一旦在信用体系中被"发动"，就可以作为资本家阶级共有的资本运行。在信用体系中聚集的货币资本能够协调经济体中的各种投资决定，对积累的引擎进行微调，将资本家的集体意志附加在个体的资本家身上。这与希法亭产生了呼应——曾经分离的产业、商业、银行资本被置于金融家的统一领导之下。其结果在于什么样的投资方向会被

[①] 孟捷、李亚伟、唐毅南：《金融化与利润率的政治经济学研究》，《经济学动态》2014年第6期。
[②] 张薰华：《〈资本论〉脉络》，复旦大学出版社，1999。
[③] 大卫·哈维：《资本的限度》，张寅译，中信出版社，2017，第490页。

选择不再是资本家个体意志直接选择的结果，而是资本集体力量的决定。

从资本循环连续性的需要和技术进步的条件来看，信用体系的存在缓解了价值生产与实现、当前的使用与未来的劳动之间的冲突，机器大工业生产的运行不能不以信用体系的存在为基础，金融资本力量的崛起是工业资本主义生产方式内生的结果，然而金融资本运行及其所依托的信用体系也是加剧资本积累矛盾的因素。

2. 金融资本扩张加剧资本积累矛盾的一般原理

活跃的金融市场既是资本运动过程的特征所致的，也是持续积累与增长的必要条件，又将恶化竞争条件，并违背产业资本扩大实际积累规模的初衷，表现为以下方面。（1）生息资本对提升竞争的激烈程度发挥了突出作用，这是因为资本在行业间流动引致利润率平均化的过程被信用体系加速，产业资本通过技术创新获取超额剩余价值的空间可能被压缩，过度竞争和生产过剩的发生可能更为频繁。（2）生息资本在信用体系中的配置原本要为实际资本积累提供便利，但是货币权力在金融寡头手中的聚集使寄生阶级获得了马克思所称的"神话般的权力"，能够周期性地消灭一部分产业资本家，并以危险的方式干涉实际生产[1]。（3）生息资本的流动一般是为了占有无论什么类型的收益，很可能大量是没有生产基础的债权交易，从而可能无法阻止仅为占有收益的投机性投资，并使之彻底走向失控。[2]

针对金融对激化竞争过程的作用，克罗蒂提出，信用与金融问题本就应当处于马克思危机理论的中心，由于利润率是资本积累动能的体现，较为有吸引力的利润率信号，既推动资本积极寻求融资支持，也促使金融机构放宽条件、扩大信贷。资金汇入会在初期进一步增强资本家信心和改善商业环境，但对风险的忽视及竞争压力会导致更大的债务杠杆，并进一步促进资本扩张，投资扩张和债务清偿都依靠继续举债来延

---

[1]　《资本论》（第三卷），人民出版社，2004，第618页。

[2]　大卫·哈维：《资本的限度》，张寅译，中信出版社，2017，第449~453页。

续，原本适度的扩张可能会在信贷体系过热的情况下逐渐失控。[1]

理解金融资本扩张加剧积累矛盾的核心逻辑，依然需要立足金融体系（信用）与货币基础（价值生产）之间的矛盾。信用扩张如果不与实际的价值生产相同步，金融资产就会面临价值丧失。马克思曾以天主教和基督教的关系类比货币主义与信用主义的关系[2]，当货币的数量不足以支撑资本积累带来的持续扩大的商品量流通时，金融抑制就会出现，但信用始终无法从货币基础上解放出来，必须在现实生产世界中找到落脚点。

为避免金融抑制，在叙事的逻辑起点上，资本积累、信用货币积累以及债务积累是同步的，信用泡沫、资产泡沫，以及投机性的繁荣和萧条都是资本为了将自己暂时从商品（特别是价值）对货币的限制中解放出来而必须付出的代价。但是，一旦信用、债务数量的增加周期性地脱离了实际的价值生产规模，商品货币（代表着价值）就要通过危机消除信用货币的狂热。哈维在此运用了一个有趣的比喻，正是硬通货的规则把华尔街（wall street）和主干道（main street）联系起来，这就是"货币基础中的'天主教义'"。[3] 长期来看，华尔街代表的金融活动与主干道代表的实际价值生产规模必须实现合理的匹配。

3. 金融资本膨胀与实际资本积累扩张同步的要求

金融资本膨胀加剧积累矛盾的现实，同样具有极强的政策意义。金本位可以自行实现对金融体系的规训，使之被迫回归货币基础。信用货币时代，规训者的角色就落在了央行身上，后者可以通过增加发行纸币减缓过度扩张的虚拟资本面临的价值丧失，但是又要长期处理通胀的后

---

[1] James R. Crotty, "The centrality of money, credit, and financial intermediation in Marx's crisis theory: An interpretation of Marx's methodology," in Stephen Resnick and Richard Wolff, (eds.), *Rethinking Marxism: Struggles in Marxist Theory—Essays for Harry Magdoff and Paul Sweezy* (Brooklyn, New York: Autonomedia, 1985).

[2] 《资本论》（第三卷），人民出版社，2004，第 670 页。

[3] 大卫·哈维：《跟大卫·哈维读〈资本论〉》，谢富胜等译，上海译文出版社，2016，第 223 页。

果。在金融资本权力扩张的过程中，受到绑架的央行货币政策的自主空间不断被压缩。突出表现为，虚拟经济有极强的货币吸收能力，少量外生货币的注入会使其规模急剧膨胀，膨胀的虚拟经济又需要不断注入货币维持其资产价格与扩张。[1] 导致货币政策对价格的影响和对实体经济运行的有效性都在一定程度上被虚拟资本运动所稀释。

因此，货币政策要能够防范和化解系统性金融风险，关键在于保证价值生产体系的稳定性。主权国家配套的政策设计使多发的货币转变为实际的商品与价值生产，才能使经济体的货币供给与价值生产基本相匹配。从经济现实运行来看，金融衍生市场的发展越充分，金融资产的相互嵌套越紧密，对本质标的物稳健性的依赖就越强，防范系统性金融风险最重要的是依靠经济的稳定增长。[2] 金融在活跃经济的同时，可能充当风险的触发机制；金融系统最终的压舱石还在于实体经济的健康持续增长。

综上，金融资本是"凌驾于总生产过程之上的控制权力"，虚拟资本的形成、金融资本权力的膨胀是现代经济体运行方式的一般结果，缓和积累的周期性矛盾，依赖于"产业资本与金融资本利益达到某种恰当的权力平衡"，并形成一个相对均衡的利息率（剩余价值分配方案）[3]。处理虚拟资本加剧现实经济生产过剩与不稳定性问题的方案，不是销毁虚拟资本本身，因为过度向货币基础的回归会加快资产价格丧失与经济紧缩，只能设法推动实体经济扩大再生产过程的同步。金融活动要与价值的生产建立均衡关系，金融资本的权力必须被制度化地约束，国家作为再生产条件的维护者和矛盾的协调者，面临的一项任务就是规训行为不当的产业资本和金融资本。实际资本积累与金融资本膨胀的相对比例关系，不仅是资本逻辑和技术创新周期条件运行的结果，也始终包含国

---

① 刘晓欣、刘骏民：《虚拟经济的运行方式、本质及其理论的政策含义——马克思逻辑的历史延伸》，《学术月刊》2020 年第 12 期。

② 陈昆亭、周炎：《防范化解系统性金融风险——西方金融经济周期理论货币政策规则分析》，《中国社会科学》2020 年第 11 期。

③ 大卫·哈维：《资本的限度》，张寅译，中信出版社，2017，第 467~468 页。

家的协调性制度在其中的作用。下一节就从历史角度，加入具体制度背景对金融资本积累与实际资本积累的关系进行研究。

二　历史经验：金融资本主义产生与运行的历史

金融资本主义是从资本主义发展的类型学角度对资本主义运行方式的总结，核心特征是金融资本积累占据主导地位，与之直接相对的是工业资本主义。

（一）金融资本主义的产生：组织模式与制度支持的嵌套

在《资本论》中，积累主体是工业资本家，相较于前资本主义时代，地主、高利贷资本直接攫取租金和剩余的行为，工业资本主义的进步在于要去组织并不断放大剩余生产的过程。资本家作为人格化的资本，在资本主义生产关系中发挥推动剩余价值资本化、生产规模膨胀的主动轮作用，货币贮藏者发狂的价值增殖追求欲是在理性的工业资本家的投资过程中实现的。"狂热"的剩余追求欲，在激烈的资本间竞争关系的推动下，促使生产力发展，也为更高级的社会形态建立物质可能。

然而，金融资本主义的获利途径与典型的工业资本主义相反，它主要通过摄取经济租金而非组织工业生产来获取财富。这样一种寻租性的资本主义表现为对"封建残留"的回归，脱离了马克思对资本主义演变规律的预期。如果说工业资本主义发展的技术和组织模式内含了朝着社会主义发展方向的内在动能，金融资本主义则表现为向封建制的倒退。故学者赫德森将金融化的资本主义称为"食租资本主义"，这形象地表达了其精神内核。赫德森提出，从经济运行逻辑来看，金融资本主义与工业资本主义的内在要求是违背的。例如，金融资本主义要求对公共领域如教育、医疗、通信进行私有化与金融化改造，在这些领域进一步食租，而这些领域恰是工业资本主义要求降低运营成本以改善再生产条件并扩大剩余生产的重要领域。[①] 在工业资本主义中，银行和信贷的目标都是工业化，而在金融资本主义中，工业是金融化的，利润主要用于股票回购和股息支付以提高股价，而不是新的研发或有形投资。

金融资本主义并非凭空出现，恰如金融资本权力的聚集源于资本运动过程和机器大工业生产的内在特征，金融资本主义也根植于 19 世纪末资本主义经济组织形态的质变。伴随股份制公司成为主要的组织形态，协助承销公司证券的各类交易所、投资银行、股票债券市场等金融部门出现，马克思称股份制度为"没有私有财产控制的私人生产"[②]，认为它再生产了相当于前资本主义时代贵族群体的"金融贵族"群体，但他们显然更为活跃，在股票发行和交易等方面不断再生产一系列投机活动，凡勃伦称之为"迅速跃升到资本主义财富和权力等级之巅的金融舵手的群体"[③]。

立足资本主义发展阶段和组织模式演变，随着 20 世纪初垄断资本主义时代到来、金融资本权力增强，金融已试图在现代经济中扮演主人的角色，但是这一趋势并未立即被线性式地延续。哥本哈根商学院学者汉森注意到，情况在两次世界大战期间发生了变化。1945 年到 20 世纪 70 年代左右的福利资本主义时代，金融继续扮演经济生活中的辅助者角色。70 年代后期新自由主义叙事的兴起，才为进入金融化时代铺平了道路。[④] 这就提示了金融资本主义的运行，除组织特征演变外，一定有其必要的具体制度支持，杨典和欧阳璇宇将相应制度条件归纳为：新自由主义整体放松对经济和金融的监管；金融有效市场假说提供的"学

① Michael Hudson, "The rentier resurgence and takeover: Finance capitalism vs. industrial capitalism," https://michael-hudson.com/2021/01/the-rentier-resurgence-and-takeover-finance-capitalism-vs-industrial-capitalism/, 2021 – 01 – 27.
② 《资本论》（第三卷），人民出版社，2004，第 497 页。
③ 保罗·斯威齐、哈里·马格多夫：《生产与金融》，张雪琴译，载《清华政治经济学报》（第 3 卷），社会科学文献出版社，2014。
④ Per H. Hansen：《从金融资本主义到金融化：150 年金融史的文化和叙事视角》，政治经济学新时空（微信公众号），https://mp.weixin.qq.com/s/yV1dIB4ChebbNqhwx9HF7g，2021 年 10 月 28 日。

术合法性"支持；大量金融衍生工具提供的新手段、信息通信技术拓宽了全球金融市场，降低了交易成本；机构投资者兴起及其治理结构和目标进一步强化股东价值最大化、强调股价收益；等等。[①]

金融资本主义的运行，是资本主义演化至垄断阶段的内在运行逻辑与具体制度的互动产物。在垄断资本主义条件下，产能过剩的加剧、经济停滞的困境推动债务增长，来自企业、家庭和个人的债务被作为抵消衰退的方式，使债务增长远超实体经济增长，加剧了金融上层建筑的脆弱性。80年代以来资本主义的典型特征之一即膨胀的债务市场，学者贝勒福雷等融合了垄断资本学派和明斯基的理论对此进行阐释，认为债务膨胀的一个制度背景是在资本市场上发行股票更为廉价，公司大量发行超过实际资本积累需要的股票。过度资本化和债务膨胀被深深嵌入资本主义内部。资产膨胀与抵押贷款相互增强以延缓危机，为了维系这一体系的运转，负债在一定程度上是被强塞给非金融公司的。有统计资料显示，在派发股息的公司中，有超过40%的公司在同一年也募集了资本，其中31%的股票回购和股息派发都来自外部债务融资。[②]

这一时代背景下，明斯基提出，华尔街范式的内在趋势就是不断增加债务和杠杆，并引入"货币经理资本主义"概念，这意味着获取短期货币收益的理念被扩展到整个经济系统，并对生产领域产生了深刻影响——表现出没有资本积聚的资本集中，企业合并的资本量远高于实际融资的需要——但结果并不是"制造"第二次工业革命典型的垂直一体化企业，而是实现价值链关联的网络生产。这也对就业关系施加了深刻的影响，生产扩张不会"制造"处在同一地区、使用同样生产资料、

---

① 杨典、欧阳璇宇:《金融资本主义的崛起及其影响——对资本主义新形态的社会学分析》，《中国社会科学》2018年第12期。

② Michael Hudson，"The rentier resurgence and takeover：Finance capitalism vs. industrial capitalism，" https：//michael-hudson. com/2021/01/the-rentier-resurgence-and-takeover-finance-capitalism-vs-industrial-capitalism/，2021 – 01 – 27.

被同种法律制度覆盖的同质化工人，并让他们获取相同的收益①，而是"制造"分化加剧的工人阶级，并使低收入群体更加依赖债务来维持劳动力再生产。这也解释了为何过度金融化将使失控的金融创新降低社会稳定程度。

综上，金融资本主义根植于资本主义生产方式内生的虚拟资本积累加速、金融权力掌控实际生产过程，并在垄断资本主义时代被生产过剩和债务膨胀所激化，新自由主义积累体制又为金融资本主义的"食租性"提供了意识形态与制度上的"合法性"支持。金融资本积累与实际资本积累进一步断裂，并损害整体经济的稳定性。

（二）金融资本主义的全球扩张与中国的基本防御机制

金融资本主义的食租性直接限制了它带动制造业发展的能力。数据显示，2009 年美国联邦政府为企业提供的研发经费在企业全部研发开支中占 14%。面对金融化的公司治理模式，如果没有政府的研发支持，分红和回购行为就会极大地抑制企业的实际资本积累，导致公司被掏空。因而，政府事实上充当了战略性新兴产业的天使投资人角色。在分析这一问题时，有学者指出：美国政府的战略投资基金是凭借发债获得的，中国作为最大的美债持有国之一，也就间接对美国企业的研发行为做出了贡献。②

伴随全球化生产，金融化资本扩张到了大量原本金融发展程度不高的国家，过剩的金融资本渗透各国的工商业等基础性领域，分割被持股国家实际创造的新价值。③ 例如，2020 ~ 2021 年在韩国三星电子的股权

---

① 理查德·贝勒福雷、约瑟夫·哈利维：《马格多夫 - 斯威齐和明斯基论劳动对金融的实际隶属》，张雪琴译，载《清华政治经济学报》（第 2 卷），社会科学文献出版社，2014。

② 孙喜：《制度诱拐、金融拖累与能力退化：以通用电气（GE）为例》，《科研管理》2017 年第 12 期。

③ 陈享光、黄泽清：《金融化、虚拟经济与实体经济的发展——兼论"脱实向虚"问题》，《中国人民大学学报》2020 年第 5 期。

结构中，外国投资者股权占比达到一半以上，海力士、LG 电子外资持股也分别达到 49%、38%，而导致这一状况的制度背景则要回溯到 1997 年亚洲金融危机，韩国以大比例开放资本项目为代价获得国际资本援助。事实上，金融化积累体制在资本主义核心国家延续，也建立在凭借跨国金融资本对外围国家实际生产的价值的分割基础上。此外，金融化资本还融入国际大宗商品的期权、期货交易平台，通过影响生产资料的价格与稳定供给，加剧大宗商品市场波动。[1] 这正好支撑了第二章的分析，即单个资本积累的必备条件包括"生产资料的可获得性"这一制度条件，这一条件被破坏将对生产部门的正常运行和实际资本积累施加风险。

因此，发展中国家如何有效对抗全球化生产体系中的金融化冲击成为金融化经典研究之外的一个重要问题。对照中国与其他一些发展中国家的经验，谢富胜等学者提出，中国有效抵御金融化风险的制度安排在于，政府产业政策与渐进的金融政策引导下的工业化主导发展模式，我们始终保持了较高的生产性投资比重，比较完备的工业体系、对资本账户开放较为严格的限制等减少了中国对全球生产体系的依赖和金融风险。[2] 学者赫德森对中国社会主义制度对抗金融资本主义的做法表示了高度肯定，他认为，中国将银行业置于公共领域，保持货币和信贷的公共创造，而不是私有化，这是降低生活和商业成本的最重要步骤。中国通过免除债务而不是关闭被认为符合公共利益的负债企业，避免了债务危机。作为社会主义经济体，中国一直努力将经济运行从食租体系中解放出来。[3]

---

[1] 陈享光、黄泽清：《金融化、虚拟经济与实体经济的发展——兼论"脱实向虚"问题》，《中国人民大学学报》2020 年第 5 期。

[2] 谢富胜、匡晓璐、李直：《发展中国家金融化与中国的抵御探索》，《经济理论与经济管理》2021 年第 8 期。

[3] Michael Hudson, "The rentier resurgence and takeover: Finance capitalism vs. industrial capitalism," https://michael-hudson.com/2021/01/the-rentier-resurgence-and-takeover-finance-capitalism-vs-industrial-capitalism/, 2021 - 01 - 27.

总之，在发现了债务膨胀与金融资本权力扩张是现代经济一般性特征的基础上，结合不同国家具体历史，金融资本在经济生活中是扮演食租者角色，还是与实体经济共生共荣，与积累的制度体系高度相关。这也提示我们，应当回到本书的理论参照系中，基于技术、经济与制度的良性互动，分析如何发挥金融的"生产性"作用。

三　技术创新过程中金融资本投资与实际资本积累的互动

在分析资本积累的基本特征时，马克思明确了一定资本规模对技术创新的支撑和引领作用，也正是这一生产方式演进的内在原因使得信用体系和现代公司制度的兴起成为必然。资本"个体独立性的消灭"是达到一定生产效率的前提条件。这一经济规律在第二次工业革命背景下得到了直观的展现，并被熊彼特和希法亭的研究所继承。创新不单是企业家的个人意志，在大多数情况下，企业家不得不求助于信贷，特别是在企业初创期，由于难以较快获得利润，就更要借助资本的帮扶。在熊彼特视角下，如果想成为企业家，必须筹集资金，而信贷的提供来自另一个人格——资本家，资本家占有的资金本身就是企业家成功创新和赚取利润的结果，在资本家承担财务风险的同时，企业家拿自己的工作和名誉冒险。当然，由于资本的使用是将生产要素转向新的用途，资本家有权力指示生产的新方向。理想形态下，熊彼特视角下企业家与资本家（可视为实际资本投资与金融资本投资）可以形成有益的互助；然而，如果脱离对实体经济的创新支持，食租的金融化行为将抑制创新发生，本节具体考察这组矛盾关系的作用过程。

（一）技术革命周期中金融资本与产业资本的理论关系

作为新熊彼特学派的代表，卡萝塔·佩蕾丝对金融资本与技术革命的研究近年来得到了广泛的关注。佩蕾丝的研究目标十分明确——重大技术创新的扩散必然是投资问题，但是没有在既往研究中获得足够考察，即使是像明斯基这样专门研究金融危机的学者，亦不能在金融发展和特定阶段的代表性技术间建立联系。一次技术革命及其范式传播的过程，是生产、分配、交换、消费的结构性变化，以及相应的社会变化，要使每个新范式在财富生产的潜力上结出硕果，需要特定投资模式、组织模式、思维方式与制度形式的配套组合。金融在技术革命的传播中尤为有力。

佩蕾丝详述了在一次技术革命不同阶段金融资本与产业资本的互动，她以拟人化的方式做了以下划分。（1）爆发阶段的恋爱：表现为旧技术范式投资机会衰减、失业增加、寻找盈利机会的闲置（生息）资本堆积、旧技术与经济运行的矛盾加剧。（2）狂热阶段的破裂：金融资本向新范式集中，充当创造性毁灭者的角色，金融资本竞逐高额回报的领域，资产价格膨胀、财富分化，但这一时期一定的金融泡沫也是催化新技术的条件。（3）转折点：关键在于制度重组时期金融和生产的联系，这时新技术范式已经取得胜利，新技术大面积扩散的时机成熟，生产规模与生产率增长的潜力可观，市场的利润预期也已回到标准水平，而上一阶段的结构性问题如收入分配分化、资产泡沫等需要得到缓解。这时就需要持续投资于生产能力、增加就业、改善收入分配和扩张市场规模，重新进入由生产资本掌舵的黄金时期。（4）协同阶段：经济结构运行发生了向实体经济的回归，金融资本和产业资本就什么是值得投资的领域达成了高度一致。技术创新从金融资本及其目标引导的探索期，发展到遵循产业资本标准的市场巩固和扩张期。在狂热阶段收入分配的集中可能使创新集中于市场空间中的奢侈品一端，而在协同阶段，收入分配改善能够让创新致力于在收入许可的范围内尽快扩张市场。一旦市场容量成为决定盈利的主要因素，工艺创新就成为关注的焦点，速度、可靠性、质量和成本削减就受到特别关注，尤其是核心投入品和基础设施带来的成本削减，使得更多生产者能够利用它们改造产品与生产工艺，并扩大自己的市场。（5）成熟阶段：当前的技术范式已经成熟，市场逐渐饱和。这一阶段出现的边际创新和产品生命周期都较短，为提高生产率所做的投资收益越来越少，产业资本难以寻找新的盈利机会，闲置资本增加。产业资本与金融资本寻求新的盈利渠道，流向海外或者在已有范式之外寻求新的循环空间。

对此，有学者用示意图做了展示（见图 3 - 1）。

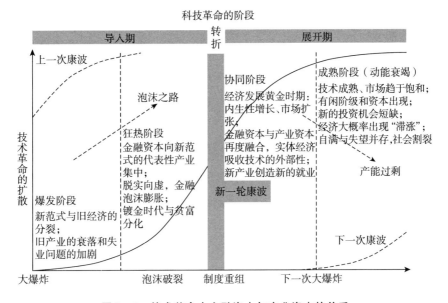

图 3 - 1　技术革命中金融资本与产业资本的关系

资料来源：邵宇、陈达飞《狂热、泡沫与崩溃：科技革命中的金融资本》，载《复旦金融评论》（第 8 期），复旦大学出版社，2020。

由于金融资本运行方式（金融制度、金融工具）的创新是技术革命扩散的重要推动力，依据它对实体经济的有用程度，佩蕾丝还将金融创新的类型进行了六类划分。（1）为新产品或新服务提供资本的工具，如银行贷款、股份公司、风险资本等，目的是为重大创新服务，有助于进行大额投资和/或分散风险，满足基础设施投资的资金需要，促进对新产品或新服务的投资与贸易。（2）有利于增长与扩张的工具，如债券等有利于增量创新或生产扩张、促进政府融资、向国外转移或创造生产能力。（3）金融服务自身的现代化，适时纳入通信、安全等新技术，形成更好的组织形式，改善提供给客户的服务形式，或引入新金融工具或方法（例如，从纸币到虚拟货币，各种类型的贷款和抵押等）。（4）追逐利润、分散投资和风险的工具，如各种形式的公共基金、债券等吸引小投资者的工具，衍生工具、对冲基金等鼓励并促进巨大风险承担的新工具。（5）为债务重新融资或盘活资产，通过流程再造、掉期交易等重组债务或调整现存债权，通过联合、接管等方式购买活跃的生产性资产，通过房地产、贵重物品交易等获取并盘活生租型资产。（6）可操作的合法但不正当的创新，发现并利用法律漏洞、利用不完全信息的套利等。①

　　每种类型的金融创新都可能出现在技术革命周期的每一阶段，在金融资本与产业资本的协同阶段，类型（1）、类型（2）和类型（3）的创新占据主导，适应性创新的形式伴随着范式的运行充分扩散，这些创新支持两类资本回归价值基础的趋势，金融资本具有安全可靠的价格收入比，通过支持生产活动，分享实际利润。而在成熟阶段，越来越多的闲置资本追逐更少的投资机会，类型（5）、类型（6）以及转向新行业、新地区的类型（2）的投资增加。具体技术－经济范式的特性深刻地塑造了金融创新的形态，在知识、信息大量成为资本品的时代，金融工具的创新更面临前所未有的空间与相应的挑战。

　　总之，伴随一套新技术范式的运行，金融资本与产业资本的关系决定了增长的节奏和方向。产业资本的实际投资和积累确保了每次技术革命得以充分展开，并传播到最为广泛的领域。金融资本则促成了各次浪潮的更续。由于固定资本沉淀和运营惯例的影响，产业资本在技术末期变得保守，金融资本更易于跳脱既有的窠臼，催生或支持下一次技术革命最初的大爆炸与传播。在新范式的导入期，金融资本的狂热造成账面财富泡沫，随后被更新的产业资本接手，进入更为协调的增长过程，形

---

①　卡萝塔·佩蕾丝：《技术革命与金融资本——泡沫与黄金时代的动力学》，田方萌等译，中国人民大学出版社，2007，第152～153页。

成一段技术革命充分展开的黄金时期。[①]

（二）　工业革命实践中金融资本组织形态的演化

佩蕾丝建立的技术革命与金融资本互动的一般框架在三次工业革命与对应金融制度升级（三次金融革命）的历史经验材料研究中得到了应用。就此，陈雨露分析过工业革命与金融革命的互动关系。新技术在经济系统中的扩散以一定的组织革新和制度配合为前提，而金融业就是其中最关键的制度枢纽。与第一次工业革命相对应的是现代商业银行汇集的生息资本，第二次工业革命的资本基础则来自现代投资银行，也催生了希法亭意义上产业与银行融合的金融资本，第三次工业革命则以创业投资体系为金融特征。[②] 量化历史研究的发展通过对具体作用机制的识别，支持了金融制度升级与工业革命的关系。例如，有学者基于英国工业革命时期的数据，考察金融机构数量与工业就业人员的关系，并挖掘了其中的作用机制，包括乡村银行有助于产业结构的改变——提升工业占比，加速城市化与产业升级等。[③]

在人工智能、物联网和区块链等技术支持下，金融与科技深度融合形成新的工具、引领集成创新的巨大空间也在开启。历史进程深刻地展现了在服务于实际资本积累和生产力发展的过程中，金融业不断获得组织升级的过程，而二者间要保持配合关系，也需要相应的制度建设，预防和消化虚拟资本独立循环脱离价值基础以及金融不稳定性等风险。[④]

当前，作为互联网时代的典型组织模式，平台企业的扩张过程和发展方式都趋向于与金融资本的密切合作，并在传统生产领域资本过剩的

---

① 卡萝塔·佩蕾丝：《技术革命与金融资本——泡沫与黄金时代的动力学》，田方萌等译，中国人民大学出版社，2007，第165页。

② 陈雨露：《工业革命、金融革命与系统性风险治理》，《金融研究》2021年第1期。

③ S. Heblich, A. Trew, "Banking and industrialization," *Journal of the European Economic Association*, 2019, 17 (6).

④ 陈雨露：《工业革命、金融革命与系统性风险治理》，《金融研究》2021年第1期。

情况下，形成愈加强烈的平台经济金融化趋势。但是，以快速盈利为目标圈占经营领域、盲目扩大市场规模等问题也十分突出，当下平台风险资本投资还没有很有效地建立起激励长期创新投资的机制，更多的是在流通领域过度竞争并加剧资本过剩，因此还需加强对实体经济发展的支持。① 例如，2020 年之前我国互联网金融业务多以集合大市场优势，通过消费信贷等个人业务获取巨大的消费者红利，与对互联网企业凝聚科技与资金优势充分催化创新的期望尚有距离。2020 年起国家金融监管政策、竞争政策以及产业政策的合力，就是要将平台企业的运营，特别是平台金融与实体经济创新发展深度融合。

（三） 实体企业金融化抑制技术创新的风险

基于技术革命周期理解金融资本与产业资本有规律的互动，可以发现：一方面，金融资本运动及其模式创新是创新扩散的必要推动力；另一方面，在技术范式成熟期，实体企业利润率趋于下降，实体企业原本持有的实际资本可能发生"脱实向虚"的运动，金融化的倾向加剧是难以避免的结果，进而表现为企业金融化对持续创新能力的抑制。理论上讲，实体企业参与金融活动是合理的资产配置行为，公司持有的大量金融资产通过蓄水池效应将支持实际资本的积累，导致企业收缩积累的原因在于固定资产投资收益率的下降，即实体经济利润率不足这一内生原因所致的实际资本积累减少。然而，进一步研究发现，金融化本身可能导致企业减少面向长期收益的学习能力积累和创新，过度短视问题更加突出，易于选择稳健保守的边际创新，而非长期激进的创新战略②，即金融化表现为公司管理结构的彻底变化，改变了上一章所述积累结构中"积累主体"的行为模式。

当企业将资本市场运营、操纵自身股价作为一个重要任务时，就

---

① 齐昊、李钟瑾：《平台经济金融化的政治经济学分析》，《经济学家》2021 年第 10 期。
② 张成思、贾翔夫、唐火青：《金融化学说研究新进展》，《经济学动态》2020 年第 12 期。

可能背离它在核心战略领域的发展并掩盖其中的问题。在此方面，通用电气（GE）提供了典型的案例。作为第二次工业革命背景下科技与金融成功结合的标志性企业，它从电力行业起家，逐渐囊括航空发动机、医疗设备、家电、轨道交通设备、金融、媒体等多元经营领域，一度是美国市值最高的上市公司。但是在过去 20 多年间，通用电气损毁的总价值大约有 5000 亿美元。2018 年，道·琼斯工业平均指数将通用电气剔除。通用电气跌落神坛的重要原因之一即将做"稳"企业股价作为重要战略选择，比尔·盖茨对此评价到，投资人青睐通用电气的股票，因为它的管理团队总是能"说到做到"，也就是说，通用电气的每股收益总是能符合甚至超出华尔街分析师的预测。这种不惜一切代价保住"数字"的企业文化，催生了粉饰业绩的"成功剧场"和对收益的盲目追求。为了保证特定财务数据，通用电气的做法是适时买卖各种资产以稳定市盈率。[1] 这使得通用电气最终成为一家表面上是以制造业为主，里子却是以金融为主的企业，在表里两者之间不同市盈率、风险评级和监管政策之间，做套利游戏。利用业务的复杂性"创造性"地做业绩管理来支撑表面故事，以满足资本市场对确定收益的追求。

如果说通用电气的创立和运营曾一度完美体现了理论对金融资本赋能最前沿科技、催化巨大生产力的期许，20 世纪 80 年代以来其运营就深刻地展现了实体企业金融化的泥泞。这其实也表明世纪之交经济深度金融化背景下，金融资本与产业资本的边界更为模糊，相比于佩蕾丝笔下两类资本界线分明的交互夺权模式，资本运动的整体制度架构、不同制度范式对资本行为可能阈的划定，以及相应的资本与劳动间、国家间矛盾冲突，更受到资本积累周期结构性矛盾的作用。[2]

---

[1]　王亚军：《GE 跌落神坛的启示：对确定性的执念是一种病》，制造界（微信公众号），https://mp.weixin.qq.com/s/OdYKZevDjMP2MyseA65Wkw，2021 年 10 月 16 日。

[2]　杨虎涛：《社会—政治范式与技术—经济范式的耦合分析》，《经济纵横》2020 年第 11 期。

四 经济循环总过程中金融化的作用机理

在了解了技术革命周期中金融资本运动特征的基础上，20 世纪 80 年代起在发达资本主义世界较为明显的金融化背景下，学界关注较多的问题是，基于经验数据分析虚拟经济与实体经济的联动关系，以及金融化对利润率、投资、消费、收入分配等的作用，以明确它对整体经济循环的一般作用。

（一）金融化对实体经济增长及其利润率的影响

理论上，适度活跃的金融市场可以提升资本周转效率，有利于经济增长，而过度金融化过程中，漏出生产系统的金融资本增速更快，对生产性投资产生挤压并最终降低经济增速。鉴于创新活动对资本规模和信用体系的依靠，金融机构提供的服务——动员储蓄、评估项目、管理风险、监控管理人员和促进交易，对技术创新和经济发展就可能存在重要作用。学者金和列文基于 1960～1989 年 80 个国家数据的分析表明，衡量金融发展水平的各种指标与实际人均 GDP 增长、实物资本积累率以及实物资本的使用效率密切相关，从而得出了"熊彼特（支持金融对创新的正面作用）可能是对的"的观点。[①]

然而，正是在上述研究的截止时点之后，资本主义世界愈加强化的金融去管制化、衍生品规模膨胀等，在经验上更多地支持了金融资本扩张挤压实际资本积累，进而抑制创新与经济增长的可能。例如，刘晓欣和田恒考察了主要资本主义国家虚拟经济自我循环及其带动实体经济 GDP 增长的能力，结果发现 2007～2016 年美国虚拟经济自我循环形成增加值的能力提高，而带动实体经济增加值提升的能力下降；与之相对，危机后德国和日本虚拟经济带动实体经济产出增长的能力

---

① R. G. King, R. Levine, "Finance and growth: Schumpeter might be right," *The Quarterly Journal of Economics*, 1993, 108 (3).

有所提高。[①] 后凯恩斯主义学派的代表性学者海因（Eckhard Hein）提出金融化表现为"有利润无投资"的经济增长体制，金融利润不仅没有通过财富效应发挥促进实际资本积累，反而更多地挤出了实体经济，并削弱系统的稳定性。[②] 这一观点也被国内学者，如张成思和张步昙[③]、彭俞超等[④]的实证分析所支持。他们提出，金融化不仅抑制了实业投资，降低了企业长期创新型投资水平，还稀释了货币政策的有效性。

　　黎贵才等基于中国数据的经验研究显示，以 2008 年为拐点，金融化对中国经济增速的影响呈现倒 U 形趋势。[⑤]当然，这里需要注意的是，经济增速下降同样与已有技术范式的增长动能下降、需求结构面临变化高度相关，金融化既是原有增长模式潜能下降的结果，又会使得旧模式进一步衰落。

　　就金融化对利润率的作用来看，作为政治经济学中反映资本积累动能乃至整体经济运行状况的一般指标，利润率的变化能够深刻地体现金融化对经济循环的作用。从前述信用体系与实际资本积累的一般学理关系来看，增加金融活动对企业主营业务利润率可能存在正面与负面的影响。一方面，融资渠道或闲置资本周转方式增加，可能助力企业扩张生产规模、增强创新；另一方面，融资增长同样意味着企业利息、红利支付负担加剧导致最终利润水平降低，沉迷于凭借生息资本获利，也可能遏制企业的长期投资和创新行为。

　　这里又需要区分日益庞大的金融部门的利润率与实际生产部门的利润率，以及实体部门的固定资产收益与金融资产收益。实体部门包含金

① 刘晓欣、田恒：《虚拟经济与实体经济的关联性——主要资本主义国家比较研究》，《中国社会科学》2021 年第 10 期。

② Eckhard Hein, "Finance-dominated capitalism and re-distribution of income: A Kaleckian perspective," *Cambridge Journal of Economics*, 2015, 39 (3).

③ 张成思、张步昙：《中国实业投资率下降之谜：经济金融化视角》，《经济研究》2016 年第 12 期。

④ 彭俞超、韩珣、李建军：《经济政策不确定性与企业金融化》，《中国工业经济》2018 年第 1 期。

⑤ 黎贵才、赵峰、卢获：《金融化对经济增长的影响：作用机理与中国经验》，《中国人民大学学报》2021 年第 4 期。

融资产收益的利润率被称为拓展利润率，与经典理论不同的是，原本被期望获得利息率的生息资本，以金融资本面貌出现之后，开始索要至少与实体部门相同的平均利润率。[①] 现实中，具备一定垄断权力的金融部门，甚至能获得更高水平的垄断利润。以迪梅尼尔和列维提供的美国战后非金融类企业利润率为参考，一个值得注意的现象是，相较于20世纪60年代利润率达到的最高峰，90年代中期凭借在信息通信技术等领域的先发优势和新自由主义的积极减税政策，美国企业的税后利润率一度达到与战后黄金年代相仿的水平，而扣除了利息和红利支付后企业的自留利润率却显著低于黄金年代的巅峰水平，金融渠道对利润的吸收抑制了企业生产性投资扩张的能力，主营业务的低利润率又将企业的增量积累更多引导至持有金融资产，形成了对实体经济金融化的强化。据测算，1948~1979年，美国非金融类企业税后利润用于积累的比例为61%，1980~2007年则下降至43%，而金融类公司在全部公司利润中拿走的份额显著上升。[②]

谢富胜和匡晓璐对中国制造业企业扩大金融活动对利润率影响的经验研究显示，实体经济本身的盈利能力差异决定了金融活动对利润率的不同影响。当实体经济本身利润率较低时，产业资本会有更强的逃离主营业务的动机，在经验上表现为金融化对实际资本积累的抑制和利润率下降的传导过程。而当实体经济处于繁荣期时，增加金融活动能进一步改善资本周转，使主营业务利润率提升，二者呈现较为明显的正向协同趋势。[③]

因此，金融化对经济增长、实体企业利润率的影响，并非一个独立作用的过程，而是与佩蕾丝关注到的技术革命周期中产业资本与金融资

[①] 孟捷、高峰：《发达资本主义经济的长波：从战后"黄金年代"到2008年金融-经济危机》，格致出版社，2019。

[②] G. Duménil, and D. Lévy, "The crisis of the early 21st century: Marxian perspectives," in R. Bellofiore, and G. Vertova (eds.), *The Great Recession and the Contradictions of Contemporary Capitalism* (Aldershot, England: Edward Elgar, 2014).

[③] 谢富胜、匡晓璐：《制造业企业扩大金融活动能够提升利润率吗？——以中国A股上市制造业企业为例》，《管理世界》2020年第12期。

本的互动相印证，简单地推动或限制金融化并非决定实体经济经营好坏的根本因素，而是要在其中纳入技术创新和影响积累的其他结构性因素。这也是本书第四章对实体经济积累动能进行几个核心变量经验研究的原因。

（二）金融化对居民部门收入与消费的作用

金融化对居民个人收入的影响源自金融化实现过程。从理论机制来看，首先，经济金融化改变了生产组织方式与盈利模式，实体与虚拟经济部门在宏观经济中的比例关系及利润分配比例，使之更偏向于虚拟经济，由于一般而言实体经济具有更强的就业包容性，上述比例变化就抑制了劳动者就业机会增加与收入增长。其次，经济金融化也影响了个人消费、信贷和社会保障等劳动力的再生产领域，通过消费信贷尤其是住房信贷将个人收入纳入金融资本控制范围之内，社会保障领域的金融化进一步加剧了个人收入金融化。最后，经济金融化导致金融资本对产业资本的渗透，实现了对企业乃至全社会生产过程的控制，从整体上改变了全社会的资本积累体制，表现为劳资之间、产业资本家与金融资本家之间以及普通工人和管理者之间相对权力和利益关系的变化，金融化背景下，就业成为对利润率的关键调节变量。

在金融统治下，工业管理的核心词是"减员增效"和"结构重组"。制造业的就业遭遇严重破坏是 90 年代以来资本主义的结构性特征。来自全球的资金支持美国经济强劲增长和资本收益实现，传统就业机会减少，无限期劳动合约已成为过去，取而代之的是大量临时性的就业岗位。[①] 这也印证了斯威齐、明斯基关注到的劳动者对金融资本隶属程度提高的机制[②]，与高度流动性的金融资本对应的是，愈加灵活化的

---

① 弗朗索瓦·沙奈：《金融全球化》，齐建华、胡振良译，中央编译出版社，2001。

② 理查德·贝勒福雷、约瑟夫·哈利维：《马格多夫－斯威齐和明斯基论劳动对金融的实际隶属》，张雪琴译，载《清华政治经济学报》（第 2 卷），社会科学文献出版社，2014。

就业网络。

资本主义国家经济运行的现实显示，金融化对国民收入分配中居民所得部分可能在总体上产生了负的影响，个人消费和财产性收入受金融化的影响加剧，收入差距持续扩大。金融化对劳动收入份额的不利影响，自然会对居民消费能力造成抑制，为了解决价值实现环节出现的困难，面向居民个人消费的借贷膨胀就成为必然选择，而居民部门的加杠杆也在加剧整体经济运行的风险。20 世纪 90 年代之后，英美两国的家庭负债与家庭可支配收入比逐渐高于100%，到 2005 年美国家庭负债相对收入的比重达到 135%[1]，在试图弥补收入分配两极分化导致的消费不足的同时，也加剧了金融系统的不稳定性。

总的来说，金融化将更多资源引向资本市场，抑制就业和对工人的收入分配。工人更多倚重消费信贷维持剩余价值实现，这直接加剧了劳动力再生产、工人日常生活的金融化；另外，为填补总需求缺口，金融化本身还会形成不断的自我强化，通过不断上升的债务和资产价格膨胀，暂时应对工资增长停滞，这一债务膨胀的进程正好印证了明斯基的金融不稳定假说。[2]

对于我国而言，也需要特别注意居民部门杠杆率上升的风险，2006年居民储蓄占 GDP 的比重达到 60%，处于最高点，之后一路下滑，到 2018 年该比例已低于 30%，而居民负债占 GDP 的比重则从 20% 上升到 50%。[3] 家庭部门的负债大多投入房地产市场，在一定程度上与失衡的实体与虚拟经济结构相互强化，抑制了其他消费的增长，是经济结构调整面临的突出问题，故 2020 年之后我国进一步增强了对房地产市场的调控，以有效治理系统性金融风险、推动经济结构调整。

---

① Mariana Mazzucato, *The Value of Everything* (Penguin Press, 2019).

② Thomas I. Palley, "The limits of Minsky's financial instability hypothesis as an explanation of the crisis," IMK Working Paper 11 – 2009, IMK at the Hans Boeckler Foundation, Macroeconomic Policy Institute.

③ 汤铎铎、刘磊、张莹：《长期停滞还是金融周期——中国宏观经济形势分析与展望》，《经济学动态》2019 年第 10 期。

综上，20 世纪 80 年代以来，金融资本扩张带动主要资本主义国家经济循环变动的历史，总体上显示出它对实体经济投资与增长的挤压，普通劳动者就业质量下降、工资收入增长受到抑制与负债提升，金融风险增大。这就提示我们，在中国的金融市场改革过程中，需要注重制度体系的配套，通过强化金融市场对实体经济的支持作用，实现经济与金融的协同。

五　中国改革过程中实际资本积累与金融资本积累的协同

在以上的理论与历史互动中，我们已经看到，实体经济的发展需要金融资本运营及其组织模式创新的支撑。作为现代经济的血脉，金融畅则实体兴，金融资本的运营需要得到适应于一定技术范式的充分制度创新的支持与调节。回顾中国改革历程，金融体系没有发生过重大风险，与实体经济保持了较高程度的协同增长。近年来，关于我国金融体制的改革，同时包含对经济金融化风险加剧的预警，和推动金融供给侧结构性改革、补齐我国金融市场供给短板两个方面。本节简析我国保持金融稳定性的客观经验，并立足新技术革命与新发展阶段给出金融市场补短板的方向。

（一）中国渐进式金融体制改革的经验

我国金融体制的改革蕴含在社会主义市场经济体制建设与完善的过程中。[①] 整体而言，金融体制渐进的市场化改革过程对中国经济增长和金融稳定产生了正面的影响。

从全球横向比较来看，我国政府对金融体系的干预程度相对较高，但是新古典视域下的"金融抑制"，在中国实践中更主要地表现为"斯

---

① 李扬等：《改革开放 40 年与中国金融发展》，《经济学动态》2018 年第 11 期。

蒂格利茨效应"①，意指当一个经济体还没有形成完善的市场机制和监管框架时，完全市场化可能对经济发展和金融稳定不利，政府对金融体系的适度干预反倒对经济增长与金融稳定更加有利。相较于一些发达国家与发展中经济体自20世纪80年代起快速推进金融自由化，导致金融事故频发，我国金融体制的稳健改革对经济的稳增长起到了积极的作用。政府较强干预下金融体制稳经济增长的基本机制表现为：第一，由国家控股的银行，虽然资金配置和定价会受到政府较多干预，但也使得储蓄转变为投资的效率更高，直接支持数量扩张型的经济增长；第二，国家信用对金融稳定起到了兜底性的作用。②

要理解我国政府对金融体制进行调控的能力所在，就需要回到中国特色社会主义市场经济体制的生产关系本身。如一些学者关注到的，党领导下公有制资本的压舱石作用是有效降低和阻隔市场风险的关键。在金融领域特别表现为不断做强做优做大的国有金融资本，能够最直接地实现国家重大发展战略（包括践行国家发展规划的重大工程、推动市场化运行的产业政策）目标，政府始终有庞大的资源以供调度，进行逆周期宏观调控、阻断"羊群效应"、化解系统性金融风险。③

与此同时，针对现代公司治理结构中，股东价值最大化导向使得资本积累行为更易于偏向短期化的金融投资这一顽疾，党领导下的国有企业行为的最终目标是国有资本的做强做优和全体人民利益，而非任何特定股东群体的收益，国企始终肩负着推动国家发展战略规划落地的使命，这也避免了微观层面企业投资行为陷入金融化的泥泞。

市场经济中金融资本积累规模超越实际资本积累规模具有一般性，且金融监管政策的出台总是滞后于金融创新的步伐。金融资本的行为模式是超越伦理属性的资本运动规律，中国共产党领导下社会主义生产关

---

① 与之相对的是新古典经济学强调的"麦金农效应"，意指金融抑制降低金融资源配置效率、遏制金融发展，对经济增长与金融稳定不利。
② 黄益平：《理解金融供给侧结构性改革》，《政治经济学评论》2020年第1期。
③ 王晋斌、厉妍彤：《论中国特色社会主义金融发展与经济增长理论——中国金融发展与经济增长关系的政治经济学》，《政治经济学评论》2021年第1期。

系的经济治理能力，必须有相应完善的制度设计，以驾驭金融资本，使之更好地服务于实体经济创新发展和人民共同富裕。中国金融体制改革的总目标始终是服务于经济发展和人民生活的，2019 年 2 月习近平总书记对我国经济与金融的关系做出了"经济是肌体，金融是血脉，两者共生共荣"的总定位，他谈到"实体经济健康发展是防范化解风险的基础"①。这也确认了金融资本运营助力实体经济价值生产能力的扩张，保持金融资本所能承载的价值的稳定性，是化解金融风险的关键。

　　为分析中国发展实践中经济与金融部门是否呈现"共生共荣"的特征，范从来等对两部门增加值的共生度进行了测算，确认了 1980 年以来两部门间存在互利共生关系，整体而言，经济对金融的促进作用相比金融对经济部门的促进作用更强。其中 1993～2012 年，金融对经济部门的促进作用最显著，2013 年后金融部门内部自循环的资金增加，但是政府坚定的去杠杆与稳健货币政策还是保持了两部门的共生关系。② 参照这一思路，下面对我国制造业企业内部实际资本积累与金融资本积累的相互依存关系进行考察。

（二）制造业企业实际资本与金融资本积累的共生关系检验

　　从微观层面来看，制造业企业在竞争中取得前沿的技术，往往是以对新机器设备的投资为前提的，这需要较大的资本投入。完善的金融市场是企业获得足够融资、增加固定资本投资和发展生产力的重要条件，而固定资本较长的周转时间与资本循环不间断性的矛盾，又要求必须有金融产品供给为企业保持足够货币资本流动性提供支持。当然，持有金融资产获取金融收益、替代长周期的企业固定资产投资，即金融资本投资对实际资本投资的挤出效应亦有可能发生。本小节将我国制造业企业

---

① 习近平：《深化金融供给侧结构性改革，增强金融服务实体经济能力》，《人民日报》2019 年 2 月 24 日，第 1 版。

② 范从来、彭明生、张前程：《经济金融共生共荣：理论与中国经验》，《经济学动态》2020 年第 9 期。

持有的固定资产和金融资产作为两个共生单元，考察二者间是否存在共生或挤出关系。

选取 2007 年之前成立，直至 2020 年依然正常运营的 3096 家上市制造业企业的相关数据，数据来源于 Wind 数据库，分析企业持有的金融资产增加值〔金融资本主质参量，表示为 $G_f(t)$〕与固定资产增加值〔实际资本主质参量，表示为 $G_r(t)$〕的关系。θ_{rf} 是金融资本对实际资本的共生度，表示金融资产增加值变化引起的固定资产增加值的变化，反映金融资本共生单元对实际资本共生单元的贡献力度；θ_{fr} 是实际资本对金融资本的共生度，表示固定资产增加值的变化引起的金融资产增加值的变化，反映实际资本共生单元对金融资本共生单元的贡献力度。

表 3 - 1 陈列了 θ_{rf} 与 θ_{fr} 不同取值范围的经济含义。

表 3 - 1　共生度取值范围与含义

θ_{rf} 与 θ_{fr} 的取值组合	共生模式	解释说明
$\theta_{rf}\theta_{fr} < 0$	寄生	对一方有利，对另一方有害
$\theta_{rf} > 0，\theta_{fr} = 0$ 或 $\theta_{fr} > 0，\theta_{rf} = 0$	偏利共生	对一方有利，对另一方无害
$\theta_{rf} > 0，\theta_{fr} > 0$，且 $\theta_{rf} = \theta_{fr}$	对称互利共生	对双方平等有利
$\theta_{rf} > 0，\theta_{fr} > 0$，且 $\theta_{rf} \neq \theta_{fr}$	非对称互利共生	对双方有利但不对等

资料来源：范从来、彭明生、张前程《经济金融共生共荣：理论与中国经验》，《经济学动态》2020 年第 9 期。

计算过程中将实际资本和金融资本主质参量的对数值进行线性回归，模型设定为式（3 - 1）和式（3 - 2），其中 α_1、α_2 为常数项，ε_1、ε_2 为残差，系数即 β_1、β_2 分别为实际资本对金融资本的共生度（θ_{fr}）以及金融资本对实际资本的共生度（θ_{rf}）。

$$\ln G_f(t) = \alpha_1 + \beta_1 \ln G_r(t) + \varepsilon_1 \qquad (3 - 1)$$

$$\ln G_r(t) = \alpha_2 + \beta_2 \ln G_f(t) + \varepsilon_2 \qquad (3 - 2)$$

测算包含两个类别：一是全部制造业企业金融资本与实际资本 2007 ~ 2020 年整体的共生度，二是制造业企业金融资本与实际资本 2007 ~ 2020 年每一年的共生度。回归的残差序列都是平稳的，$\ln G_f(t)$、$\ln G_r(t)$

满足协整关系，就回归结果而言，变量 $\ln G_f(t)$ 与 $\ln G_r(t)$ 之间存在显著的关系，2007~2020 年我国制造业企业实际资本对金融资本的共生度为 3.1429，金融资本对实际资本的共生度为 6.4837（见表 3-2）。这说明对于我国制造业企业整体而言，企业内部的实际资本积累与金融资本积累是非对称互利共生的，其中金融资本积累对实际资本积累的促进作用大于实际资本积累对金融资本积累的促进作用。

表 3-2　中国制造业企业 2007~2020 年实际资本积累与金融资本积累的关系

被解释变量	解释变量	系数	回归残差的平稳性
$\ln G_f(t)$	$\ln G_r(t)$	3.1429 *** (17.0699)	平稳
$\ln G_r(t)$	$\ln G_f(t)$	6.4397 *** (8.8839)	平稳

注：*** 表示在 1% 的水平上显著，括号内为 t 值。

根据表 3-3 可知，2007~2020 年，每一年企业实际资本对金融资本的共生度以及金融资本对实际资本的共生度均大于 0，即在企业层面，实际资本与金融资本的投资是共同发展和相互促进的，是共生共荣关系。但是二者的共生度不相等，即制造业企业实际资本积累与金融资本积累的相互促进作用不对等，且这种非对称的共生模式存在一定阶段特征。2007~2010 年、2015~2017 年和 2020 年，$\theta_{rf} < \theta_{fr}$，表明在此期间，我国制造业实际资本积累对金融资本积累的促进作用大于金融资本积累对实际资本积累的促进作用；2011~2014 年和 2018~2019 年 $\theta_{rf} > \theta_{fr}$，表明在此期间金融资本积累对实际资本积累的促进作用大于实际资本积累对金融资本积累的促进作用。

表 3-3　中国制造业企业实际资本积累与金融资本积累的
共生度（2007~2020 年）

年份	θ_{rf}	θ_{fr}	共生模式
2007	0.5091	0.5713	非对称互利共生
2008	0.2863	0.7242	非对称互利共生

年份	θ_{rf}	θ_{fr}	共生模式
2009	0.8301	0.9255	非对称互利共生
2010	0.5111	0.8708	非对称互利共生
2011	0.8973	0.4463	非对称互利共生
2012	1.0221	0.2258	非对称互利共生
2013	1.3507	0.0233	非对称互利共生
2014	0.8658	0.6915	非对称互利共生
2015	1.0824	1.2222	非对称互利共生
2016	1.1684	1.6682	非对称互利共生
2017	1.0449	1.7988	非对称互利共生
2018	1.6875	1.0869	非对称互利共生
2019	1.8667	1.8645	非对称互利共生
2020	0.9308	3.3484	非对称互利共生

综上，基于两类资本积累共生度的分析结果显示：整体而言，我国制造业企业金融资产的持有有利于实际资本积累规模的放大，从而能够促进制造业企业的发展；但在多数年份，实际资本积累对金融资产持有的促进效应大于金融资产持有对实际资本积累的促进效应，两类资本积累的共生关系是非对称的，需要对金融资本积累的非对称放大保持关注。

（三）新技术革命背景下金融供给侧"补短板"的基本思路

中国金融改革的既往历史显示，渐进的金融改革对经济稳增长起到了积极作用，制造业企业的实际资本积累与金融资本积累也在整体上呈现互利共生的关系。整合中国经济体制改革的经验可知，实体经济健康发展与社会主义经济制度的属性，分别从生产力与生产关系两个方面对抑制金融风险起到有力支持作用。

伴随中国经济增长的核心驱动力转向创新，中小企业由于缺乏固定资产抵押、政府担保，在传统金融体系中融资难的困局加剧，非正规金融活动增加，滋生影子银行运转，也给传统监管体系制造了更大的挑战，对我国金融体系补短板提出了更高要求，尤其是资本市场应当对支持无形资本投资发挥更积极的作用。

如学者阿吉翁等提出，针对处于落后地位的赶超型国家而言，以银行为主的金融体系就能促进生产率增长；而对于已处在自主创新领域的国家，就需要以资本市场为主的金融体系。其逻辑在于，相比于界定清晰的模仿生产行为，开拓性的前沿创新面临更高的风险，因此外部出资人会要求更高的上涨收益分配与控制权比例，从而令股权融资扮演更重要的角色。①

新一轮科学技术革命背景下产业创新的主要特点表现为：（1）驱动创新的核心技术来自科学研究，需要资本及时注入，推动实验室成果的技术孵化，并形成市场价值；（2）新技术的研发过程、研发周期及研究结果不确定性程度很高，尽管可以依靠非营利性的政府科学基金资助完成，但可能造成产业化应用迟滞，并因为缺乏直接的市场信号反馈，造成研发方向与市场选择的背离；（3）互联网经济背景下，智能化、专业化的小型企业成为推动创新的重要经济主体，亦可能成为未来产业组织的基本形态，却因为资金规模小、经营风险高，长期面临融资难、融资贵的问题。

面对产业创新呈现的上述特点，现有金融体制在推动知识资本产业化，加速新产品、新商业模式涌现方面还存在明显的不足，突出表现为以下几点。（1）就以银行信贷为主的间接融资市场来看，系统性风险管控的要求和信用担保体系的缺失，抑制了银行对长期资本的供给和面向中小企业的金融服务；专业性科技银行缺位，市场上缺乏能够看懂新技术并判断其经济价值的科技金融专员。（2）就直接融资市场来看，与产业创新不同阶段、不同领域相适应的权益性资产种类与数量不足；不仅多层次资本市场的风险分担与利益共享机制难以发挥作用，与之相适应的法律体系和监管体制建设也长期滞后，致使融资功能不全和投资

---

① 菲利普·阿吉翁、赛丽娜·安托南、西蒙·比内尔：《创造性破坏的力量》，余江、赵建航译，中信出版社，2021。

者权益受损等问题长期并存。在当前我国的金融体制中，尚缺少适应于新技术革命扩散的长期发展资本和创新发展资本。要补足金融体系短板、助力实体经济发展，政府也需在相应的制度支持方面发挥重要作用。

金融创新的根本目的是推动产业创新、服务实体经济，经济发展的增量是削减金融风险的物质基础。金融不仅要为实体经济提供资金支持，还需提供更优质的投资、财务管理等服务，实现"融资"与"融智"相结合，推动积极的产融合作。因此，实体经济的高质量发展与金融市场的高质量发展最终应该是互补的。金融科技不是简单地纳入足够量小额借贷业务的互联网金融，而是以人工智能、大数据、云计算、区块链等为代表建立底层技术，与支付、融资、投资、保险、风险控制等金融服务结合起来的金融服务方式，根本目标是满足适应数字经济时代实体经济高质量发展的金融需求。市场机制和科学技术的发展不断催生出新的金融工具，引导资金向新科技革命聚集，防范并化解系统性风险，政府需在完善政策法规体系、增加共享信息供给、放大财政资金引导力等方面做出自己的创新。面对金融科技发展的新要求，应当在增加有形的金融基础设施的同时，增加对法律环境、会计准则、公司治理等无形的金融基础设施的供给，在扩大金融开放与提升金融监管能力之间建立平衡。

综上，本章在理论逻辑与历史经验的双重视角下，分析了现代经济体中金融资本积累与实际资本积累共生和分离的一般机理，从资本运动过程的需要和技术进步的基本条件来看，金融资本规模膨胀是现代经济的"内生"特征；从20世纪80年代以来发达资本主义国家的历史实践来看，新自由主义积累体制为金融资本主义的扩张提供了制度上的"外生"支持。虚拟资本是实际资本的"纸质"副本，金融衍生市场的发展越充分、虚拟资本"独立性"看似越强，金融稳定性对实际资本价值稳健性的依赖就越强，防范金融风险最重要的就是依靠实体经济的稳定增长。考察历次工业革命中技术创新的特征，以及金融化影响经济增长与劳动报酬的事实，本章发现实际资本积累与金融资本积累的相对规模、剩余分享比例等，不只是资本逻辑和技术创新周期条件运行的结果，也始终包含国家的协调性制度在其中的作用。从改革开放以来我国经济与金融体制改革的经验来看，我国制造业企业两类资本积累间总体保持了共荣共生的关系，防御金融风险，基础逻辑在于保障实体经济的健康发展以及发挥社会主义经济制度的治理效能。

第四章 经济循环：实体经济的积累 动能与利润率提升机制

　　在前文我们已经分析了：一方面，保持足够的积累动能是推进技术体系升级、优化流通过程，进而提升利润率的基本条件；另一方面，资本的积累动能取决于利润预期，良好的制度环境和社会再生产中供给与需求高效衔接，都为提高和改善利润率与利润预期建立了基础。因此，保持实体经济的积累动能，特别是提升投资质量，与实体经济的利润率提高间存在重要的互动关联。从经济运行的现实背景来看，新发展格局以经济循环畅通、高水平自立自强为重要特征，实体经济特别是制造业部门的适当规模与发展水平，是不断升级技术体系与提高供给质量，进而带动需求扩容的重要基础；经济高质量发展意味着供需间高水平动态均衡、投入产出效率提升，同时分配格局优化的实现也要回归实体经济部门不断释放更强的生产率潜能。

　　作为政治经济学分析经济运行所关注的重要指标，利润率体现了资本盈利状况，常被用于描绘经济周期。本章提出一个稍具创新性的观点，即利润率的决定过程本身受到生产、分配、流通各环节的共同作用，它就是反映经济循环的核心指标。利润率分解涵盖利润份额与工资份额的相对变化、产能利用率即需求条件的变化，以及劳动生产率与资本技术构成的相对比例。这样一来，提升实体经济盈利能力就意味着劳动收入份额与企业盈余适当的分配格局、需求规模扩大以及投资质量提高对劳动生产率的正向作用。简言之，利润率提升的机制恰好就体现了新发展格局之于畅通的经济循环的意义。

一　制造业实际资本积累的结构性特征

在前文我们已经关注到，进入经济新常态以来，我国经济结构中金融业占比增加、盈利提升，制造业占比下降、盈利降低的问题开始较为突出，资本运动"脱实向虚"的趋势引发了关注。立足市场经济一般规律，实体经济利润率下降是资本转向金融部门的主要原因，与之相应，经济增长动能与结构的调整就成为迫切问题。

面对海外市场规模收缩与原有技术范式下投资效率下降，国内消费扩容与升级的重要性增强，以"三去、一补、一降"为重要内容的供给侧结构性改革全面出台。通过有效的"三去"和"一降"，供给侧结构性改革优化了工业部门的资本结构，减少了无效投资和固定资本沉淀，并直接带动了企业利润率一定的回升。但同时需要关注，供给侧结构性改革的关键内容还在于"补短板"，调整生产结构、激发经济长期增长的动力，而这一系列目标的实现重在投资质量升级，而非简单遏制投资，这也正是本书将资本积累理论纳入基础理论框架的原因。要补齐产业链上的短板，助推战略性新兴行业在新一轮科技革命背景下抢夺发展先机，需要有效投资精准发力，抑制重复投资在短期内有助于企业利润率回升，推进高质量投资才能实现技术体系和供需结构升级，使企业长期保持合理的利润率。

本节主要对2007～2020年我国制造业实际资本积累的结构性特征进行分析，以固定资产投资为指标分析实际资本积累。一方面，保持制造业实际资本积累的较稳定规模是巩固实体经济立国之本地位的必要条件。另一方面，也要注意制造业分行业、不同所有制类型和分区域的固定资产投资结构变化，在供给侧结构性改革的背景下，适时鼓励投资向事关高质量发展的前沿领域、短板部门汇集，避免固定资产向已出现生产过剩的部门持续沉淀，以提升固定资产投资的质量和效率。同时，关注国有和民营企业投资动能的变化以及时出台针对性政策提升市场主体活力、增强经济增长的稳定性；关注区域间投资增速变化，以求助推协调发展。主要数据来源于国家统计局以及 Wind 数据库、CAMAR 数据库。

（一）全社会固定资产投资的行业、区域特征（宏观数据）

2007 年至 2019 年或 2020 年，我国全社会固定资产投资在总规模扩大的同时，增速总体呈现长期下降趋势。行业横向比较来看，制造业固定资产投资同比增速从 2007 年的 30.6% 下降到 2019 年的 3.1%；与之相反，民生类行业（教育类、医疗社保福利类）、生产性服务业（科学研究技术服务、信息技术服务业）的固定资产投资增速提高（见表 4 - 1）。这一趋势在一定程度上反映了我国经济发展过程中，伴随工业化基本成熟，产业结构自发升级。但也需要警惕，近年来海外市场保守主义兴盛、多种不确定因素冲击导致产业链断裂风险加大，我国要在现代化产业体系的核心技术上保持独立，要能够建立有效的国内大循环，筑牢安全发展的底线，必须加强对产业链和关键技术、原材料的补短板，增强对制造业的投资就成为题中之义。2022 年 1~2 月我国制造业投资同比增长 20.9%，达到 2013 年以来的历史最高点，尤其是集中向高技术产业投资（1~2 月同比增长 34.4%）。[1]

表 4 - 1　行业间固定资产投资占比与同比增速比较

行业类别	占比（%）			增速（%）		
	2007 年	2020 年	变化	2007 年	2019 年	变化
制造业	31.00	28.96	↓	30.6	3.1	↓
教育	1.88	2.27	↑	4.6	17.7	↑
卫生、社会保障和社会福利业	0.67	1.39	↑	15.1	26.8	↑
科学技术类	0.44	1.14	↑	13.1	17.9	↑
房地产业	24.45	25.29	↑	32.3	9.2	↓

---

[1]　数据来源：国家统计局（http://www.stats.gov.cn/tjsj/sjjd/202203/t20220315_1828684.html）。

续表

行业类别	占比（%）			增速（%）		
	2007 年	2020 年	变化	2007 年	2019 年	变化
水利、环境和公共设施管理业	7.61	12.12	↑	24.6	2.9	↓
农林牧渔业	1.15	4.32	↑	23.8	0.7	↓
租赁和商务服务业	0.75	2.59	↑	30.8	15.8	↓
文化、体育和娱乐业	0.95	1.68	↑	30.1	13.9	↓
居民服务和其他服务业	0.20	0.29	↑	11.6	-9.1	↓
金融业	0.11	0.13	↑	29.8	10.4	↓
信息传输、计算机服务和软件业	1.46	1.25	↓	-1.5	8.6	↑

注：数据来源于国家统计局，未选取 2020 年的增速在于受到新冠疫情的影响 2020 年数据与之前年份数据差异较大。

制造业投资结构的变化也体现在其内部行业层面：在总投资增速下降的同时，行业间投资占比结构变动明显，突出表现在以下方面。（1）劳动密集型及传统的资本密集型行业占比与增速下降，如有色金属冶炼加工、纺织、化学纤维制造、化学原料及化学制品制造、石油加工、交通运输设备制造等。（2）在数字经济和绿色发展的大背景下，电子及通信设备制造、新材料加工等制造业行业投资占比增加，具备国际优势的装备制造业投资占比上升，关乎民生的医药、文教体育用品、食品等生产部门占比增长。2019 年，制造业投资增速总体仅为 3.1%，但其中废旧资源加工（增速 20.1%）、电子及通信设备制造（增速 11.8%）等部门保持了极高增速，总体上反映了制造业行业内部投资结构的升级，装备和高技术制造业的引领作用突出。

分东、中、西三大区域①关注制造业积累特征，发现了一些值得关注的问题。一方面，中部、西部地区表现出对东部地区溢出制造业的承

---

① 东部地区包括北京市、天津市、河北省、辽宁省、上海市、江苏省、浙江省、福建省、山东省、广东省、海南省 11 省市，中部地区包括山西省、吉林省、黑龙江省、安徽省、江西省、河南省、湖北省、湖南省 8 个省份，西部地区包括内蒙古自治区、广西壮族自治区、重庆市、四川省、贵州省、云南省、西藏自治区、陕西省、甘肃省、青海省、宁夏回族自治区以及新疆维吾尔自治区 12 个省区市。

接趋势。2007～2020年制造业固定资产投资总额在三个区域整体均呈现上升的趋势，但存在显著的地区差异，整体上东部地区大于中部地区大于西部地区，且东部、中部地区与西部地区的规模差距扩大（见图4-1）。制造业固定资产投资在三大区域间的分布存在相互间的承接、替代关系，东部地区固定资产投资占比明显下降，从2007年的62%下降到2020年的43%，中部地区占比则呈现上升趋势，从2007年的25%上升到2020年的40%，西部地区整体呈现波动上升趋势，从2007年的13%上升到2020年的17%。

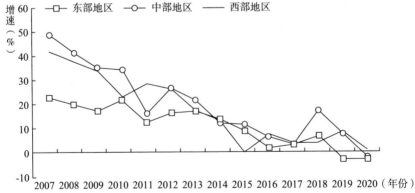

图4-1　分区域制造业固定资产投资规模、占比与增速

另一方面，当经济整体面临制造业投资增速下降的趋势时，中西部地区的降幅更快，在一定程度上反映了相较于东部地区，中西部在增长的稳定性方面更弱，由市场内生驱动的潜在增长空间不足。2007~2020年，三大地区的制造业固定资产投资增速总体呈现波动下降的趋势，尽管中部和西部地区固定资产投资的平均增速（分别为19.8%、17.4%）高于东部地区（11.0%），但是中西部投资的波动性更强（见图4-1）。这对我国区域政策如何进一步增强中西部地区内生的增长稳定性，更好地构筑区域间合理的产业互补格局提出了更高要求。

（二）上市制造业企业实际资本积累现状（微观数据）

对比上一小节从宏观层面对制造业全社会固定资产投资的分析，本小节考察微观企业的固定资产变化趋势（也为后续基于微观数据的计量分析奠定基础）。出于数据的可得性以及连续性考虑，选取2007年以前成立运营至2020年的上市制造业企业共3096家，采用固定资产规模、固定资产在总资产中的占比以及固定资产的增速三个指标跟踪企业的固定资产投资行为，并从上市制造业固定资产的总量特征、结构特征以及区域特征三个角度描绘实际资本积累的现状。

1. 全行业特征

首先，从规模来看，2007~2020年我国上市制造业企业固定资产规模逐年扩大，从2007年的1.27万亿元上升到2020年的7.09万亿元（见图4-2）。其次，从占比来看，我国上市制造业企业固定资产在总资产中的占比整体呈波动下降的趋势，从2007年的31%下降到2017年的24%，下降幅度较大，2018~2020年稳中有升。最后，从增速来看，上市制造业企业固定资产增速较高且保持在10%及以上，主要原因可能在于以上市公司为代表的大型企业相较于小型企业具有更强的持续积累能力。从变化幅度来看，2007~2019年固定资产增速整体上呈波动下降的趋势，2020年略有回升，整体的波动幅度较小。在2015年前后，与同期供给侧结构性改革突出去产能、去库存有关，上市公司的固定资产占比和增速都有明显的下降，而2018~2020年占比和增速都有所回升，主要原因可能在于从党的十九大至今政府有关振兴实体经济、制造业转型升级的政策落地,帮助制造业企业改善了投资的环境和预期。

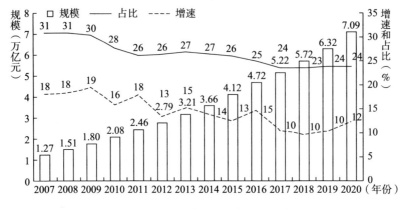

图 4 - 2　上市制造业企业固定资产走势

2. 要素密集度分类

基于要素密集度考察制造业企业实际资本规模的差距,目的在于寻找实体经济投资质量的潜在变动趋势。按照要素密集度分类法对上市制造业企业进行分类,将 20 个主要细分行业划归劳动密集型、资本密集型、技术密集型以及战略性新兴四大类①。根据图 4 - 3 可知,2007~2020年,就固定资产规模占比而言,资本密集型企业依次高于劳动密集型企业、技术密集型企业、战略性新兴企业;而从占比的变化趋势来看,资本密集型企业与劳动密集型企业固定资产相对规模呈现波动下降的趋势,技术密集型企业相对规模基本保持稳定,战略性新兴企业相对规模则呈现波动上升的趋势。分行业类别考察制造业企业固定资产增速亦能印证这一特征,如图 4 - 3 所示,战略性新兴企业的固定资产增速远远

---

① 本书对劳动密集型制造业和资本密集型制造业的划分,分别参考了黄桂田和王岳平的分类方法。参见:黄桂田《劳动密集型制造业:划分方法和产业规模度量——基于1993—2007 年行业数据的模糊聚类方法》,载《社会主义经济理论研究集萃——纪念新中国成立 60 周年》,经济科学出版社,2009,第 82~90 页;王岳平《工业部门结构及其变动特征》,《经济研究参考》1998 年第 Z1 期,第 26~43 页。对于技术密集型制造业的划分,主要参照了《中国高技术产业统计年鉴》中的分类方法;对于战略性新兴行业则参照了国家统计局发布的《战略性新兴产业分类方法(2018)》。

高于其他三类企业。

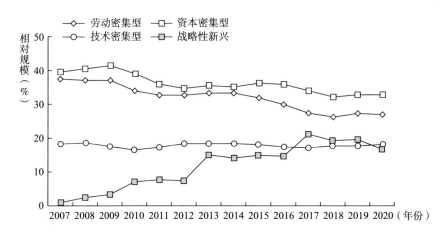

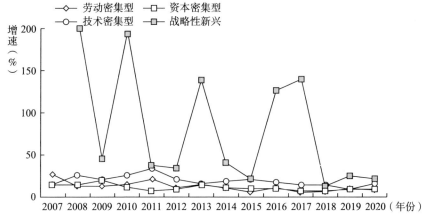

图 4 - 3　分要素密集度制造业企业固定资产相对规模与增速

综上可知，2007～2020 年，尽管资本密集型企业以及劳动密集型企业保持着较高的占比，但是其固定资产增速呈现相对下降的趋势，与之相对，战略性新兴企业虽然固定资产占比较小，但是增速较快，即我国制造业企业中出现了实际资本积累向技术密集型企业尤其是战略性新兴企业转移的趋势，这与我国经济发展方式与投资结构升级的内在要求相一致。

3. 分所有制结构特征

考察上市制造业企业中国有与民营企业的实际资本积累演变趋势。

由图 4-4 可知，2007~2020 年两类企业固定资产规模均呈逐年上升的
趋势，其中国企固定资产规模远高于民营；从固定资产在总资产中的占
比来看，国企和民企均呈波动下降的趋势，国企固定资产占比高于民
企，但是两者之间的差距在缩小。此外，2007~2020 年，国企和民企
的固定资产增速整体呈现波动下降的趋势，但民企的增速一直高于国
企，且波动幅度大于国企，2018~2020 年两类企业的固定资产增速呈
现相反的变动趋势。

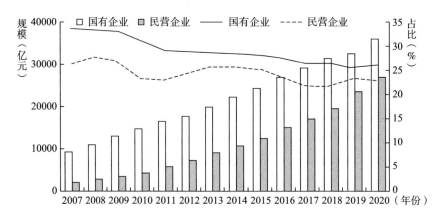

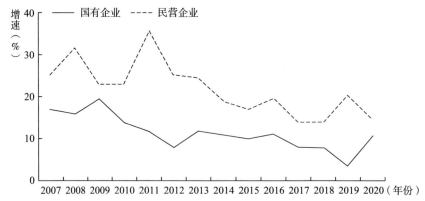

图 4-4　国有与民营上市制造业企业固定资产规模、占比与增速

总体而言，2007~2020 年，我国上市制造业企业中，国企固定资
产规模与占比均高于民企，但是二者的差距在逐步缩小，民企的固定资
产增速持续高于国企。究其原因：国有企业在上游行业中的较高占比及

在保增长与实现公共性目标中的重要任务，使之始终保持着极大的固定资产规模。同时，伴随"两个毫不动摇"的所有制结构改革和社会主义市场经济体制完善，民营企业发展的制度环境不断改善，两类企业在产业链上的匹配性、在市场竞争中的共生性更强，民营企业发展动能不断被激活，其固定资产增速甚至高于国有企业。这些都显示民营企业在我国制造业企业积累结构优化中发挥着越来越重要的作用，推进制造强国建设中还需进一步发挥民营企业对实际资本积累的推动效应。

4. 分企业规模解析

为进一步考察不同规模的制造业企业实际资本积累的现状差异，在此按照 Wind 数据库的分类标准将所有上市制造业企业分为大型企业、中型企业以及小型企业三种。由图 4 - 5 可知，大型企业的固定资产占比高于中小型企业，而三种规模企业的固定资产占比均呈现波动下降的趋势，整体上大型企业波动幅度最小，小型企业波动幅度最大；从固定资产增速来看，2007～2017 年大中型企业固定资产增速均呈现正向，小型企业则多次呈现负向；从增速波动幅度来看，大型企业波动幅度最小，小型企业波动幅度最大。

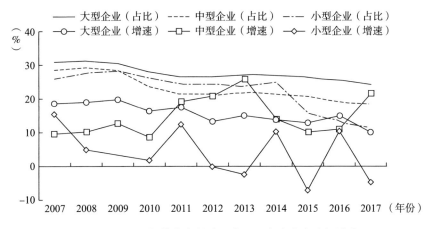

图 4 - 5　不同规模上市制造业企业固定资产占比与增速

可知，尽管不同规模的制造业企业固定资产占比均呈现波动下降的趋势，但是其投资行为存在显著的差异。大型企业固定资产占比更高且增速为正，小型企业占比偏低，增速波动幅度大且多次呈现负向，相较于大型企业，小型企业面对沉淀风险更大的固定资产投资行为更为谨慎。面对小型企业投资更为保守的现实，在数字经济背景下，我国政府推出的"上云用数赋智"行动，鼓励行业领先者头部企业搭建平台、鼓励中央企业勇于承担"链长"职责，并以公共资金投资新型基础设施，便于固定资产投资能力有限的小微企业实现数字化转型。

5. 分区域特征分析

根据企业的注册地将 3096 家制造业企业归属至东、中、西三大区域。由图 4 - 6 可知，2007～2016 年，中部地区企业的固定资产占比更高，2017～2020 年，西部地区企业居于领先，东部地区在 2007～2011 年与西部地区基本保持一致，2012～2020 年则低于中西部地区；2007～2020 年三大区域固定资产增速整体上呈现波动下降的趋势，特别是西部地区制造业企业固定资产增速的波动性更强。

上市制造业企业实际资本积累区域间差异的原因，与全社会固定资产投资区域间分析的结果基本一致：由于我国东、中、西区域之间还存在逐渐降低的工业化发展水平梯度，在区域间行业转移的承接、国家发展战略规划对生产力分布重新布局的进程中，中西部地区固定资产投资的增量空间更大，重新布局的资本密集型行业占比也相对较高；而工业化程度更高的东部地区制造业企业，转向"制造业服务化"领域的比例则可能有所增长，资产结构更易呈现"轻资产"的变化趋势。当然，下文中也将分析，东部地区的制造业企业可能持有更高比重的金融资产，这些因素都使得注册地显示为中西部地区的制造业企业资产结构中固定资产占比更高。同时，西部地区制造业企业固定资产增速更大的波动性是需要警惕的，在政策因素对西部地区生产力布局存在偏向性的同时，要注意西部地区内生的增长稳定性与抗风险能力。

二　制造业企业金融资本积累的结构性特征

本节分析我国制造业企业金融资本积累现状，核心关注指标为企业

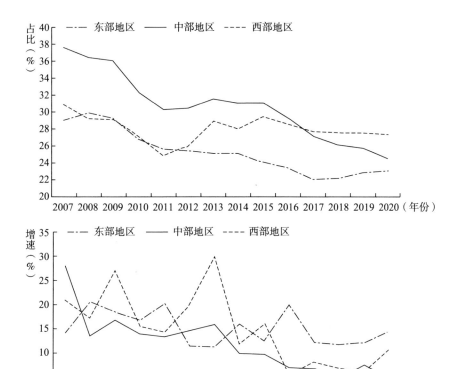

图 4 - 6 三大区域上市制造业企业固定资产占比与增速

的金融资产①持有情况，分别考察所持金融资产的总量特征、结构特征以及区域特征。数据来源于 Wind 数据库。

（一）制造业企业金融资本积累的规模与类型特征

由图 4 - 7 可知，2007 ~ 2020 年，我国制造业上市企业金融资产逐年增加，从 0.69 万亿元上升为 6.47 万亿元，2013 ~ 2020 年企业金融资产在总资产中的占比较为稳定，整体上从 2007 年的 17% 上涨到 2020 年

---

① 本节有关金融资产的测算是，根据中国企业会计准则的内容，将货币资金、持有至到期投资、交易性金融资产、可供出售金融资产、投资性房地产、应收股利和应收利息七项进行加总得到制造业企业的金融资产规模。

的 22%，显示了制造业企业对金融资产投资的积极性。

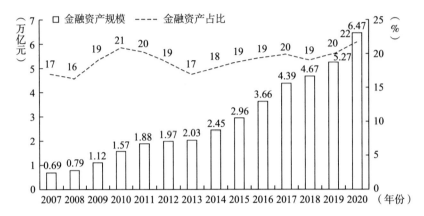

图 4-7　上市制造业企业金融资产规模及占比

由图 4-8 可知，2007～2020 年金融资产增速整体呈现较强的波动性，但是除了 2012 年、2013 年以及 2018 年以外均保持在 10% 以上，尤其是 2018～2020 年，金融资产增速持续上升。

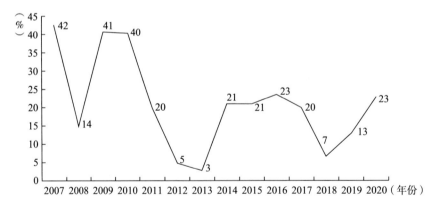

图 4-8　上市制造业企业金融资产增速

制造业企业金融资产增加的主要原因在于，2012 年中国经济进入新常态后，实体经济主营业务回报率下降，更多的企业倾向于持有金融资产获得更高回报。制造业企业金融化的现象引起了政府的重视，2017 年党的十九大报告明确指出，要"增强金融服务于实体经济能力"，2018 年金融资产占比和增速一度下降，随后趋于上升，2020 年受新冠疫情影响，部分制造业企业一度出现停工停产困境，持有更高比例的金融资产成为部分企业的避险方案，也使得金融投资重新增加。

金融资产本身包含许多种类，本节基于常见的分类方法进一步考察制造业企业所持有金融资产的内部结构。2020 年我国制造业企业金融资产中货币资金规模占比高达 80%，远大于其他类金融资产，但是货币资金既可以为企业生产经营提供资金支持，也可以作为金融投资资金。由于不知实际的资金去向，它难以反映企业出于经营流动性考虑，和用于金融投资获取红利收入的差别，因此仅就企业可供出售金融资产、投资性房地产以及交易性金融资产这三类金融资产，简析企业所持金融资产结构的特征。

2007～2020 年，三类金融资产规模均呈上升的趋势，2018 年之前，可供出售金融资产以及投资性房地产一直大于交易性金融资产，2018～2020 年交易性金融资产急剧增加，远远超过可供出售金融资产和投资性房地产（见图 4－9）。就增速来看，投资性房地产的增速基本稳定在 10% 以上，波动幅度很小；交易性金融资产增速波动剧烈，可供出售金融资产增速次之。由交易性金融资产、可供出售金融资产、投资性房地产的属性差异可知，交易性金融资产持有时间短，短期内便可获益，而可供出售金融资产以及投资性房地产持有期更长，短期内难以获益。在以上关注年份中，2007～2017 年我国制造业企业始终保持着较稳定的投资性房地产和可供出售金融资产持有，但是在 2018～2020 年，制造业企业大量转而持有短期性且风险偏高的交易性金融资产，金融市场投机性呈现一定的增强趋势，需要予以关注。

（二）　制造业企业金融资本积累的所有制与区域特征

分所有制类型观察，由图 4－10 可知，2007～2020 年国有与民营两种类型的企业金融资产规模均呈扩大趋势，由于国企平均资产规模更大，相应的国企金融资产规模也大于民营企业。从金融资产在总资产中的占比来看，总体呈现波动上升的趋势。

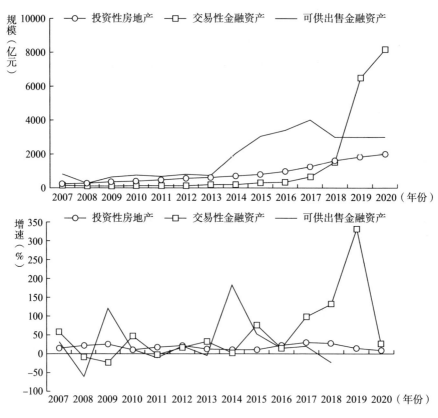

图 4 - 9　上市制造业企业三类金融资产规模与增速

从金融资产增速来看，相较于国有企业，民营企业金融资产增速波动更大，整体水平高于国有企业；需要特别注意的是，2018～2020年，两类所有制企业金融资产增速均呈现持续上升的趋势。总体而言，在关注时间段内，相比于国有企业，民营企业所持金融资产占比与增速波动较大，原因可能在于国企决策较多受其公共属性影响，在国有资产特殊的管理体制作用下国企资产持有类别转换的灵活性受限，这也在微观层面一定程度地印证了第三章所论述的我国金融体制稳定性与国有资产、国企行为模式的压舱石作用相关，而民营企业的投资决策对市场环境变化更为敏感。在考虑兼顾市场灵活性与金融风险防范问题时，还需对两类企业金融资本积累行为做进一步考察。

再就区域特征来看，如图4-11所示，三大地区制造业企业金融

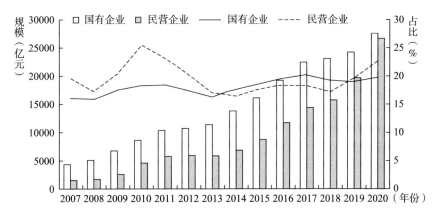

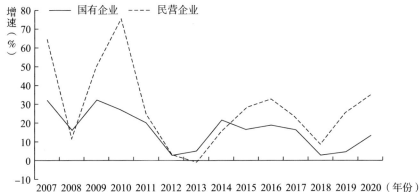

图 4 - 10 国有与民营上市制造业企业金融资产规模、占比与增速

资产规模整体上均呈明显扩大趋势，但是东部地区远远大于中西部地区；西部地区金融资产规模从与中部地区持平到明显超过中部地区再到明显小于中部地区。从金融资产占比来看，三地区均呈现一定的波动上升趋势，东部地区金融资产占比整体上高于中西部地区，西部地区该比例在 2014 年后一度迅速上升，但在 2018～2020 年有所波动，中部地区该比例则在 2017～2020 年稳步上升。三大地区的金融资产增速均波动较为明显，尤其是西部地区的增速变动幅度较大。不论是实际资本积累还是金融资产投资，西部地区制造业上市公司都呈现相对更强的波动性。

综合本章第一节和第二节的统计资料，以制造业作为实体经济的代

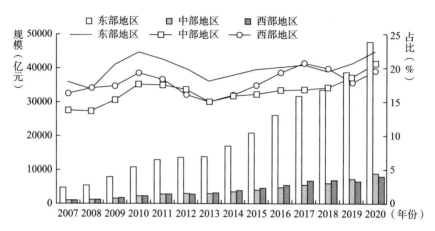

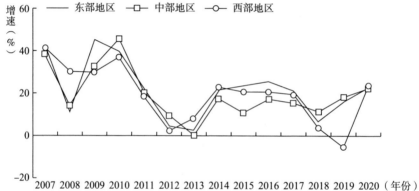

图4-11 分区域上市制造业企业金融资本积累特征

表可以发现，其实际资本与金融资本积累呈现以下特征。（1）2007～2016年，我国制造业企业资产结构中实际资本积累占比呈一定的下降趋势、金融资本积累占比相对增加；2017～2020年，伴随国家助力实体经济发展的系列政策落地，在实际资本积累规模保持稳定的同时，制造业企业持有的金融资产规模、占比等呈上升态势，企业积累行为的金融化风险依然需要关注。（2）就实际资本积累结构来说，全社会的固定资产投资出现了从制造业向服务业的转移趋势；相较于传统的劳动密集型以及资本密集型企业，技术密集型尤其是战略性新兴企业的实际资本积累更快；国有企业积累规模更大，但是民营企业积累更快；相较于大中型企业，小型企业面对沉淀风险更大的实际资本积累，行为更为谨慎。(3) 从金融资本积累结构来看，相较于持有较长周期才能得到回报的投资性房地产以及可供出售金融资产，近年来我国制造业企业更愿意持有短期便可得到回报的交易性金融资产；相比于国有企业，民营企业持有金融资产的比例及增速波动都较大。(4) 区域间的分析显示：我国东部地区制造业企业实际资本、金融资本积累的规模要大于中西部地区，但是西部地区的实际资本积累更快，金融资本积累波动性更强，原因可能在于区域间的工业化进度差异、产业承接关系，以及区域政策作用与不同区域间市场内生的增长动能差异等。

三 制造业企业实际资本积累动能的经验分析

立足本书的核心框架，资本积累在经济循环、技术创新与制度体系的协同交互作用下进行。可以预期，当前我国实体经济企业的实际资本积累动能主要受到体现经济循环过程的利润率作用，与企业研发强度（其作用机理表现为企业自身对参与创新并在长期获得新技术带来的超额利润的期望）相关，也被企业所处的积累的制度环境所建构。在金融化成为一种积累的宏观趋势的背景下，企业对持有两类资产收益的预期及其相应的行为选择发生转变。在前面两节内容的基础上，本节对我国上市制造业企业实际资本积累的影响因素做经验分析，以确定实际资本积累动能的主要决定因素。

(一) 经验研究的基本假设释义

结合研究框架与前文的统计性特征做出以下假设。

(1) 经营利润率是影响企业预期和投资选择的基础因素。更高水平的经营利润率推动更快的实际资本投资；整体经济循环不畅、经营利润率不足将强化企业金融化的动机。

(2) 企业技术创新强度是与实际资本投资增速相关的重要因素。从宏观层面来看，重大技术变革的时代背景、政府推进产业结构升级的动机，可能对技术密集型企业产生更强的投资激励；就微观层面而言，企业进行技术创新的过程，可能表现为新设备购置、新材料购买和新市场开辟，这些行为本身就会推动资本积累，同时企业的研发支出直接体现企业自身对参与创新并在长期获得新技术带来的超额利润的期望，也是推进企业生产性投资增长的积极因素。

（3）良好的经济制度环境对企业实际资本积累产生促进作用。逐步完善的社会主义市场经济体制集中表现为有效市场与有为政府的组合，通过降低交易成本、增加合理补贴等方式直接改善企业经营环境和投资预期。与此同时，社会主义所有制关系对不同所有制企业发展的定位协调、区域政策对生产与流通空间的拓展等都对企业的积累动能产生了影响（这也是后文展开异质性分析的基本依据）。

（4）给定企业经营利润率、研发强度与制度环境因素，金融资产收益率会对企业实际资本投资产生影响，相比投资于金融资产为主营业务提供资金蓄水池，金融资产的高收益更可能对实际资本积累产生一定的"挤出"；同时，由于企业性质差异，"挤出"效应的大小在不同要素类型、所有制和区域的企业间存在差异。

（二）经验研究模型设定与变量选取说明

基于经济现实与研究框架，将实际资本积累率作为被解释变量，将经营利润率、技术创新、制度环境、金融活动作为核心解释变量，同时将企业层面以及外部宏观经济层面其他影响积累的因素作为控制变量。由于企业在进行关于实际资本积累的决策时，往往是以上一期的经营利润率为参考的，且企业的技术创新活动从投入到产出存在一定的时滞性，因此在考虑两因素对实际资本积累的影响时做滞后一期处理。上述做法既符合经济学上的理论逻辑，同时也避免了两者与实际资本积累间因反向因果产生的内生性问题[①]，从而模型设定如下：

---

① 除创新投入与生产性投资直接关联外，一方面利润率是引致投资选择的重要信号，另一方面投资本身通过形成新的技术、产品结构等，又作用于利润率。

$$F_{i,t} = \beta_0 + \beta_1 R_{i,t-1} + \beta_2 RD_{i,t-1} + \beta_3 EI_{i,t} + \beta_4 FR_{i,t} + \beta_5 X_{i,t} + \mu_i + \delta_t + \varepsilon_{i,t} \quad (4-1)$$

其中，i 表示第 i 个制造业企业，t 表示年份；F 为被解释变量，表示的是实际资本积累率；R 表示经营利润率，RD 表示技术创新，EI 表示制度环境，FR 表示金融活动；X 表示企业层面以及外部宏观经济层面的控制变量，μ_i 和 δ_t 分别表示对个体效应、时间效应的控制，$\varepsilon_{i,t}$ 为误差项。

（1）被解释变量：根据研究惯例和数据可得性，选取的具体指标是制造业企业固定资产净增速：

实际资本积累率＝固定资产净增速

＝（本期固定资产－上期固定资产）/上期固定资产

（2）核心解释变量。①经营利润率（R），反映企业生产经营活动的获利能力，用生产经营活动净收益与预付资本的比值衡量，其中净收益是企业生产经营收入扣减生产成本和营运成本之后的利润，预付资本包括预付的固定资本和预付的流动资本。由于在现代企业会计制度中工资和原材料作为中间产品事后支付，因此将预付资本定义为固定资本存量和存货之和更符合企业实际。[①]

②技术创新（RD）。关于企业的技术创新往往包含技术创新的投入以及产出两个方面，鉴于数据的可得性，以研发支出与营业收入的比值衡量企业技术创新的强度。

③制度环境（EI）。关于制度环境的衡量尚没有官方的标准，在此选取了樊纲和王小鲁等学者构建的地区层面的市场化指数中产品市场的发育程度指数、要素市场的发育程度指数、市场中介组织的发育和法律制度环境指数三项指数来衡量不同地区企业面临的市场经济环境，得分越高表明企业所在地社会主义市场经济体制越完善。[②] 同时，纳入各个

[①] 谢富胜、郑琛：《如何从经验上估算利润率?》，《当代经济研究》2016 年第 4 期。

[②] 樊纲和王小鲁等构建的市场化指数包含五项一级指标，此处选取了其中的三项进行算术平均并做了标准化处理。参见：王小鲁、胡李鹏、樊纲：《中国分省份市场化指数报告（2021）》，社会科学文献出版社，2021。

企业直接获得的政府补助收入因素，这是因为在落实产业政策的过程中，政府对特定产业有意识的补助，会鼓励相关产业企业的创新并推动实际资本积累。考虑到经验研究中指标设计的简洁与可行性，这里将社会主义市场经济体制有效市场与有为政府的结合作为制度环境的代理变量，具体的计算公式为制度环境指数 = 市场化指数 × 0.5 + 政府补贴占比（政府补助收入与营业收入的比值）× 0.5，侧重于考察完善的市场体系、成熟的市场经济法治环境等因素的正向作用。

④金融活动即金融资产收益率（FR）。既往研究分析金融市场参与对实际资本积累的影响大多基于两个指标：一是金融资产的持有，二是金融化渠道获得的收益。在总资产一定的情况下，金融资产的持有必然会挤出实际资本，而持有金融资产带来的收益对实际资本积累却存在两种不同的效应。一方面，金融资产收益增加产生的收入效应可能促进实际资本的投资；另一方面，金融资产的收益高于实际资本时，会产生投资替代效应，导致企业减少对实际资本的投资。当前关于这两个方面的效应并不明确，因此本节选取第二个指标，即金融资产带来的收益。金融资产的计量则根据中国的企业会计准则以及张成思和张步昙①的方法，将货币资金、持有至到期投资、交易性金融资产、可供出售金融资产、投资性房地产、应收股利和应收利息七项进行加总得到，金融资产的收益则等于公允价值变动损益 + 净汇兑收益 - 联营和合营企业的投资收益。因此，金融资产收益率 = 金融资产收益/金融资产。

（3）控制变量。除了上述提及的核心解释变量外，考虑现实经济运行和既有研究中影响企业实际资本积累的因素，回归分析中还应纳入这样一些控制变量。①现金流占比（CF）。一般而言，更充裕的现金流意味着企业选择各类投资的自由度更高、灵活性更强。② ②资产负债率

---

① 张成思、张步昙：《中国实业投资率下降之谜：经济金融化视角》，《经济研究》2016年第12期。

② 杨蓉、李红艳：《高管控制权、自由现金流与企业投资行为——基于中国制造业上市公司》，《上海经济研究》2013年第12期。

（*ALR*）。过高的资产负债率或将抑制企业进一步投资的可能。[①] ③前十大股东持股比例（*MS*）。近年来，国内外研究关注到股权结构集中或多元对投资决策的不同影响，如集中的股权结构可能强化股东价值导向从而激发金融化动机，而多元化的股权投资有可能抑制金融化倾向，但结论并不一致。本节选取前十大股东持股比例来衡量股权结构的集中度。[②] ④经营不确定性指数（*EU*）。在经济发展模式转型期，新旧产业结构的转换、经济政策调整，以及国际经济环境变化等都表现为经济环境的不确定性。近年来，不少学者将经济不确定性纳入企业投资决策的影响因素范围[③]，并发现制造业企业面临的不确定性程度越高越倾向于减少投资，由于外部的不确定性最终体现在企业营业收入波动层面，在此借鉴申慧慧等[④]的做法，运用企业过去 5 年销售收入的标准差，在经行业调整及剔除稳定成长部分后用来衡量公司的经营环境不确定性。⑤地区经济增长率（*g*）。当企业所在地区整体经济增速更快时，可预期企业实际资本积累应更快，因此本节也将地区层面的经济增长率纳入控制变量组。综上，将回归模型变量及其说明总结为如表 4-2 所示。

表 4-2　回归模型变量及指标选择说明

变量类型	变量名称	符号	说明
被解释变量	实际资本积累率	*F*	固定资产净增速

① 李刚、段华友：《企业财务压力下的投资行为实证研究——以我国制造业上市公司为例》，《商业经济研究》2016 年第 9 期。

② 柳永明、罗云峰：《外部盈利压力、多元化股权投资与企业的金融化》，《财经研究》2019 年第 3 期；纪兴锋、曹志鹏：《我国制造业上市公司股权结构对投资效率的影响研究》，《商业经济》2021 年第 2 期。

③ 刘康兵、申朴、Elmer Sterken：《融资约束、不确定性与公司投资：基于制造业上市公司面板数据的证据》，《南开经济研究》2011 年第 4 期；冀志斌、叶耐德、陈妍：《贸易政策不确定性与中国制造业实体投资》，《国际金融研究》2021 年第 9 期；聂辉华、阮睿、沈吉：《企业不确定性感知、投资决策和金融资产配置》，《世界经济》2020 年第 6 期。

④ 申慧慧、于鹏、吴联生：《国有股权、环境不确定性与投资效率》，《经济研究》2012 年第 7 期。

续表

变量类型	变量名称	符号	说明
核心解释变量	经营利润率	R	经营性利润/(固定资本存量 + 存货)
	技术创新	RD	研发支出/营业收入
	制度环境	EI	市场化指数 × 0.5 + 政府补贴占比 × 0.5
	金融活动	FR	金融资产收益/金融资产
控制变量	控制变量	X	现金流占比 CF 资产负债率 ALR 前十大股东持股比例 MS 经营不确定性指数 EU 地区经济增长率 g

（三）数据来源、描述性统计与计量模型选择

1. 数据来源与筛选原则

本节以制造业沪深 A 股上市公司作为研究样本，选取的原始数据主要来源于 Wind 和 CSMAR 数据库，具体的筛选原则如下。（1）为了保证数据的一致性，选取的数据时间从会计准则调整的 2007 年开始。（2）为了保证数据的连续性，剔除了 2007 年以后成立的制造业企业。（3）为了保证数据的有效性，剔除了 ST、*ST 类型的企业。（4）为了保证数据的完整性，剔除了部分数据缺失严重的企业。综上，最终得到的有效样本为 743 家制造业企业 2007～2020 年的数据。另外，为了消除异常值的影响，对所有变量进行 1% 水平的缩尾处理。

由表 4-3 可知，我国上市制造业企业固定资产净增速即实际资本积累率均值为 7%，最大值与最小值之间差距明显，不同制造业企业的积累速度存在明显差异；经营利润率的均值仅为 4%，且最小值为负值，意味着制造业企业的确面临较低利润率的现实困境；技术创新的均值为 2%，最大值与最小值差异较大显示不同企业的技术创新强度差异明显。制度环境最大值与最小值同样存在较大的差距，表明不同地区、行业制造业企业所处的市场环境与政府产业政策空间有差别。金融资产收益率均值为 23%，高于经营利润率以及地区经济增长率，金融资产

较高的收益率与较低的经营利润率，确有可能刺激制造业企业加大对金融资产的持有力度；现金流占比均值为5%，资产负债率均值高达50%，低水平现金流与高水平负债意味着企业经营对债务市场较强的依赖；前十大股东持股比例均值为51%，显示我国制造业企业股权结构较为集中；经营不确定性指数的最大值与最小值差异大，企业间经营不确定性的差异较大。

表4-3　主要变量的描述性统计

变量	观测值（个）	平均值	标准差	最小值	最大值
F	10402	0.07	0.17	-0.12	0.43
R	10402	0.04	0.04	-0.03	0.12
RD	10402	0.02	0.02	0.00	0.05
EI	10400	0.43	0.29	0.01	17.66
FR	10402	0.23	0.37	0.00	1.13
CF	10402	0.05	0.05	-0.04	0.14
ALR	10402	0.50	0.17	0.23	0.75
MS	10402	0.51	0.12	0.32	0.71
EU	10402	1.19	0.74	0.36	2.73
g	10402	0.12	0.05	0.048	0.21

2. 相关系数分析

由表4-4可知，解释变量之间相关系数的绝对值均小于0.5，显示解释变量之间不存在多重共线性的问题。

表4-4　解释变量间的相关系数

变量	R	RD	EI	FR	CF	ALR	MS	EU	g
R	1								
RD	0.03	1							
EI	-0.02	0.01	1						
FR	0.09	0.08	-0.04	1					
CF	0.44	-0.01	-0.01	-0.01	1				

续表

变量	R	RD	EI	FR	CF	ALR	MS	EU	g
ALR	- 0. 40	- 0. 16	- 0. 02	0. 02	- 0. 18	1			
MS	0. 22	- 0. 02	- 0. 01	0. 04	0. 14	- 0. 01	1		
EU	- 0. 12	- 0. 10	- 0. 04	- 0. 03	- 0. 12	0. 05	0. 03	1	
g	0. 07	- 0. 37	- 0. 01	- 0. 15	- 0. 05	0. 05	0. 02	0. 01	1

3. 计量模型选择

由于面板数据模型主要分为非观测效应模型以及混合效应模型两种，其中存在不可观测的个体效应的模型为非观测效应模型，反之为混合效应模型。本节选取的 743 家上市制造业企业来自不同地区、不同行业，有着不同的所有制形式，意味着在经济学意义上不同制造业企业是存在不可观测的个体效应的，所以选择非观测效应模型。

非观测效应模型又分为固定效应模型以及随机效应模型，当模型中不可观测的个体效应与解释变量相关时，为固定效应模型，反之为随机效应模型。样本中制造业企业不可观测的个体效应与解释变量的相关性在经济学的意义上不完全明确，需要对此做进一步的统计学检验。表4 - 5 中的豪斯曼检验结果显示，式（4 - 1）所示的模型在进行回归分析与检验时，无数据缺失，且 P 值为 0，可以拒绝原假设。因此，在进行回归分析时，将采用固定效应模型。

表 4 - 5　豪斯曼检验结果

变量	固定效应模型	随机效应模型	差异	标准差
R	0. 0561833	0. 066706	- 0. 0105227	0. 0056277
RD	0. 02925	0. 4870444	- 0. 4577944	0. 0947405
FR	- 0. 0227087	- 0. 0101093	- 0. 0125994	0. 0028425
EI	0. 0710061	0. 0560249	0. 0149812	0. 005735
ALR	- 0. 2311015	- 0. 1217529	- 0. 1093486	0. 0186526
CF	0. 0602041	0. 089016	- 0. 0288119	0. 0135959
EU	0. 0164178	0. 0122742	0. 0041436	0. 0015893
MS	0. 2507768	0. 1489394	0. 1018374	0. 020601

变量	固定效应模型	随机效应模型	差异	标准差
g	0.1881385	0.2531127	− 0.0649741	0.0154303
个体效应	√	√	√	√
时间效应	√	√	√	√
chi2 (10) = 153.25				
Prob > chi2 = 0.0000				

（四）基础回归结果分析与稳健性检验

1. 对基础回归结果的分析

采用面板固定效应模型分析，回归分析中同时控制时间效应与个体效应。逐步加入四个核心解释变量，发现它们均对实际资本积累率产生了显著影响（见表 4-6），具体结果分析如下。

表 4-6　制造业企业实际资本积累率影响因素的基础回归结果

变量	（1）	（2）	（3）	（4）
R	0.0597 ***	0.0616 ***	0.0608 ***	0.0638 ***
	（6.23）	（6.41）	（6.28）	（6.55）
RD		0.485 ***	0.446 ***	0.442 ***
		（2.86）	（2.62）	（2.60）
EI			0.0533 ***	0.0527 ***
			（4.53）	（4.47）
FR				− 0.0160 ***
				（− 2.68）
ALR	− 0.227 ***	− 0.223 ***	− 0.227 ***	− 0.232 ***
	（− 5.54）	（− 5.46）	（− 5.53）	（− 5.65）
CF	0.0470 *	0.0488 ***	0.0476 **	0.0495 ***
	（2.52）	（2.62）	（2.54）	（2.64）
MS	0.278 ***	0.276 ***	0.266 ***	0.265 ***
	（10.32）	（10.25）	（9.82）	（9.80）
EU	0.0156 ***	0.0153 ***	0.0157 ***	0.0157 ***
	（5.18）	（5.08）	（5.21）	（5.19）

变量	（1）	（2）	（3）	（4）
g	0.192**	0.191**	0.186**	0.188**
	(2.17)	(2.16)	(2.10)	(2.12)
_cons	2.716	2.241	1.748	1.788
	(1.06)	(0.87)	(0.68)	(0.69)
个体效应	√	√	√	√
时间效应	√	√	√	√
N（个）	10402	10402	10402	10402

注：括号内为 t 值，＊、＊＊和＊＊＊分别表示 10%、5% 和 1% 的显著性水平；如无特殊说明，余表同。

首先，经营利润率的回归系数在 1% 的水平上始终是显著为正的，证实了利润率是制造业企业进行固定资产投资决策的关键指标。其次，技术创新对实际资本积累率同样存在显著的正向作用，意味着技术创新能够推动实际资本积累。再次，制度环境的系数在 1% 的水平上显著为正，也支持了有效市场与有为政府组合的积极作用。又次，在考虑了经营利润率、技术创新与制度环境的同时，金融活动的回归系数显著为负，与学界同类研究的多数结果一致，验证了金融资产较高收益率对固定资产投资的挤出。最后，控制变量基本都呈现与预期相符的作用形式，现金流占比、资产负债率分别对固定资产投资产生了显著的正向和负向作用；相对集中的股权结构推进了固定资产投资；企业销售收入波动性越强，则越倾向于增加固定资产投资，原因可能在于重组优化经营领域的考虑；所在地区更快的经济增长率加速固定资产投资。

2. 基础回归的稳健性检验

为验证基础回归结果的稳健性，将基础回归中的核心解释变量利润率从经营利润率换成总体利润率①。回归结果如表 4-7 所示，可以看到回归系数的符号以及显著性与表 4-6 中的基础回归结果基本一致，这

---

① 总体利润率表示企业总资产的盈利能力，公司财务分析中常用总资产收益率来衡量，具体计算公式为：总体利润率 = 利润总额/总资产。

在一定程度上支持了基础回归结果的稳健性。

表 4-7　稳健性检验结果

变量	系数
R	0.637 ***
	(10.56)
RD	0.428 **
	(2.53)
EI	0.0585 ***
	(4.99)
FR	-0.0175 ***
	(-2.95)
ALR	-0.302 ***
	(-7.23)
CF	0.0800 ***
	(4.22)
MS	0.252 ***
	(9.34)
EU	0.0150 ***
	(4.98)
g	0.171 *
	(1.93)
_cons	1.286
	(0.50)
个体效应	√
时间效应	√
N（个）	10402

（五）异质性分析与进一步研究

在第一和第二节对制造业企业资本积累结构性特征的分析中，我们已经发现，不同行业、所有制、规模、区域制造业企业的固定资产投资存在差异，包括：不同所有制企业由于目标差异会做出不同的投资选择，不同行业制造业企业面对的技术范式与需求条件差异会影响其投资可能性，不同规模企业的组织结构与投资能力差异会带来积累模式差别，区域间市场环境、发展阶段差异赋予企业投资决策的差异；等等。就此，本部分进行异质性分析。

1. 分要素密集类型制造业企业的异质性分析

表4-8给出了分要素密集类型的异质性分析结果。需要关注的信息主要有：资本密集型企业的固定资产投资对经营利润率有更强的敏感性，技术密集型企业的技术创新对固定资产投资有较强的驱动，劳动密集型与技术密集型企业的发展更需要有利的制度环境，以及相比于劳动密集型与资本密集型企业，技术密集型企业的固定资产投资暂未受到金融活动的显著挤出。以上发现基本与预期和经验认知相符合，也印证了有更强创新意愿的企业更倾向于持续增加生产性资本投入。

表4-8 分要素密集类型制造业企业实际资本积累率影响因素的回归结果

变量	劳动密集型	资本密集型	技术密集型
R	0.0213	0.0823 ***	0.0611 ***
	(0.86)	(3.42)	(5.03)
RD	0.0386 **	0.416	0.0836 *
	(3.08)	(1.06)	(2.37)
EI	0.0979 ***	0.00961	0.0561 ***
	(3.73)	(0.41)	(3.37)
FR	− 0.0344 **	− 0.00648 *	− 0.0122
	(− 2.52)	(− 1.94)	(− 1.47)
$\_cons$	− 0.256 ***	− 0.0989 *	− 0.207 ***
	(− 3.87)	(− 1.64)	(− 5.16)
控制变量	√	√	√
个体效应	√	√	√
时间效应	√	√	√
N（个）	1586	2133	4646

2. 分所有制制造业企业的异质性分析

由表 4 – 9 可知，对于国有企业与民营企业，各影响因素对实际资本积累率的影响存在显著的差异。首先，国有企业与民营企业的经营利润率对固定资产投资都是显著的正向促进作用，相较于民营企业，国有企业经营利润率对固定资产投资的影响更大，这一结果看似与经验感知有一定偏差，但究其原因，可能有以下两个方面。一方面，受行业上下游面临的增量投资空间差异的影响，样本观察期间处于行业相对下游的民营企业固定资产增速整体快于国有企业；同时，伴随国有企业改革与国有资产管理体制改革，国有企业成为独立市场主体，财务指标对国企投资决策的约束性正在加强。另一方面，民营企业持有金融资产的比例相对更高，即在同样的利润率前提下，国有企业更倾向投资于自身主营业务，而民营企业更易于无约束地转向金融投资。

表 4 – 9　分所有制制造业企业实际资本积累率影响因素的回归结果

变量	国有企业	民营企业
R	0. 0955 ***	0. 0344 ***
	(6. 66)	(2. 58)
RD	0. 558 **	0. 269 **
	(2. 42)	(2. 07)
EI	0. 0454 **	0. 0618 ***
	(2. 83)	(3. 56)
FR	– 0. 0105	– 0. 0241 ***
	(– 1. 29)	(– 2. 69)
$\_cons$	1. 599	– 0. 228 ***
	(0. 63)	(– 5. 44)
控制变量	√	√
个体效应	√	√
时间效应	√	√
N（个）	4822	3901

其次，无论是国有企业还是民营企业，技术创新对实际资本积累的

影响均是显著正向的，但是相较于民营企业，国有企业研发支出的增加对固定资产投资的影响更大。

再次，制度环境对国有企业以及民营企业的实际资本积累均存在显著的正向促进作用，但是相较于国有企业，制度环境对民营企业的作用更加显著且程度更深，可见有序的市场化环境与政府补贴对民营企业的实际资本积累有更强的推动。

最后，金融活动对固定资产投资的影响，整体上看都是负向的，但是它对国有企业固定资产投资的作用并不显著，对民营企业则存在十分显著的抑制作用，这一点与预期也基本符合。由于肩负促使国家发展战略规划落地、阻隔系统性金融风险的使命，国有企业可能降低对金融资产收益率的敏感度，而民营企业在转变资产类型时所受的制度约束可能较小。

3. 分规模制造业企业的异质性分析

由表4－10可知，对于不同规模的制造业企业，各影响因素对实际资本积累率的影响存在显著的差异。首先，相较于大中型企业，小型企业经营利润率对固定资产投资的影响并不显著，大型企业的固定资产投资对经营利润率的敏感性最强，可能的原因在于：小型企业的投资决策更易受创业者个人的热情和预期影响，而大型企业适应现代市场的复杂组织体系使其积累行为更受到客观的财务指标约束。其次，中小型企业的技术创新与固定资产投资之间并没有显著的关系，而大型企业研发支出的投入能极大地促进固定资产的增加。再次，相较于中小型企业，制度环境对大型制造业企业固定资产投资的影响更加显著。最后，三种规模企业的金融资产收益率对固定资产投资均存在负向的抑制作用，且这种抑制作用在中小型企业中更加明显。

表4－10　分规模制造业企业实际资本积累率影响因素的回归结果

变量	小型企业	中型企业	大型企业
R	0.0173	0.0630 **	0.0706 ***
	(0.38)	(2.62)	(6.34)

续表

变量	小型企业	中型企业	大型企业
RD	1.099	0.181	0.441 **
	(1.00)	(0.39)	(2.36)
EI	0.173 **	0.0457 *	0.0488 ***
	(2.23)	(1.53)	(3.74)
FR	− 0.0389 ***	− 0.0562 ***	− 0.0111 **
	(− 2.67)	(− 2.75)	(− 1.75)
_cons	− 0.331	− 0.263 ***	1.854
	(− 1.77)	(− 3.44)	(0.73)
控制变量	√	√	√
个体效应	√	√	√
时间效应	√	√	√
N（个）	220	1010	7493

4. 分区域制造业企业的异质性分析

由表 4 – 11 可知，分区域回归结果有以下主要信息。首先，经营利润率还是影响实际资本积累最关键的因素，经营利润率在西部地区企业中的系数相对更大，意味着区域间协调发展，不仅需要"不计成本"的偏向型投资，还需要提升中西部地区的投资回报水平，以不断增强其内在的增长韧性。其次，各区域企业的技术创新、制度环境都对实际资本积累有正向影响，并且相比于东部地区，中部、西部地区企业这两个变量的系数较大，即中西部有创新动能的企业投资于固定资产的激励更强，且制度环境改善可以更大程度地推进积累。最后，金融资产收益率对三大区域企业固定资产投资均存在显著的负向影响，且对中西部地区的抑制作用更明显，故需要警惕中西部企业金融化对其实际资本投资更强的挤出效应。

表 4 – 11　分区域制造业企业实际资本积累率影响因素的回归结果

变量	东部地区	中部地区	西部地区
R	0.0594 ***	0.0633 ***	0.0662 ***
	(4.64)	(3.30)	(2.70)

变量	东部地区	中部地区	西部地区
RD	0.268 **	0.809 **	0.288 **
	(2.38)	(2.47)	(2.39)
EI	0.0415 **	0.0560 **	0.0704 ***
	(2.53)	(2.54)	(2.58)
FR	− 0.00888 **	− 0.0303 **	− 0.0221 **
	(− 2.15)	(− 2.43)	(− 2.48)
_cons	− 0.123 ***	− 0.102 *	− 0.412 ***
	(− 2.83)	(− 1.83)	(− 5.92)
控制变量	√	√	√
个体效应	√	√	√
时间效应	√	√	√
N（个）	4887	2304	1532

5. 进一步研究：不同制度环境指数

2020~2022 年，中央先后发布《关于构建更加完善的要素市场化配置体制机制的意见》《关于新时代加快完善社会主义市场经济体制的意见》《关于加快建设全国统一大市场的意见》。这一系列"意见"通过不断落实市场经济基础性制度、完善要素市场化配置体制机制、创新政府管理和服务方式，以及完善宏观经济治理体制等主要制度设计，使得社会主义市场经济体制能够在遵循市场经济运行规律与落实社会主义经济制度本质间达成更有效的统一。由于本节将制度环境作为影响企业实际资本积累的重要因素，故将反映市场经济体制的四类指标对企业固定资产投资的影响纳入回归分析。

由表 4 - 12 可知，四类制度因素都对企业实际资本积累有正向作用，其中，政府补贴占比（SUB）的影响十分显著，要素市场的发育程度指数（FEI）在市场化指数的三项分类指数中对固定资产投资的影响最大，市场中介组织的发育和法律制度环境指数（IEI）的影响次之，产品市场的发育程度指数（PEI）的影响最小。这一结果也为当前我国社会主义市场经济体制建设以完善要素市场化配置体制机制、构建市经济法治体系为重点提供了基本依据。

表 4 - 12　不同制度环境指数对实际资本积累率影响的回归结果

变量	系数
PEI	0.0105 **
	(2.12)
FEI	0.0514 ***
	(2.62)
IEI	0.0437 **
	(2.35)
SUB	0.0272 ***
	(4.38)
_cons	1.551
	(0.60)
其他核心解释变量	√
控制变量	√
个体效应	√
时间效应	√
N（个）	10402

（六）经验分析结果：经营利润率、技术创新、制度环境、金融活动的协同作用表现

本节基于 743 家上市制造业企业 2007～2020 年的面板数据，分析了经营利润率、技术创新、制度环境以及金融活动对企业实际资本积累的影响，并做了异质性分析与进一步研究，结果如下。

（1）经营利润率是制造业企业进行实际资本积累显著的驱动因素，但这种驱动效应存在较明显的企业间、区域间差异。分要素密集类型来看，由于劳动密集型企业本身需要的固定资产投入相对较少，而技术密集型和资本密集型企业更依赖于专用设备的投入，因此高经营利润率对后两类企业固定资产投资的驱动更强。基于所有制性质观察，相较于民

营企业，经营利润率对国有企业实际资本积累的驱动作用更强。除考虑国企改革强化了对国有资产收益和增值的考核外，也要考虑不同所有制企业所处的行业面临的投资潜在空间差异；以及长期而言，需在国企的资产管理结构上有相应调整，避免企业为应对财务业绩考核，仅采取适应性战略而在已有资产和能力基础上进行边际性改善，从而难以扮演创新型企业①的角色。由于小型企业更难以承担固定资产沉淀的风险，故相较于小型企业，大中型企业高经营利润率对实际资本积累的驱动作用更加显著。就区域特征而言，相较于先发展的东部地区，西部地区企业追加固定资产投资更需要高经营利润率支持，这意味着区域间协调发展必须不断提升西部企业的利润率，促使资本等各类要素自发向西部地区汇集。

（2）技术创新对企业固定资产投资有着正向作用。分要素密集类型来看，技术密集型企业技术创新对固定资产投资的驱动更强；分所有制来看，相较于民营企业，国有企业的研发投入与实际资本投资间保持了更强的协同；分区域来看，相较于东部地区，中西部地区企业技术创新产生的固定资产投资激励更显著，原因可能在于区域间技术水平的差异，使得研发投入可能在中西部地区产生更高的收益，这也为区域政策设计增加向中西部地区的科技资源投入提供了支持。

（3）逐步完善的社会主义市场经济体制对我国制造业企业的实际资本积累产生了积极影响，但在地区间与企业间存在差别，且市场经济体制中不同类型制度的作用也不同。分所有制而言，完善市场经济体制对推动民营企业实际资本积累的作用更强；从地区层面来看，中西部地区企业的固定资产投资更受市场经济体制改善的正向作用，这可能与我国渐进的市场化改革在地区间的逐步推进相关；将制度环境指数进行拆分后还发现，要素市场发育对企业实际资本积累的正向刺激最强，意味着完善社会主义市场经济体制的重点方向是要素市场建设。

---

① 第六章第四节将对何为创新型企业做具体分析。

（4）金融活动对制造业企业实际资本积累存在显著的"挤出效应"，且"挤出效应"在区域和企业间存在差异。相较于技术密集型企业，金融活动对资本密集型企业、劳动密集型企业实际资本积累的挤出效应更加显著；相较于国有企业，金融活动对民营企业实际资本积累的"挤出"更多，主要原因或在于：作为市场逻辑引导下的主体，民营企业会主动选择更高收益、更低风险的投资领域，实体经济平均盈利水平较低、固定资产沉淀风险高和投资回收周期长等，都可能使它们增持金融资产，金融资产一定时期的高收益，又会固化民营企业的选择路径；而国有企业由于肩负实现公共目标的任务，必须在主营领域保持长期投资与生产，避免过度通过金融领域获益。相较于大型企业，金融活动对中小型企业实际资本积累的"挤出"效应更大，原因在于大型企业对长期实际资本积累的意愿更强，而抗风险能力更低的中小型企业对短期的盈利风向变化更为敏感。当前，在创新作为第一发展动能，灵活性极强的中小型企业被赋予创新任务的背景下，关注金融活动对这些企业行为模式的影响就具有重大的意义。此外，相较于东部地区，金融活动对中西部地区企业固定资产投资的"挤出"更明显，结合前文中的相关发现，这意味着中西部地区必须培育起更多内生的生产性投资潜力点，才能有效地抑制企业的金融化。

四　利润率波动的理论模型与历史经验

在上一节的研究中我们已经发现，实际资本积累持续受到经营利润率、技术创新、制度环境与金融活动的作用。此外，利润率是积累直接动能的体现，而技术创新、制度环境等因素都可能通过改变利润率作用于资本积累的发生。因此，对利润率决定过程的深入研究就显得尤其必要。

在马克思主义经济学经典体系对利润率的研究中，平均利润率的变化趋势受到了最高程度的关注。平均利润率的长期下降趋势由资本主义生产方式的内在矛盾决定，在资本积累过程中，单个企业追求劳动生产率不断提升以获取更多剩余，但是劳动生产率提升是与资本有机构成的提升相伴随的，由此导致的平均利润率下降趋势可能形成对这种生产方式长期动能的约束。[①] 平均利润率趋向下降的规律在后来的马克思主义学者中得到了广泛的关注与质疑，包括资本有机构成长期提高的趋势是否成立，如何看待一系列起反作用的因素的强度等。

　　二战以后，一批活跃的西方马克思主义经济学者，向发达资本主义国家经济波动的阶段性特征与相应的利润率周期变化，投入了更多经验层面的关注，涌现出"利润挤压论""消费不足论""资本有机构成上升论"这样一些解释利润率变化的观点，将"利润率"作为一个晴雨表，定位经济周期的特征。在韦斯科普夫经典的利润率分解公式中[②]，利润率被分解为了利润份额（R/Y）或 1 - 工资份额（$1 - W/Y$）、实际产出（Y）- 潜在产出（Y^*）比（产能利用率）、潜在产出（Y^*）- 资本（K）比三项，分别对应了利润挤压、消费不足和资本构成变化（公式中直接表现为资本技术构成提升无法推动劳动生产率更快增长，导致产出资本比下降）对利润率的作用：

$$r = \frac{R}{K} = \frac{R}{Y} \times \frac{Y}{K} = \left(1 - \frac{W}{Y}\right) \times \frac{Y}{Y^*} \times \frac{Y^*}{K}$$

　　韦斯科普夫的利润率分解在对马克思主义的经济危机理论进行了综合的同时，也为经济周期中利润率波动的成因提供了定位的方式。可以预期的是，相对于利润挤压、消费不足、产出资本比下降，稳定的利润份额、需求规模扩大以及产出资本比上升使得利润率提升，并在理论上带动实际资本投资的增加与经济增长。而这三项分解因素保持稳定甚至处于增长，就体现为我们期望中一个更优的经济循环过程。本节首先从

---

① 代表性马克思主义经济学家并非普遍认同将平均利润率下降趋势作为一种预言或资本主义运动动能的绝对威胁。例如 Paul Sweezy, *Four Lectures on Marxism*（Monthly Review Press, 1981）。

② Thomas Weisskopf, "Marxian crisis theory and the rate of profit in the postwar US economy," *Cambridge Journal of Economics*, 1979（3）。

马克思主义经济学经济危机理论的角度对三项因素的作用逻辑进行解析，其次分析三项因素的改善如何作用于优化的经济循环，表现为利润率的修复。

（一）经济危机理论视域下的利润率抑制

1. "利润挤压论"的争议

"利润挤压论"强调劳动力成本上涨（也包括原材料成本上升）对利润份额造成挤压，法国调节学派、美国积累的社会结构理论、日本宇野学派等均属于此理论阵营。成本上升引致的利润份额挤压，是一个看似符合直观的判断，基本机制表现为伴随资本积累，相应的物质基础缺乏。即劳动力和原材料的供给无法与因持续投资而产生的需求增长保持一致，导致劳动力和原材料成本上升，并影响利润率。

"利润挤压论"的观点可追溯至马尔萨斯以及李嘉图。他们通过土地肥力下降导致的生产效率降低和工资上涨解释利润率下降的办法，在马克思看来是回到了有机化学。然而，面对20世纪70~80年代发达资本主义世界出现的利润率下降，在西方学界，不论是马克思主义经济学阵营，还是主流经济学家，都大多将原因指向了产业后备军缩减带来的劳动生产率增长乏力和工资刚性，以及石油危机的催化作用。

对此，布伦纳在《全球动荡的经济学》中认为，马克思主义者和激进主义者加入自由主义者和保守主义者中间，都将长期衰退看作供给方面的、由于对利润挤压而导致的危机，反映了过于强大的劳工对资本的压力。[1] 事实上，早在"利润挤压论"兴盛之前，英国学者威克斯就对之做出了严厉的反驳："将积累动态还原至工资－利润权衡的问题是将马克思降低到了'次要的后李嘉图主义'的状态"。需要关注的是，工资不仅是一种成本因素，它在积累过程中也有着更复杂的机理。首

---

① R. Brenner, *The Economics of Global Turbulence* (London：Verso, 2006).

先，由于资本不懈地推动剩余价值率提高的努力，当产业后备军收缩且实际工资提升时，并不意味着每个工人创造的剩余价值在减少。其次，工资并非影响积累的"因"，在《资本论》第一卷分析资本积累过程时，马克思假定了在资本构成不变的情况下，持续的积累必然带来工资提升的"果"。威克斯接着分析到工资的提高使资本在不同产业部门之间分配劳动力以符合部门内部和部门间生产模式的变动需要，也就是"再分配资本"的过程。积累不会因为实际工资的提高而停止，反倒是要求实际工资提高作为劳动再分工和资本集中（从低工资资本那里驱逐劳动力）的必要条件。①

工资上升引致利润挤压的观点无疑是对资本主义生产方式中阶级斗争之历史能动性的否定。现实中，资本积累有通过技术进步突破物质基础障碍的巨大潜能。事实上，资本在很大程度上掌握了技术进步的节奏与方向，正是通过生产产业后备军，形成推动积累的杠杆，使得无限的积累欲望不受制于有限的人口数量。这也是资本主义相较于之前的生产方式特有的膨胀能量。

当然，在对经济周期的分析中，也需要注意到各类运营成本上升，的确会在短期内造成对利润份额的直接挤压，并抑制利润敏感型的投资。后文中，我们将在劳动力成本、原材料成本的基础上，探讨一个扩展的利润挤压论视角，加入融资成本、土地租金和税收因素等，以确定是否存在包含成本因素的利润份额挤压，以及可能通过降低哪些成本帮助利润率获得一定的修复，而哪些成本的提升现阶段难以抑制。

2. "生产相对过剩"与"生产绝对过剩"下的消费不足

从消费不足视角对利润率下降的解释，强调剩余价值实现困难，表现为利润率分解公式中产能利用率低带来的利润率下降。这一种思想在以巴兰、斯威齐等为鼻祖的垄断资本学派那里得到了较全面的表达。在他们看来，垄断资本主义时代，投资受到市场饱和的限制，而市场饱和

① 约翰·威克斯：《积累过程与利润挤压假说》，张雪琴译，载《政治经济学报》（第11卷），格致出版社、上海人民出版社，2018。

又源于以工资为基础的消费和工业生产环境的成熟。当缺乏生产性的使用机会时，"剩余"就只能在广告、产品外观和包装的变化这些"非生产性"的支出中被浪费，使资本主义日渐走向停滞。

特别需要注意的是，导致产能利用率下降的消费不足，不仅缘于劳资间对抗性分配关系所引致的工薪群体消费抑制，亦缘于有限的市场规模和产品创新不足引致的资本过剩或投资不足。如果说居民消费不足可被视为一种"生产相对过剩"的话，与既定使用价值需求饱和、产品创新不足相伴的产能利用率下降则表现为"生产绝对过剩"。此时，将过剩的生产资料当作资本使用，不仅不能为其所有者带来价值增殖，反而会加剧利润率下跌，进一步引起生产过程的混乱与停滞，乃至危机的发生。

针对生产相对过剩的发生，收入分配向工薪群体的倾斜，可在一定程度上缓解居民部门消费不足的问题；然而在资本主义生产关系内部，资本积累的长期趋势，以及剩余价值生产与实现的矛盾性使得对抗性分配关系无法被根除，限制了收入分配关系调整的边界。对此，发达资本主义国家从战后黄金年代到新自由主义时期劳资间分配关系的变化就是一个鲜活的例证。黄金年代资本间相对缓和的竞争体制，也使得劳资间的分配格局有更多议价空间，新自由主义时期面对既定技术道路上逼仄的竞争环境，资本最简单的利润率修复之道即抑制劳动者实际收入的增加。

与此同时，收入分配关系的调整存在两重限制。一是难以明确劳动者工资上涨对产能利用率的正向影响，和在劳动生产率不变时直接造成利润份额下降的负向影响之相对程度，这就使得收入分配制度改革对利润率的作用存在不确定性。二是收入分配关系调整难以应对生产工艺创新，带来产品结构性丰裕但制造生产绝对过剩的困境。投资扩张加剧的过剩产能不能根据需求市场变化及时调整。由于缺乏重大产品创新，一方面，企业扩张投资，创造出更多的低成本产能以应对竞争，使得债务扩张加大了系统性金融风险；另一方面，大量固定资本沉淀导致企业退出机制失灵，市场竞争环境和企业盈利状况进一步恶化。

因此，与资本积累相伴随的生产过剩，不仅表现为居民部门的消费不足，还源于缺乏新技术和新产品部门支撑投资增长，表现出的持续增长动力耗竭。即使是典型的高科技公司，为积聚的利润寻找新的投资地点依然是个难题。根据丹·席勒的测算，2016年苹果手头的可支配资金达到2350亿美元，却无法找到合适的、能带来大规模盈利的投资地点。[1] 20世纪70年代末，在与马格多夫的合作中，斯威齐就提到，资本主义体系看似没有进入深度停滞，关键原因在于更多的剩余以悖论性的方式进入金融领域，而金融部门的就业和资本家的大额开销，间接地促进了生产，并维持这个体系的运转。因此，金融化的结果即资本家阶级内部的权力转移。[2] 然而，尽管金融化是对70年代的长期经济放缓的回应，但它不仅无法克服实体经济内积累的萎缩，而且催生垄断－金融资本主义这一更不稳定、更难以控制的体系。

3. 资本有机构成提升对利润率的负面冲击

坚持以资本有机构成上升解释利润率下降的学者，包括曼德尔、谢克等，认为《资本论》对技术进步、有机构成上升与利润率下降的表述在当代资本主义环境中依然是基本适用的。[3] 在机械化与自动化程度提高的总趋势作用下，当资本劳动比的上升速度快于劳动生产率的增速时，产出资本比的下降就会对利润率造成负面的冲击。

例如，曼德尔指出，二战后生产自动化的发展标志着资本主义生产过程进入了一个新的阶段。物化劳动替代活劳动的趋势在从工场手工业到机器大工业的转变中，发生了第一次飞跃，机械化转变为自动化则是第二次飞跃。1963年，美国制造业投资的18%即近70亿美元是用于购

---

① 丹·席勒：《信息资本主义的兴起与扩张：网络与尼克松时代》，翟秀凤译，北京大学出版社，2018，第255~256页。

② 约翰·福斯特：《垄断资本主义理论：论马克思主义政治经济学》，范国华译，《国外理论动态》2014年第11期。

③ 高峰：《资本积累理论与现代资本主义——理论和实证的分析》（第2版），社会科学文献出版社，2014。

买自动化设备，约占机器投资的 1/3。[①] 自动化投资带来的资本技术构成上升趋势是显而易见的。大量的统计数据也表明，积累过程中技术进步具有物化劳动代替活劳动的总体倾向，和由此导致的资本技术构成提高的长期趋势，这并非马克思的抽象，而是资本主义国家历史发展的现实。[②] 随着工业化的成熟，产业部门固定资本投资中建筑物比重下降，以及伴随技术进步，机器设备贬值幅度的加大和速度的加快，都使得资本的价值构成上升不及技术构成，资本有机构成提高趋势的作用强度有所下降，但并未消失，对就业和利润率变化所产生的压力，依然是积累进程所需要经常面对的问题。[③] 如杨虎涛和冯鹏程对二战后美国资本有机构成长期变化的测算结果显示，1944~2016年，资本有机构成存在波动上升，总值提高了63.3%，年均提升0.8%。[④]

改革开放后，中国的赶超发展之路，同样伴随着资本深化的过程，且资本深化也一度是推动劳动生产率增长的重要原因，但当扩张型投资推动劳动生产率更快增长的潜力下降时，就将带来产出资本比的下降，对利润率造成负向的影响。后文中，我们将分阶段讨论中国物质资本投资的快速扩张与高额固定资本沉淀，是否会在一定时段表现为马克思意义上资本有机构成上升带来的利润率下降。

（二）良性的经济循环与平稳适度增长的利润率：理论与黄金年代的经验

1. 良性经济循环作用于利润率的理论机制

在《资本论》体系中，价值这一抽象本质向生产价格这一经验现

---

① 厄尔奈斯特·曼德尔：《晚期资本主义》，黑龙江人民出版社，1983，第194页。
② 高峰：《资本积累理论与现代资本主义——理论和实证的分析》（第2版），社会科学文献出版社，2014，第437页。
③ 高峰：《资本积累理论与现代资本主义——理论和实证的分析》（第2版），社会科学文献出版社，2014，第444页。
④ 杨虎涛、冯鹏程：《技术—经济范式演进与资本有机构成变动——基于美国1944~2016年历史数据的分析》，《马克思主义研究》2019年第6期。

象转变的过程，是伴随资本竞争过程中生产要素流动引致平均利润率出现而发生的结果，由剩余价值生产规律带来的资本有机构成提升及平均利润率下降，又意味着资本的无限增殖终将受困于自身行为的陷阱。尽管《资本论》第二卷在分析社会总资本再生产时，已纳入剩余价值实现的问题，但是《资本论》叙事中，一般利润率更主要地表现为资本竞争和生产过程的结果；第三卷在分析对利润率下降规律起反作用的因素时，剥削程度提高、工资被压低至劳动力价值以下、不变资本降价、相对过剩人口等都直接是从生产层面出发的，即使提及对外贸易的作用，文本中亦主要突出的是外贸对便宜不变资本和廉价劳动力的使用，而非直接扩大剩余价值的实现空间。因而，在经典体系中，利润率更直接地取决于由生产过程确定的剩余价值率和资本有机构成，并受到技术进步方式及其特定结果的影响。

对于上述利润率分解，重要贡献就在于把生产成本与劳资间的分配格局、需求条件，以及技术条件同时纳入利润率的决定，使利润率表现为由经济运行总过程共同决定的结果，体现了劳动生产率、实际工资、资本劳动比，以及被实际工资影响的需求条件的共同作用。可以预期的是，一个良好的经济循环过程，应与稳定可观的利润率相伴。政治经济学意义上，运行良好的经济循环可能呈现为以下几种视角下的过程。

第一，生产、分配、交换、消费相互间提供重要的支撑条件。如，生产过程中技术进步引致的投资规模扩大，提供增加的就业岗位与扩大的产出规模，进而提高劳动报酬，并对消费起到正向的支持作用，消费需求的增长、市场交易规则的完善，共同表现为扩大的流通体系，再对深化分工与劳动生产率提升形成支持。四环节相互支持的良性循环过程中，就利润率决定过程而言，生产环节——劳动生产率与投资类型和就业增长的匹配，表现为产出资本比上升；分配过程——产出增长削弱了劳资间分配的零和性，更易于形成实际工资与劳动生产率的协同增长，保持相对稳定的利润份额；消费和交换环节——实际工资上升带来的需求增长、扩大的流通体系促成较高的产能利用率。

第二，良好的经济循环也表现为产业资本运动过程的顺畅。① 货币资本的筹集及其向生产资本的转变，涉及有效运转的金融体系，有充足的、合乎质量的劳动力供给的劳动力市场，以及供应链稳固、价格合理的原材料，机器设备和各类中间品投入。以上条件是产业资本循环中为生产剩余价值而准备的，完善的市场体系通过提供生产所需的各类条件，避免了过高成本对利润的挤压，是利润份额保持稳定的重要基础。在生产资本向商品资本转变的价值生产过程中，尚存在一定潜能的技术类型、劳动组织方式对劳动生产率的持续提升还有推动，由此又能通过分配的改善缓和劳资间的冲突，使生产过程平稳运行，在一定程度上降低剩余生产和持续积累过程的风险。商品资本向货币资本的快速转化，直接取决于扩大的需求规模，不论是居民部门消费需求的增加，还是持续的增加投资的预期，在利润率尺度上都表现为产能利用率提高。产业资本积累循环顺畅的每个环节，事实上也为利润率的提高准备了条件。

第三，基于社会总资本再生产的角度，稳定的经济增长意味着两部类间在扩大再生产的过程中保持动态平衡关系，增加的产出意味着剩余的实现必须建立在下一期更大的投资规模基础上，而更大的投资规模（包含追加就业岗位与不变资本投入）又以平稳甚至下降的成本条件、良好的需求条件，以及追加投资驱动生产率更高增长为前提：这些条件共同体现为较高的利润率。在两部类扩大再生产的动态过程中，高水平积累与高利润率之间呈现明显的双向因果关系。

第四，经济循环还意指经济体内各类要素不断的传递、交换与流动，包括劳动力、土地、资本、数据等。当市场规模更大、分工更为深化、技术水平更高时，就会对多种资源形成更复杂的组合与应用方式，打造深度嵌套的要素流动与结合关系。利润率提升所要求的合理的成本条件，即要素间适当的收入分配格局、需求规模扩大对要素流动畅通和

---

① 在第二章中，大卫·戈登早期对积累的社会结构制度类型的设计就是围绕积累过程的条件而展开的。

组合模式提出了更高要求，产出资本比本身就意味着要素组合对生产效率上升的推动。因而，要素流动角度的经济循环优化同样与利润率提高间表现出协同。

综上，经济循环的四种角度，最终都能汇合到利润率提升所需要的几类条件的优化上，这一理论机制也在历史经验中得到了体现。

2. 战后黄金年代的良性经济循环与利润率决定

二战结束后至 70 年代初，以美国为代表的发达资本主义国家经历了战后黄金年代，一度形成了福特主义积累体制的良性循环。利润率保持平稳适度增长，并在 1965 年左右达到战后至今的最高峰。福特主义积累体制的良性循环表现为，劳工阶层接受了福特制的技术体系，不对管理层的绝对权威发起挑战，而管理层也允许工人分享生产率提升的一定收益。实际工资增长带动了消费水平的提升，进而促进投资，两部类保持的较高利润率继续带动积累，实际资本积累的增长又能创造新的生产能力，维持整个体系的良性运转。

从韦斯科普夫利润率的三项分解因素来看，首先，工资与第二部类劳动生产率大体可以保持平行增长[①]，这就避免了工资上涨对利润可能的挤压。其次，工资与劳动生产率的同步提升保证了消费增长以克服消费不足的危机；战后雇佣劳动力的增加、产业后备军队伍的重建表现为新一轮大规模的无产阶级化过程，释放了消费的净增量；战后发达国家内部的重建与原殖民地国家的建设，也为快速增长提供了不可或缺的世界市场条件[②]：三者综合打破了资本主义传统的消费不足困境。最后，第一部类劳动生产率和人均资本存量大体上平行增长，这使得产出资本比保持平稳，也就是克服了资本技术构成上升快于劳动生产率上升对利润率的不利影响。此外，值得注意的是，与战后平稳

---

① 孟捷：《战后黄金年代是怎样形成的——对两种马克思主义解释的批判性分析》，《马克思主义研究》2012 年第 5 期。

② 孟捷：《资本主义经济长期波动的理论：一个批判性评述》，《开放时代》2011 年第 10 期。

增长的利润率相伴随的稳定资本积累，也有着与其相适应的物质基础，主要表现为以电力和内燃机为标志的第二次工业革命的影响的延续和扩展，汽车工业、航空工业、石化工业等以及与之相关联的维修、销售服务等在国民总产出中的占比达到 1/3。[①] 投资所依托的技术基础稳固，克服了垄断资本学派意义上剩余的浪费性消耗，稳固了上述积累体系的运行。

20 世纪 60 年代末到 70 年代，伴随着福特制生产技术潜能的耗竭，无产阶级化进程结束使得消费净增量消失，全球市场竞争加剧凸显的产品饱和，石油危机背景下原材料成本上升的外部冲击：几类因素共同作用，使得发达资本主义国家的经济再度进入下行周期。

（三）利润率修复：理论机制与新自由主义时期的实践

基于针对利润率下降的一般成因分解，不难发现与之相对应的理论修复机制在逻辑上的可能性，即针对利润挤压的各项成本抑制、针对剩余价值实现困难的需求拉动，以及针对资本技术构成上升，以更快的生产率增长来对冲。

1. 利润率修复的概念与理论机制

针对资本积累难以克服的生产过剩和利润率下降的现象，哈维在《后现代的状况》中引入"空间修复"（spatial fixes）的概念，最初意指面对利润率下降，资本在地理空间中流动，到达更低劳动力成本、工人更为规训的新生产地点获得利润率的恢复，这一意义上的"空间修复"等同于通过控制成本带来的利润率修复。[②] 20 世纪 80 年代全球化生产兴起，新兴工业化国家进入世界市场的过程，即表现为成本控制型的利润率修复。这一进程在降低了跨国公司运营成本以获得利润率提升

---

① 孟捷：《资本主义经济长期波动的理论：一个批判性评述》，《开放时代》2011 年第 10 期。

② 戴维·哈维：《后现代的状况——对文化变迁之缘起的探究》，阎嘉译，商务印书馆，2003。

的同时，也使得全球制造业的生产能力不断扩大，全球范围内产能过剩的压力越来越大。

"空间修复"的概念进而被引申至对"空间"本身的生产，即"生产的"和"消费的"建筑环境的生产，如铁路、公路、桥梁等公共基础设施以及房地产业。基于此，在与列斐伏尔相关研究的汇合中，"空间"的概念还被扩展为资本的新循环渠道，即剩余价值生产传统领域的一级循环；沉淀大量固定资本投入的建筑环境生产则为资本的次级循环；对科技和劳动力再生产相关领域的投资为第三循环。资本循环渠道的扩展可以被视为帮助传统领域积累过剩的资本找到了新的流动空间，从而获得新的盈利机遇。①

学者西尔芙对哈维的"空间修复"概念再做延伸，提出了另外三种代表性的利润率修复机制。（1）"技术修复"，表现为重构劳动过程，包括引入劳动节约型的技术、改变生产组织方式等，提升资本对生产过程的控制能力，并以降低生产成本、提高生产效率为最终目的。（2）"产品修复"，表现为资本进入新的、竞争尚不激烈的、具有更高增加值的领域，以构造新市场、创造新需求，化解传统领域的生产过剩为最终目的。（3）"金融修复"，资本完全从生产和贸易领域逃离，进入金融活动领域依靠投机和食利获利。20世纪80年代后，发达资本主义世界资本积累的金融化现象，可以被形象地视为过剩资本发掘新循环渠道、流入"金融空间"的行为。从资本积累周期的视角来看，物质资本扩张所能带来的收益水平下降，就可能呈现物质资本扩张阶段向金融资本扩张阶段的演进。②

相较而言，技术修复和产品修复分别是在工艺创新和产品创新的层面，为实体经济的利润率修复寻找办法。金融化则并非针对实体经济的利润率修复，而是在实体经济产能过剩的背景下，资本通过对虚拟资产

---

① 大卫·哈维：《世界的逻辑》，周大昕译，中信出版社，2016。

② Beverly J. Silver, *Forces of Labor: Workers' Movements and Globalization Since 1870*（Cambridge: Cambridge University Press, 2003）。

的经营获得高额利润——"资本主义精英针对日益加剧的内部竞争将投资从生产转向金融"。[1] 在调节学派的学者看来，金融驱动的增长体制是对 60 年代后期生产率下滑的回应，面对工资上涨的压力和需求增长空间的不足，一个"一箭双雕"的方案是将灵活的劳动力市场和信用扩张结合在一起形成新的替代性积累体制，在实际工资不再增长的情况下维持消费的增长。对于非金融公司而言，来自金融活动的利润在增加，但也不断地通过利息、红利、股权回购等形式增加向金融部门的开支。生产收益难以被再投资于公司，而是分配给股东或用于购买金融产品。可用于生产性投资的资本愈加减少。日益增强的国际竞争和支付股东回报的需要，又进一步强化了制造商外包生产、控制国外供应链以削减成本的动机。在学者米尔贝格看来，正是全球化帮助美国非金融企业维持了更高的金融化水平，而金融化又为抑制成本的弹性化提供了更大的激励。至此，所谓全球化生产的"空间修复"与金融化的"次级循环"形成了彼此强化的契合。[2]

2. 美国新自由主义时期的利润率修复实践

80 年代后，美国等采取的利润率修复方案事实上包括前述的几种典型利润率修复机制。第一，全球化生产和产业后备军重组带来的成本抑制型的"空间修复"，表现为国内劳资协议的重构。例如，产业外移带来的高失业率，打击劳工组织，削减社会福利等。资本流向拥有充足而廉价劳动力的新区域，面对愈加激烈的全球竞争，当跨国公司之间不愿采取威胁自身利润的价格竞争时，它们就必须不断寻求低工资的生产区域，表现出逐底竞争的趋势。尽管从绝对数来看，全球市场上流入发达国家的 FDI 总量始终大于流入发展中国家的 FDI 总量，但是从 80 年代起，流入发展中国家的 FDI 所能购买的总劳动小时，开始远远多于流

---

[1] 娜塔莎·范·德·茨旺：《理解金融化》，张雪琴译，《中国社会科学内部文稿》2018 年第 3 期。

[2] 娜塔莎·范·德·茨旺：《理解金融化》，张雪琴译，《中国社会科学内部文稿》2018 年第 3 期。

入发达国家FDI所能掌控的劳动小时。① 国际工资差异，帮助资本所有者获取了巨额回报，表现为一种"全球劳动套利"。② 当然，除劳动力成本修复以外，80年代起美国也通过大量的低税收政策，帮助资本运营降低了税负成本，但这在增加了资本税后利润的同时，抑制了财政对社会福利和基础设施的开支，表现出新自由主义时期公共服务项目大幅收缩的典型特征。

第二，以信息通信技术网络和全球产业后备军为物质基础，后福特制生产兴起表现出"技术修复"。通过"计算机技术帮助整合生产体系内部各个相互分离的环节"，在"从底特律到圣保罗的地理空间"，跨国制造商主导研发、设计、营销以及总装等环节；与此同时，（在全球范围内）分布广泛的承包商或外包商运营的工厂承担起生产零部件的职能，并最终完成总装环节。③ "信息技术使得企业能够更确切地协调生产与销售环节"，巩固"中心与外围"的经济权力网络，保证中心企业掌控信息流动，并将负担转嫁给外围的附属企业，在灵活低成本的用工体制中实现对外围生产机构附属工人的充分剥削。与中心—外围的生产结构相对应，工薪群体间的分化加剧，"好工作"的稀缺性进一步增强，跨国公司直接雇用的工人数量极少，但全球的产业后备军规模膨胀，大部分工人受雇于独立的零部件供应商。

第三，"产品修复"则表现为一种冲突性相对弱、可持续较强的修复方案。信息通信技术发展为传统行业的生产布局优化奠定了基础，80年代末90年代初以来，IBM、微软、苹果、亚马逊、谷歌等公司提供的高新技术产品和服务，是资本通过率先进入新兴的竞争尚不激烈的、高增加值领域，获得的利润率修复机遇。这类处于上升期的新兴主导产

---

① M. Angelis, "Globalization? No question! Foreign direct investment and labor commanded," *Review of Radical Political Economics*, 2008, 40 (4).

② J. B. Foster, et al., "The global reserve army of labor and the new imperialism," *Monthly Review*, 2011 (11).

③ 丹·席勒：《数字化衰退：信息技术与经济危机》，吴畅畅译，中国传媒大学出版社，2017，第22~25页。

业所能获得的高水平利润，也有助于实现利润对雇员一定的再分配，相对缓和劳资间的矛盾；并且以信息技术为主导的新兴主导产业，相比于传统制造业，资本有机构成上升相对较慢。90 年代中期美国非金融部门税后利润率一度重回战后巅峰，与互联网经济繁荣密不可分，信息技术资本投资大大提升了劳动生产率，利润份额从 1973 年的 18% 上升到1997 年的 21.6% 。以上利好因素使美国的剩余价值率在 1982～2002 年上升了，资本有机构成下降了，利润率则提高了。① 2000 年之后，伴随互联网基础设施建成，信息技术革命对新投资和经济增长的带动作用减弱，非住宅固定资本投资和设备投资极速下跌，生产性资本大量转向房地产和金融市场。当前，借助人工智能技术与信息通信技术彻底重组第二次工业革命形成的生产网络，依然是各国在全球竞争中共同面临的技术与发展问题。

第四，20 世纪 80 年代以来，发达资本主义国家的金融化浪潮呈现对利润率饮鸩止渴似的"金融修复"。"空间修复"过程中，全球劳动套利带来的租金使发达资本主义国家的剩余吸收和过度积累问题更加严峻。参照垄断资本学派的观点，海外投资不是吸收国内生产的剩余的出路，而是继续将海外生产的剩余再次转移回来，金融顺势成为一个过剩资本内部运转的渠道。金融化（利润主要来自金融性渠道而非通过贸易和商品生产的一种积累模式）和全球化因此表现为一枚硬币的两面。金融业在 GDP 中的占比提高，非金融公司来自利息、分红的利润超过了来自生产性投资的所得；而食利者收入的增加是以雇佣劳动者工资的停滞和家庭债务的累积为代价的。债务驱动和股市泡沫膨胀带来的财富效应，有助于消费增长从而暂缓了剩余价值实现的困难，但同时意味着金融风险的不断加剧，并最终演变为次贷危机从而推动了 2008 年全球资本主义系统性危机的到来。

2008 年危机之后，美国政府尝试克服全球化和金融化进程中产业

---

① 孟捷：《资本主义经济长期波动的理论：一个批判性评述》，《开放时代》2011 年第 10 期。

空心化的弊端，推动了"制造业复兴计划"和"再工业化"战略。这一系列"新政"能否扭转金融化趋势，取决于实体经济的利润率能否真正修复。2010 年之后美国制造业的利润率有所回升，但是回升幅度相较于金融业尚且有限，反观金融业的利润率在经历了 2008～2009 年的探底之后，2010 年起迅速飙升，2013 年金融业利润率依然相当于制造业的约 6 倍。[①]

究其原因，首先，将制造业岗位留在美国的计划意味着必须接受美国已有的劳动力成本，对比中美两国的单位劳动力成本（劳动力成本/增加值），尽管二者之间的差距存在缩小趋势，但美国单位劳动力成本仍然是中国的 3 倍左右。其次，缺乏真正意义上的"技术修复"以重构劳动过程并提升劳动生产率和剩余价值率。同时，在全球产业链中美国的主导优势部门正在不断遭到全球竞争者的挑战，在新一轮科技革命面前，近年来美国暂未推出占据绝对先机的重大"产品创新"。而与此同时，2022 年之前美联储总体上采取的量化宽松政策，使资本有更强冲动继续涌向金融市场。面对收效不大的"再工业化"战略，特朗普时代美国的经济政策愈加走向保守主义，并通过不断挑起贸易争端转嫁国内经济的结构性矛盾，相比于 80 年代起全球化生产的"空间修复"，本轮"逆全球化"试图将竞争阻挡在国门外、制造相对"封闭的生产空间"的做法，与资本无限增殖扩张的基本逻辑相悖逆。

回顾从 20 世纪 70 年代衰退到 2008 年危机，美国实体经济的利润率修复方案，典型做法包括：从全球化生产降低劳动力成本，到呈现一定的逆全球化态势回避竞争；以后福特制增强生产的灵活性和控制力；以信息通信为代表的新技术抢占新市场；等等。这套利润率修复方案所依托的新自由主义积累体制，增加了资本所有者的资本利得，却是以工薪群体收入的下降为代价的。在信贷扩张维持消费增长的背后，金融风险的积聚使整个体系面临危机随时爆发的威胁，资本积累结构依然呈现

---

① 张晨、冯志轩：《再工业化，还是再金融化？——危机后美国经济复苏的实质与前景》，《政治经济学评论》2016 年第 6 期。

较为明显的金融化趋势。大卫·科茨对美国非金融部门战后积累率与利润率分周期增速的统计结果显示，在 1948 ~ 1973 年、1974 ~ 1979 年和 1980 ~ 2007 年，以及 2008 ~ 2014 年的四个时段中，积累率增速分别为 3.71%、3.74%、2.83%、1.45%，而对应时段的利润率增速分别为 7.98%、7.35%、7.48% 和 8.35%。这里值得特别关注的是，在 2008 ~ 2014 年非金融部门税后利润率已有明显提升的同时，实际资本积累率却进一步下降。对此，科兹提出，美国积累的社会结构已不再是为稳定投资而构建，转而以盈利为目标。①

当然，全球竞争体制促使美国政府在近年来增强了对其优势领域的控制和投资，除了直接针对中国企业断供芯片等关键零部件外，美国还以科技政策形式推动产业政策实施以加大对无尽前沿领域的投资力度，试图在新科技革命中掌控绝对先机。如苹果等企业凭借对电子产品产业链核心技术的控制，确保在全球生产体系中的高额收益。在美国本土制造业的"空心化"对普通劳动者就业造成负面影响的同时，头部企业的技术把控能力和高利润率既推动加快的金融化，又为美国的金融化提供了一定的风险兜底。

五　中国实体经济利润率变化的成因解析

参照前述利润率分解的各项因素及其修复机制，我们对中国规模以上工业企业资本利润率的变化及其成因进行解析。以社会主义经济体制转型启动（1985 年）、国有企业股份制改革深化（1998 年）、国际金融危机（2008 年）、新常态下供给侧结构性改革启动（2015 年）为重要节点划分阶段，主要分析自市场化改革加速至当前工业部门利润率变化的成因。

---

① David M. Kotz, Deepankar Basu, "Stagnation and institutional structures," *Review of Radical Political Economics*, 2019, 51 (1).

（一） 中国实体经济利润率变化分解

如表 4 - 13 所示，改革开放后工业企业的资本利润率在 1998 ~ 2007
年经历了最快的增长。对照利润率的决定因素来看，在此期间，利润份
额快速增长，劳动生产率增速（18.17%）快于实际工资增速，也快于
资本劳动比的增速，产能利用率是几个阶段中唯一较快正向增长的。显
然，资本利润率分解因素均呈现利好趋势，使得资本利润率快速增长。
2008 ~ 2014 年，资本利润率年均增速明显下滑，在 2008 年、2012 年和
2013 年等年份资本利润率甚至呈现负增长，对于利润率分解因素，在
此期间，实际工资增速（9.70%）、资本劳动比增速（9.20%）都超过
了劳动生产率增速（6.27%），利润份额增速、产能利用率增速总体下
跌，产出资本比负增长，工业企业进入了盈利能力下降的时期。2015
年起，以 "三去、一补、一降" 为重点的供给侧结构性改革拉开序幕，
至 2020 年前资本利润率增速明显回升，尤其是在经历了三年调整，去
除旧产能、优化投资结构之后，2018 年和 2019 年资本利润率回升较
快。针对利润率分解因素逐项来看，资本利润率回升最大的贡献在于产
出资本比回升。面临增长动能转换，2017 ~ 2018 年我国规模以上工业
企业都出现了投资的负增长，使得固定资本存量明显下降，2015 ~ 2019
年从业人数也在减少（五年间年均降低 5%），资本劳动比在此过程中
下降而劳动生产率回升，使得产出资本比增速回升到了 15.90%，成为
资本利润率提升的直接贡献因素，但是利润份额[1]、工资份额、产能利
用率负增长。利润份额下降提示了除工资外，其他成本因素的突出作
用，工资份额与产能利用率的负增长，则对市场需求条件改善提出了更
为迫切的要求。下文针对利润率各项分解因素，具体分析其特定走势的
成因以及突破现有困境的可能。

---

[1]　这里的利润份额是根据企业利润总额与资本存量直接计算的，并非根据增加值与工资
差额计算，由于存在其他成本因素的作用，它在一定年份可都呈现负的增速。

表 4 - 13　规模以上工业企业资本利润率及其分解因素各阶段年均增速

单位：个百分点，%

指标	1978~1984 年	1985~1997 年	1998~2007 年	2008~2014 年	2015~2019 年
资本利润率	0.89	-1.53	1.84	0.07	1.65
利润份额	-1.12	-1.69	2.38	1.03	-2.28
工资份额	-1.02	0.11	-0.32	0.84	-0.99
劳动生产率	9.57	4.56	18.17	6.27	10.70
实际工资	4.87	5.91	12.70	9.70	6.57
产能利用率	-0.67	-2.79	2.80	-0.02	-2.96
资本劳动比	1.49	8.24	10.07	9.20	-3.02
产出资本比	7.92	-2.85	7.57	-2.71	15.90

数据来源：根据国家统计局发布的相关数据计算得到。

（二）利润挤压的威胁与成本修复的可能

2012 年进入经济新常态以来，中国经济增长的动能、结构与发展方式就面临转变，与刘易斯转折点相关联的劳动力成本上升，与环境压力和能源瓶颈相伴随的原材料价格上涨，都使得传统技术范式下的投资收益遭遇明显挑战。潜在劳动力供给减少、人口抚养比增加、劳动力成本提高，虚拟经济扩张带动的租金成本增长，以及生态承载量逼近极限后的环境成本攀升，都对实体经济的盈利能力增长设置了限制。"降成本"成为供给侧结构性改革的一项重要内容。需要重点关注的是，在劳动力成本和原材料成本这些常规的利润挤压因素之外，涉及剩余价值分配关系的融资成本、租金成本以及税收成本（乃至可能存在的隐性交易成本）等，亦直接影响实体经济的利润份额。

（1）劳动力成本。2010~2015 年，城镇单位就业人员的年均工资增速为 11.2%，农民工工资年均增速为 12.8%，皆高于同期第二和第三产业劳动生产率 8% 的增速。① 然而，工资较快增长的现象并不意味着对利润和用于积累的资金的侵蚀。从 20 世纪 90 年代中期到 2007 年

① 本节以下数据若无特殊说明，均来源于国家统计局。

前后，中国劳动收入份额经历过长期快速下降的阶段，劳动收入份额在国民收入中的占比低于发达国家的一般水平，曾一度使得中国经济增长表现出过于倚重投资和外需的特征。党的十八大以来，劳动报酬与劳动生产率同步增长，成为我国收入分配制度改革最基础的标的，工资收入在经历了 5 年左右的"追赶式"上涨后，2015 年劳动报酬占 GDP 的比重大约为 47%，尚低于全球平均水平。

伴随刘易斯转折点的到来、《劳动合同法》的出台，2008 年之后我国的劳动与社会保障制度加强了对工人的保护，企业在正规用工过程中所面临的社保开支增加。在老龄化进程中，社保开支增加的压力持续存在。与此同时，如果我们从规模以上工业企业利润份额和工资份额的变化趋势（见图 4 - 12）来看，工资份额在 2007 ~ 2014 年呈现波动上升，2015 ~ 2020 年工资份额出现下降；利润份额在 2011 ~ 2020 年的明显下跌难以和劳动力成本因素直接相对应，更可能源于其他成本因素的提升。就全行业数据而言，2016 ~ 2019 年，我国农民工实际工资年均增速降至 4.33%，低于过去十年的均值，低于同期城镇单位就业人员实际工资年均增速 7.7%，低于同期我国 GDP 年均增速（6.5%）。

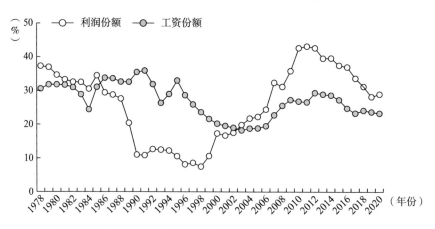

图 4 - 12　规模以上工业企业工资份额和利润份额的变化趋势

总体而言，劳动力成本上升更主要地表现为我国经济与社会发展过程中自然的结果，帮助企业应对用工成本上升对其利润边际的挑战，并挖掘公共政策保护性增强对劳动力供给和增长体制转变的长期正向效应，是转型期发展模式变动调整必须面对和适应的。

（2）原材料、能源成本及环境成本。在工业成本提升的趋势中，相比于劳动力成本，原材料成本是一个更为值得关注的因素。在根据2012年投入产出表的计算中，原材料和能源支出占我国工业成本的比重分别达到60.7%和10.4%，而人工成本只占9.2%。与美国同期数据进行横向比较，中国的原材料和能源成本占比分别比美国高20.7个百分点和2.0个百分点。究其原因，我国的重要原材料和能源供需缺口大，对外依存度高，2017年天然气对外依存度达到39%；2021年我国石油对外依存度约为72%，动力电池生产的关键原材料——锂资源对外依存度为85%；对精炼铝、精炼铜和钾盐的对外依存度也都超过了50%。[1]面对国际环境的不确定性，大宗商品价格波动对制造业企业成本施加了极大的压力。

再从环境要求来看，绿色发展已成为新阶段我国经济高质量发展的目标与新动能，生产和生活全面绿色低碳转型是必然趋势。"十三五"时期之前，中国的环境成本相当于国内生产总值的3%～15%。"十三五"时期到"十四五"时期，环境保护要求的提升、企业的治污投资与排污缴费增长，必然在一定时期内提高企业运行的环境成本。由此延伸，政府要在公众环境利益和经济增速间取得权衡，意味着环保相关税负提升的趋势暂不会扭转。

因此，要降低原材料和能源成本，核心是凭借技术进步的作用，包括生产工艺和流程改进以抑制能耗；新材料和新能源的开发降低对外部资源的依赖程度，同时减少使用化石燃料，避免造成越来越大的环境负担。而在现行技术条件下，面对垄断定价所导致的能源市场机制扭曲要有改革的决心和行动，推动电力、燃气等的价格机制改革，削减电价中的不合理附加，形成反映成本的电价体系。

---

[1]　国家发改委宏观经济研究院课题组：《降低实体经济企业成本研究》，《宏观经济研究》2017年第7期。

（3）融资成本和地租成本。实体经济内的产能过剩和劳动力成本上升，推动资本加速进入金融和地产等部门，寻求次级循环空间以规避传统投资渠道的拥挤；而地产和金融垄断企业势力的增长，又进一步拉升了租金收益，使实体经济的运行成本加速提升。2012 年，我国工业企业的融资成本占比高于美国 1.5 个百分点。由于在银企关系中处于相对弱势地位，且自身经营风险较高，大量的中小型企业只能以贷款基准利率上浮 5～30 个百分点的融资成本勉强获得资金，并且贷款额约 15%被用于担保抵押和手续费。[①] 根据 Wind 资讯的相关数据测算，工业类上市公司利息支出占净利润的比重要高于金融和地产行业上市公司，2012～2015 年工业类上市公司利息支出占净利润的比重一度达到近 50%。

同时，正如第三章最后关注到的，金融化压力与金融体系功能不完善的问题在我国并存。一方面，我国金融业在 GDP 中的占比持续上升，金融业盈利水平远高于制造业；另一方面，调查数据显示 2017 年我国有 56.3%的企业面临融资难、融资贵的问题。[②] 在信贷市场上长期存在的间接融资占主导、直接融资发展不足、信用体系不完善等问题也是抑制金融业更好地服务于实体经济的痼疾。

地租成本方面，我国土地价格在 2011～2016 年的年均涨幅约为 4.3%，地价上涨在一定程度上带来了企业用地成本的提高，但是从绝对值来看，工业用地成本还远低于商业和服务业用地。相比于企业直接担负的用地成本，大中型城市居民住房价格膨胀，通过劳动力再生产成本提升，强化了工资上涨的推力，以间接的方式使工业资本面临更高的地租成本。

此外，针对税收成本和制度性交易成本。根据中国财政科学研究院 2016 年初进行的"降成本"大型调查研究，样本企业在 2013～2015 年

---

① 中国财政科学研究院"降成本"课题总报告撰写组、刘尚希：《关于实体经济企业降成本的看法》，《财政研究》2016 年第 11 期。

② 周维富：《我国实体经济发展的结构性困境及转型升级对策》，《经济纵横》2018 年第 3 期。

的总体税负率有下降趋势，但是制度性交易成本依然偏高，包括行政审批的时间、机会成本等；不规范的中介收费；政策不透明、信息不对称致使企业应该享受的税收优惠、财政奖补及融资等享受不到。[①]

（三）消费不足的障碍与新需求的空间

根据规模以上工业企业的数据测算，1998～2007 年固定资本投资年度增速约为 19%，投资增长一方面在释放劳动生产率提升的潜能，另一方面由于有出口市场的支持，使得高水平投资和高产能利用率可以同时保持。2008 年危机的发生使中国面临的海外需求急剧减少，净出口对 GDP 的贡献率从危机前 10 年的年均 10%，下跌至危机后 4 年的年均 -6.2%。2008～2014 年，产能利用率年均下降 0.02 个百分点。挖掘内部需求增长成为应对危机的当务之急，2008 年 11 月国务院推出了扩大内需的十大举措，即"四万亿元计划"。这一举措对于在短期内快速对冲危机的不利影响起到了显著的作用。但与此同时，通胀压力增加、地方债务累积，重复性产能建设等问题也在凸显。2009～2016 年，造船、光伏、水泥、电石、焦炭、玻璃等行业基本都存在较为严重的产能过剩。[②]

党的十八大以来，收入分配制度改革和新型城镇化建设进程加速，既有力地缓解了由于居民消费能力不足、生产相对过剩造成的产能过剩问题，也为市场规模"内生的"增长提供了条件，并为专业分工深化开拓了新的空间。收入分配制度改革特别强调劳动报酬与劳动生产率的同步增长，以及分配的公平性和发展成果的共享性。随着劳动报酬增幅的提升，2012 年起我国消费对 GDP 的贡献开始大于投资对 GDP 的贡献。以 2017～2019 年三年的数据为例，消费对 GDP 的贡献率分别为

---

① 中国财政科学研究院"降成本"课题总报告撰写组、刘尚希：《关于实体经济企业降成本的看法》，《财政研究》2016 年第 11 期。

② 张志明：《金融化视角下金融促进实体经济发展研究》，《经济问题探索》2018 年第 1 期。

58.8%、76.2%和57.8%，投资对GDP的贡献率为32.1%、32.4%和31.2%，这三年净出口对GDP的贡献率分别为9.1%、−8.6%和11.0%。这些数据显示，一方面，党的十九大以来从"两头在外"到以国内大循环为主的新发展格局已经日渐呈现；另一方面，简单地认为消费相对于投资严重不足会抑制中国经济增长并不全面。尽管建立完整的内需体系，还需要持续推进收入分配体制改革，推动低收入者增收、扩大中等收入群体规模及提高中等收入群体的收入水平以保持消费增长。但是同样需要注意，持续提升投资质量，发挥投资需求对优化供给结构的关键作用，提供高质量就业岗位，更是改善经济循环的重要枢纽。

如前文所述，生产过剩也表现为缺乏新技术路径和缺乏产品创新。在经历了多年的赶超发展之后，中国的诸多行业出现了由于生产工艺不断改进而价值下降和使用价值饱和的"生产绝对过剩"困境。全球市场上，国家之间和生产商之间面临被不断挤压的销售与利润空间。2015年末以来，供给侧结构性改革的推出，一方面要削减与先期扩张型投资相关联的过剩产能、沉淀库存和高杠杆率，另一方面要优化投资布局，以创新补短板，扩大优质增量供给，避免生产绝对过剩下的价值丧失。供给侧结构性改革是从根本上进行"技术修复"与"产品修复"，从而扩大消费增长的空间，以应对"价值饱和"作用下产能利用率下降导致的实体经济利润率下降问题。在新一轮科技与产业革命的契机下，习近平总书记指出此轮革命的一个重要特点就是产业组织形式和产业链条更具垄断性，谁在创新上先行一步，谁就能拥有引领发展的主动权。以创新引领发展，瞄准世界科技前沿，在颠覆性技术创新领域获得先机，推动我国产业向全球价值链中高端迈进，是突破全球过度竞争和生产过剩的最终保障，也是实体经济获取利润率修复的最根本渠道。

因而，针对产能利用率下降、消费不足给价值实现造成的困难，需要三重调整的通力配合。首先，要稳固地推进收入分配制度改革，在劳动生产率提高的同时实现劳动报酬同步提高，加快推进基本公共服务均等化，加强社会保障体系建设，通过居民可支配收入的持续增长，抑制生产的相对过剩。其次，为产能利用率的提高创造适当的地理空间，包括：继续推动以人为核心的新型城镇化建设与乡村振兴发展；加强水、电、信息的传输网络和交通运输网络基础设施建设，2020 年新型基础设施建设全面提上日程，成为数字经济赋能实体经济的物质支撑和保持增长的重要投资发力点；推进高水平对外开放，深度参与全球产业分工和合作。最后，必须以创新作为引领发展的第一动力，以不断的产品创新和优质供给，提供新的需求增长空间。

（四）资本密集度上升与投资结构调整

1998 ~ 2007 年，我国规模以上工业企业人均占有的固定资本存量年均增速高达 10.07%，而同期的劳动生产率年均增速则达到 18.17%，资本密集度上升带动了劳动生产率更快的增长，这使得资本利润率处于长期上升趋势。但是，在此过程中，物质资本投资扩张驱动劳动生产率增长的潜能愈加受限，中国制造加入世界市场的历程，是以低劳动力成本与高额投资的技术赶超相结合，形成了强大的出口竞争力；然而，伴随后发优势减弱、技术引进空间缩小，全球性生产过剩加剧，在缺乏内部重大技术创新、内部需求空间增长受限的条件下，劳动生产率的进一步增长能力更加有限。以 2008 年国际金融危机为转折点，2009 ~ 2014年，人均固定资本存量增速下降至 9.20%，劳动生产率增速则跌至6.27%，产出资本比的下降无疑是资本利润率下降的直接原因。但是这一阶段，投资增长带来的过剩产能依然难以根据需求市场变化及时调整。由于缺乏重大产品创新，企业会进一步增加深化型投资，创造出更多的低成本产能以应对竞争，导致债务扩张加大了系统性金融风险；另外，大量固定资本沉淀使企业退出机制失灵，市场竞争环境和企业盈利状况进一步恶化。

因而，自 2015 年底开始的供给侧结构性改革将"三去、一补、一降"作为工作重点，以提升投资质量和效率。我们的投资增长不再是起到一般意义上的实现内需增长并助推经济增长的作用，而是与构建现代化经济体系相配合，起到对优化供给结构的关键性作用。以不变价格计算，2015～2016年，规模以上工业企业人均固定资本存量年均增速下滑到5.9%，劳动生产率年均增速则回升到8.8%，对产出资本比和资本利润率皆产生了正面影响。

从工业企业内部结构来看，2017年全部规模以上工业企业增加值增速为6.6%，其中通用设备制造业增长10.5%，专用设备制造业增长11.8%，汽车制造业增长12.2%，电气机械和器材制造业增长10.6%，计算机、通信和其他电子设备制造业增长13.8%，皆高于平均增速；与之形成对比的是，六大高耗能行业的增加值增速仅为3.0%。如本章第一节对制造业实际资本积累结构的描述，近年来制造业在整体投资增速下降的同时，内部投资结构的优化十分明显，高技术行业、战略性新兴行业的投资和利润水平远高于其他行业，在避免资本深化、固定资本沉淀对利润率的不利影响的同时，增强在战略性新兴领域的高质量投资，助推劳动生产率更快的增长，是实体经济利润率回升、稳健增长的重点。

针对影响利润率变化的几种主要因素，我们分析了实现利润率修复的各种一般机制的可能性。追根溯源，应对利润挤压所需的成本控制、弥补消费不足所需的需求拉动，以及冲抵技术构成上升所需的劳动生产率更快增长，最终都落实到实体经济的创新能力、增加的需求空间上来，包括生产工艺的创新降低成本和提升生产效率；产品创新提高供给质量、开拓新的市场空间，带动消费升级，即供给侧与需求侧形成更高水平的动态均衡。创新作为高质量发展的定义性特征和第一动力，也是实体经济利润率提高的根基。下一节则分析党的十九大以来构建现代化经济体系的理论逻辑，以期为利润率提升以及整体改善的经济循环过程提供基本路径。

六　实体经济利润率提升视角下现代化经济体系的理论逻辑

实体经济盈利能力的提高依托于现代化经济体系的构建，而创新又是建设现代化经济体系的战略支撑。回到经济发展的历史经验与一般规律，快速的经济增长以及与之相伴的积累加速，始终与"技术革命和创新群集所形成的新兴生产部门，以及技术革命推动的传统生产部门的技术改造"① 相关。新生产设备的建造、新产品的供给是实体经济获得的新生的物质基础，然而创新不能是对外生的技术进步的等待，而应在生产、经营活动中具有内生性，即技术进步的发生不是等待实验室中重大成果的出现，而是应该为创新的发生创造最优的市场环境与制度支持。现代化经济体系内含七个方面的具体内容，即现代产业体系、绿色发展体系、城乡区域发展体系、全面开放体系、现代市场体系、收入分配体系、经济体制，可分为技术创新、循环扩容和制度优化三个方面，相互间彼此增强，为改善实体经济的盈利状况提供了支持，具有完备的政治经济学逻辑。

进入新时代以来，中国经济增长一直面临着寻找新动能、建立新结构的迫切任务。在第一和第二章中，我们就关注到，科技进步、传统产业改造、乡村振兴、区域平衡发展、民生产业发展、生态环境治理、高水平对外开放等本身就是新的经济增长点。这也提示我们，高质量发展的科学内涵本身就意味着增长的新的路径。

再回到利润率的决定因素来看：（1）就成本条件而言，人口年龄结构转变，践行共同富裕的社会主义本质要求，以及绿色发展道路的形成，共同意味着，劳动力成本持续上升的趋势较强，税收、社会保障等相关成本的下降空间有限；成本抑制的可行性主要在于生产工艺创新带

---

① 高峰：《论长波》，《政治经济学评论》2018 年第 1 期。

来的原材料消耗减少，新能源开发降低能耗、抑制环境成本，金融和地产市场改革降低利息、地租成本等。故而，成本条件的改善最终还是要归于技术、产品创新，以及金融等部门真正做到服务于实体经济，建好支持创新的基础设施，进一步激活市场主体的潜力。

（2）就需求条件而言，一方面，居民消费增长以可支配收入的增长为前提，保持劳动报酬与劳动生产率的同步提高、推动与民生密切相关的公共服务均等化，是避免消费萎缩的基本条件；更重要的是，产品创新、商业模式创新带动消费升级是避免"生产绝对过剩"的基本要求。另一方面，消费的功能是完成价值实现、保证资本循环的顺利进行，而积累更是增长的主动轮。推动供给侧结构性改革所需的投资结构优化，及其带来的优质增量供给，是需求条件转好的最终保障。乡村振兴、区域协调发展、全面开放新格局有助于开发"大市场"优势，分工的深化将使经济体进一步获取斯密式增长的收益；朝向战略性新兴行业的投资，通过提供新产品和新就业岗位，更是消费增长不竭的保障。事实上，正如卡莱茨基的观点——投资和消费决策决定了利润，而非反之。因此，需求条件的优化最终依然落实到三重条件的共同作用上，即收入分配领域、民生领域的制度创新；国家的区域和对外开放战略所带来的"空间修复"；创新型国家建设带来的高质量供给——"产品修复"。

（3）从生产效率的增长来看，要使得产出资本比恢复增长，需要劳动生产率相比资本技术构成更快地提升。在中国过往的增长经验中，追加先进生产设备的资本深化行为，曾对劳动生产率提高起到过重要作用，对应的始终是缺乏灵活调试能力的要素驱动的增长，面临着固定资本沉淀和生产能力过剩对利润率的负面影响。伴随中国的产业链地位提升，我们既面临着可直接应用的外来先进技术供给枯竭的不利影响，也在互联网、大数据时代获得了新的契机。例如，大数据是智能制造的中心要素，通过对制造系统运行过程中问题发生与解决所产生的数据的分析，可以迅速地积累知识去认识、解决和避免问题；数字技术对生产流程的改造，在很多传统的大批量制造中轻松实现了低成本的个性化定制；新产品、新商业模式的发展更强调依赖大量数据对顾客需求和对产品质量、供应链、服役期等的分析。当前，数据是工业、服务业的基础资源和创新引擎，庞大的人口和市场体量、领先发展的互联网基础设施，都使得中国具备全球最丰富的数据资源。数字技术的"轻资产"特征和高效率潜能，也为产出资本比的增长提供了更有利的机会。

第五节第二至第四小节所分析的降成本、增需求、提效率的可行机制，即利润率各个决定部分的改善最终都可以划归至对技术创新、循环扩容与制度优化的系统建设，也就是现代化经济体系对提高利润率和优化社会再生产过程做出直接的支撑，形成了新时代中国经济高质量发展的稳固逻辑。这里就现代化经济体系内涵与实体经济发展的本质关联进行简述，在后文的"技术"与"制度"部分中做进一步研究。

（一）现代化经济体系的技术条件对实体经济生产过程的再造

现代化经济体系的核心是以创新作为战略支撑，进一步解放和发展生产力，物质根基在于建成"全球领先的代表未来发展方向与竞争力的现代产业体系"[①]。与之关联，现代化经济体系中的绿色发展体系亦并非单纯的环境保护，而是与现代产业体系相贯通，以生态环境领域的前沿技术攻关为基础，构建绿色、低碳、循环发展的工业制造体系、产业结构和国际分工格局。[②] 上文所述实体经济要合理降成本、有效扩需求以及提高投资产出效率，必须取得生产工艺的重大改进，以突破现行技术体系的能源、环境障碍，并以颠覆性的创新拓展更大的需求空间，创造持续提高劳动者收入的物质基础，形成熊彼特式增长。

---

① 芮明杰：《我国现代产业体系构建的战略目标与路径》，《中国工业经济》2018 年第9 期。

② 史丹：《绿色发展与全球工业化的新阶段：中国的进展与比较》，《中国工业经济》2018 年第10 期。

现代产业体系突出表现为以互联网、大数据、人工智能为技术基础，产业跨界融合，智能制造、智能服务完整衔接的供给、流通、消费一体化体系，通过持续激发工艺和产品创新，实现多行业协同发展。同时，我国绿色产业发展面临着巨大的市场需求空间，需要持续高效投资于诸如新材料、新能源、环保工艺研发等。绿色产业既是推动内需增长和经济发展的重点领域，也是建立现代产业体系核心技术和产品结构的关键支撑。现代产业体系与绿色发展体系建设共同依托于新技术－经济范式带来的生产工艺、产品类型巨变。信息通信技术、新能源等领域的重大突破，既为传统制造赋能，也为绿色制造提供了关键条件，激发出较强的产业协同效应。创新在此过程中的关键性作用毋庸置疑，而要推动技术创新的内生化，需要维持积累的系统，以及经济与制度条件的支持，包括：扩大的市场规模，提供深化分工、深度研发的体量支持，有效的制度供给发掘并催化创新，完善的市场体系、规范的市场秩序为资金、技术、数据等要素赋予合理价格，推动它们充分流动和有效集聚；将政府可作为的科技创新制度和组织体系纳入宏观经济治理体制中。由此，下述现代化经济体系的空间与制度条件将与其所需的技术条件形成逻辑与实践中的自洽。

（二）现代化经济体系的空间条件对实体经济的循环扩容

从资本运动的视角来看，扩大的流通体系是价值实现和扩大再生产所需的重要空间条件。新时代城乡区域发展体系、全面开放体系的构建，既要整合有利的空间条件，不断扩大市场体量，塑造新的增长动能，也要克服资本逐利的一般逻辑，在城乡区域协调发展的过程中，实现各地区居民平等发展的权利，以及推进国家间共同发展中的战略对接和优势互补。

上一节所述实体经济的价值实现改善需要有足够的需求空间、推动循环过程流畅并实现循环扩容，这就与现代化经济体系对空间的再造形成了逻辑上的高度契合。

就我国现实来看，广袤领土提供了天然的空间优势，而城乡、区域现存在的不平衡不充分发展领域，既是需要补齐的短板也是新的增长空间。伴随现代化经济体系建设，城乡间和区域间的劳动力、技术、市场、产业布局表现出更强的开放互动，新型城镇化战略、乡村振兴战略、区域发展战略相互依存和联动，在要素对流更为开阔的空间中，投资、消费的新增量是新时代中国实体经济保持中高速增长的重要引擎，也是推动共享发展的现实基础。在后文的"制度"部分中，我们将突出研究共同富裕政策导向下，缩小城乡收入差距与实体经济发展之间的相互作用，以及新时代以来区域政策升级与实体经济发展的互动。

全面开放体系建设是技术进步、国际分工深化、资源配置全球化的自然结果。改革开放40多年以来，中国已深度融入全球化生产与国际分工体系，这一过程给我国以及伙伴国家发展都带来了正向收益。当前产业链内部分工是全球分工的主流形式，中间品贸易已取代制成品贸易在全球贸易中占据主体地位。一国的经济发展离不开国际产业链、供应链的协同作用，产业技术进步也离不开国际合作与竞争。基于2018年相关数据的分析结果显示，电子元器件等行业同时表现出极高的进口依存度（43.37%）和出口依存度（93.05%），这正是产业链分工与深度融入国际循环的典型特征；与此同时，我国信息通信行业的专利进口与出口金额都居世界前列，美国与印度也呈现相似特征，这也印证了双向高度参与全球创新链的重大意义，就信息通信行业而言，技术水平越高的产品，越是需要集成全球的顶尖技术。[①] 对于我国实体经济，尤其是制造业的高质量发展而言，已形成的工业体系与生产能力，以及超大规模市场的优势，将不断吸引海外优质要素的流入。我国也将在积极参与全球产业链的过程中，不断突破技术瓶颈、开拓创新，为国内外市场提供升级的技术与产出。

---

① 江小涓、孟丽君：《内循环为主、外循环赋能与更高水平双循环——国际经验与中国实践》，《管理世界》2021年第1期。

（三）现代化经济体系的制度条件对实体经济再生产过程的总协同

现代化经济体系将现代市场体系、收入分配体系以及以市场和政府关系为核心的经济体制共同纳入，一方面打造好市场经济的基础性制度，另一方面通过有效的宏观经济治理体制缓解资本运动的内在矛盾，形成优化资本运动总过程和再生产的制度载体。我们在第二章分析积累必备的系统条件时，就曾关注过现代市场体系、收入分配体系以及政府与市场关系的安排对构建积极的积累环境的重大意义。考虑实体经济盈利改善的实现机制："降成本"要求直接与要素市场体系完善以及营商环境改善相关，消费者需求的增加来自收入分配体系的支持，而产出效率的提升对技术创新的要求又与社会主义市场经济体制的配套支持相联系。

统一、竞争、开放、有序的现代市场体系是经济循环畅通的基础条件，创新驱动发展战略实施的制度前提之一是要有高质量的市场基础设施，推动各类要素供需匹配、合理定价，以充分激活各类市场主体的活力和不竭的创新能力。要素配置功能健全的现代市场体系推动了生产、实现与再生产有效延续，是经济体具备创新活力的基本保证。2022年4月《中共中央 国务院关于加快建设全国统一大市场的意见》发布，为高标准市场体系建设、竞争政策的完善再度赋予专门的支持。

作为现代化经济体系的一部分，收入分配体系的建设包含三重主要内涵：一是与上述现代市场体系建设并行，完善劳动力、资本、土地、知识、技术、管理、数据等生产要素由市场评价贡献、按贡献决定报酬的可行机制，从这个角度来看，要形成合理的收入分配格局，基础制度条件是完善的要素市场化配置机制；二是以共同富裕为导向，强调坚持按劳分配原则，突出保护劳动所得，增加对劳动力的分配在初次分配中的比重，落实体现社会主义本质特征的收入分配制度；三是收入分配格局调整要为经济增长提供持续新动能，在根本上体现公平和效率间的互动促进关系。上一节已经明确，劳动力成本上升的趋势是我国人口结构与经济发展方式共同作用的结果，实体经济"降成本"几乎无法也不能从普通劳动者工资报酬入手，伴随外部需求对中国经济运行的支持力度明显减小，挖掘内需增长空间成为学界共识，并期望形成收入分配制度改革重新赋能经济增长的良性循环。2008 年以来，我国劳动收入份额增长开始对 GDP 增长起到正向作用，并以扩大的产出规模进一步推动劳动生产率增长。在第六章中我们将专门对"共同富裕"导向的收入分配制度改革助力实体经济增长的机制进行经验和制度研究。

此外，社会主义市场经济体制是协调再生产的制度载体。市场功能完善是经济循环优化、技术创新长期涌现的重要基础，政府职能落实则是协调再生产矛盾的关键制度背景。就现代化经济体系的生产力和生产关系属性而言，一方面，在科技创新作为前述各项改革有力推进的基本动力的背景下，政府应为催化和扩散创新提供重要支持；另一方面，政府的宏观经济治理体制应当成为社会主义市场经济应对周期性危机的核心制度安排。在传统的财政和货币政策之外，就业、产业、投资、消费、区域政策协同发力，内含国家发展规划的战略导向作用，其目的不仅是应对市场自身无法出清、促成总量平衡，而且是为实体经济高质量的增长搭建条件、优化结构。第六章中，我们将对"产业政策"助力创新的机制，以及中国社会主义经济制度体系治理能力的核心经验再做剖析。

完善的社会主义市场经济体制，功能互补的市场与政府关系，最终表现为上述六大体系建设有效推进的机制载体。其中，现代产业体系建设依托于市场经济的动态效率和政府助力的创新引领；绿色发展体系内嵌于投入产出所需的绿色技术创新和绿色发展政策体系建设；城乡区域发展体系的平衡和扩容，既依靠市场机制对资源在城乡区域间的高效调配，又需要政府的结构布局、补齐短板，开拓新的产销空间；全面开放体系建立在市场高度互通开放与政策自主性共同作用的基础上；要素配置效率提升、微观主体创新活力不断激发的现代市场体系与有效的法律制度基础相配合；收入分配体系建设是在市场与政府共同力量作用下，以增长动能调整和就业增加为基础，继续带动消费、投资结构优化和共享发展实现。

综上，现代化经济体系三个方面建设围绕着新发展理念的贯彻落实，必然包含对最新科技成果的应用，以实现对实体经济与金融部门各自及其关联机制的高效率改造，现代化经济体系建设也是生产、流通、分配和再生产各领域有机关联的整体，七个方面内容的协同分别在技术创新、循环扩容、制度优化三个层次重塑中国经济发展的结构与动力。其中：现代产业体系建设和绿色发展体系建设，探明了技术路径、生产组织、产品结构的变革方向；城乡区域发展体系、全面开放体系建设通过开拓流通空间为生产注入新的动能；现代市场体系建设和收入分配体系建设，推动资本与资本、资本与劳动间功能的匹配和矛盾协调，促使要素合理定价与流动，调节价值分配环节的矛盾，既为新技术开发与扩散建立条件，又服务于社会主义国家根本发展目标的实现；社会主义市场经济体制建设再从整体层面助力于上述各环节的有效实施与衔接，在市场与政府功能的协调完善中，推动一个社会主义的扩大再生产体系有效运行。回应本章的主题，现代化经济体系的建设为实体经济的利润率提升和实际资本积累的质量优化建立了可循的路径。

第五章 技术创新：数字经济推动
实体经济生产方式升级

振兴实体经济是推动经济高质量发展的根基，构建新发展格局下的良性循环体系，要在持续的技术创新引领下推动实体经济的投资增长、就业扩容、分配改善与消费升级。立足新一轮科技革命与产业变革，促进数字技术和实体经济的深度互动融合，是推动实体经济尤其是制造业高质量发展的生产力基础。作为一种高质量经济活动，数字经济需要最大限度地带动全社会生产率提升，产生极强的产业协同和技术外溢，使经济主体分享到足够的技术红利。数字经济发展倚靠关键核心技术的创新突破，能够带动生产、流通方式的革新，是推进产业体系现代化的技术范式革新，关系我国产业基础的再造，在广阔的应用场景中，为协调、绿色、开放、共享发展提供了技术可能，是我国实体经济发展质量升级的技术枢纽。

2020 年中央发布的《关于新时代加快完善社会主义市场经济体制的意见》，已将数据明确为与劳动力、土地、技术、资本相并列的核心生产要素之一，作为一种要素，数据渗透进全部经济循环当中。数字生产力的快速发展，能够驱动实体经济中的产业体系重构和生产范式变迁，引领供给质量提高和消费扩容升级。数字经济与实体经济的深度融合，也是构建新发展格局的迫切要求，数字经济建立的产业生态体系推动了现代工业体系和超大规模市场的协同对接，通过现代服务业的发展，补齐短板，促进了供需间的高水平动态均衡。① 就数字经济的两个板块——数字产业化和产业数字化来看，2013 年至今，相较于数字产业化的增长速度而言，产业数字化的协同效应发挥还有更大空间，数字技术对传统产业的渗透能力较为有限②，而后者恰恰是"数实"融合的关键。

一 数字经济的含义与发展现状

2021 年 12 月，国务院发布《"十四五"数字经济发展规划》，明确将数字经济界定为农业经济、工业经济之后的新经济形态，典型特征是以数据资源为关键要素，以现代信息网络为主要载体，以信息通信技术融合应用、全要素数字化转型为重要推动力，发展目标是促进公平与效率更加统一，并将数字经济发展上升为一种国家意志。尤其需要注意的是，在明确数字经济发展需要集成的关键要素和动能基础上，突出强调社会主义市场经济体制公平与效率相统一的生产关系属性，是我国数字经济发展规划的显著特征。

（一）数字经济与实体经济的关系

基于学界对实体经济范围的一般界定，除金融业与房地产业之外的全部行业都是与虚拟经济相对立的实体经济范围③，数字经济本身是一种融合性经济，包含数字产业化与产业数字化两大领域，各个具体行业部门大多数属于实体经济。根据国家统计局 2021 年 6 月 3 日发布的数字经济分类规则，在数字经济的 5 个大类（数字产品制造业、数字产品服务业、数字技术应用业、数字要素驱动业、数字化效率提升业）、32

---

① 吴绪亮：《新发展格局下数字经济创新的战略要点》，《清华管理评论》2021 年第 3 期。
② 蔡跃洲、牛新星：《中国数字经济增加值规模测算及结构分析》，《中国社会科学》2021 年第 11 期。
③ 黄群慧：《论新时期中国实体经济的发展》，《中国工业经济》2017 年第 9 期。

个中类和 156 个小类中，绝大部分行业是属于实体经济的，明确属于非实体经济的只有 7 个小类，包括位于第四大类"数据要素驱动业"中"互联网金融"下辖的 3 个小类"网络借贷服务""非金融机构支付服务""金融信息服务"，第五大类"数字化效率提升业"中"数字金融"包含的 4 个小类，"银行金融服务""数字资本市场服务""互联网保险""其他数字金融"。将数字经济专门作为一种经济形态进行统计分析，主要是为了对新技术革命背景下，数字技术动能充分释放带动经济运行方式的重大变革进行深度跟踪与关注。

以智能化、信息化为核心，以大数据、云计算、人工智能等前沿技术为代表的数字技术变革，几乎被公认为是人类产业革命历史上面临的又一次重大技术变迁。这些新技术的发展直接催生了互联网、人工智能等大量的数字产业，2018 年我国数字经济增加值相当于 GDP 的 17.16%，数字经济发展已经是经济增长的重要支撑。[1] 2020 年，我国数字产业化规模达 7.5 万亿元，占 GDP 的 7.8%（2025 年计划上升到 10%，年均增速 11.57%，相当于 GDP 增速的两倍）[2]，算力产业规模达 2 万亿元，带动经济产出达 1.7 万亿元。数字技术应用意味着大量旧产业获得新的技术、组织、管理平台，在产业数字化的过程中焕发新机。2020 年，我国产业数字化的规模为 31.7 万亿元，在数字经济中的占比为 80.9%，在 GDP 中的占比为 30.8%。[3] 产业数字化本身即数字技术与实体经济的深度融合。2019 年，我国农业、工业与服务业的数字经济渗透率分别达到 8.2%、19.5% 和 37.8%。数字产业化与产业数字化已经成为我国在新发展阶段经济增长的核心产业支点。

凭借超大市场规模优势、整体科研实力提升，以及在制造业领域的技术积累和长期学习能力积淀，我国在数字经济快速发展浪潮中几乎与

---

① 蔡跃洲、牛新星：《中国数字经济增加值规模测算及结构分析》，《中国社会科学》2021 年第 11 期。

② 资料来源：《国务院关于印发"十四五"数字经济发展规划的通知》。

③ 《中国信通院发布〈中国数字经济发展白皮书〉》，中国信通院（微信公众号），https://mp.weixin.qq.com/s/Y9hNgZk82iQwcQwaz6mazg，2021 年 4 月 25 日。

发达国家并进。对于全球数字经济发展现状，参照智研咨询发布的数据，2020 年我国数字经济规模以 5.3 万亿美元居全球第二位（美国居第一位为 13.6 万亿美元），而就数字经济占 GDP 的比例而言，我国以 37% 的水平处于全球第二方阵，英、美、德三国该比例都达到 60% 以上，韩国、日本、爱尔兰、法国、新加坡以 40% ~ 52% 的水平位居中国之前。① 针对现有基础与持续增量的空间，《"十四五"数字经济发展规划》对 2021 ~ 2025 年我国数字经济比重做出了上升至 50% 的目标。数字经济做大做强做优，已经成为振兴实体经济和推进产业体系现代化的关键。

（二）中国数字经济的发展机遇与整体战略规划

需要注意的是，在数字经济规模增长、新业态涌现、取得技术突破的同时，数字经济持续高质量增长也面临和一般实体经济发展相通的问题，突出表现为：如何由超大变超强，如何在核心技术上保证独立甚至领先，如何在与经济社会多个领域深度融合的过程中，驱动工艺创新和产品创新，提升实体经济的盈利能力，进而改善经济循环全过程。除近年来颇受关注的芯片、传感器等核心元器件自给程度较低外，对于计算机、通信设备等电子产品工业，中国品牌在国际市场上所占的市场份额大多处于美国品牌之后，尤其是利润份额有限，与之相对，则是美国品牌的高市场占有率。例如，2021 年在全球平板电脑市场上，苹果与亚马逊合计占据 43.7% 的市场份额；笔记本电脑市场占有率的第二名（惠普）、第三名（戴尔）和第四名（苹果）都是美国品牌，它们合计占了全球 48% 的市场份额；VR 设备则由美国 Facebook（旗下的 Oculus，2022 年 1 月正式改名为 Meta Quest）占据了全球 75% 的份额。目前，在全球消费电子工业领域，除了智能手机和消费级无人机是中国品牌全球市场份额第一之外，其他几乎所有领域美国品牌的份额都居全球

---

① 数据来源：智研咨询发布的《2022 ~ 2028 年中国数字经济行业市场发展调研及投资前景展望报告》（https://gov.sohu.com/a/514418893_120956897）。

第一。除高市场占有率外，美国公司获取的高利润份额尤为令人惊叹，从智能手机来看，尽管中国品牌出货量居全球第一，但占据高端的苹果智能手机的利润总量超过了全球其他智能手机品牌的总和。除传统的硬件品牌企业外，美国互联网公司，如微软、Facebook（Meta），以及亚马逊、谷歌等也逐步挤入硬件生产领域并居于全球前列。[①]

导致这一市场格局的主因在于，美国公司对电子制成品核心投入部件、上游技术的把控使得它们在产业链中占据主导地位。模块化生产格局下我国凭借既有工业体系的技术能力、人口红利下的成本优势等融入了全球网络。当人口红利消失，标准化消费品市场趋于饱和，终端消费品制造利润空间有限时，回溯至上游产业领域，争取核心技术的掌控权才能掌握国家经济命脉。面对新赛道，更快地进入新技术系统，掌握新兴产业的核心技术、进入高端价值链就成为学界一般认同的技术赶超的机会窗口。[②]

针对数字经济发展的机遇和现实短板，我国政府具备清晰的应对思路，并出台了一系列上升为国家意志的战略规划。学者克里斯坦森曾就"颠覆性技术"的特征提出，决定这种技术颠覆性能量的不是技术本身，而是使用技术的方式，很少有技术或商业想法天然具有维持性或颠覆性的性质。相反，其颠覆性影响必须被融入战略之中，正如管理者将商业想法塑造为计划并逐步实施。[③] 对此，新时代以来，我国的数字经济发展规划，突出特点即强调数字经济与工业、制造业的深度融合，并注重相应的社会主义生产关系建设。2016 年习近平总书记在 G20 峰会上首提发展数字经济的倡议，2017 年提出"实施国家大数据战略""推动数字经济和实体经济的融合发展"，并在此后就为什么和怎样发展数字经济做出一系列战略部署；2017 年国务院就出台了关于"工业互联

---

① 《从中美电子品牌全球份额对比看我国的一些风险》，宁南山（微信公众号），https://mp. weixin. qq. com/s/w55JPLgyOn_ HpLwOi5cuOg，2022 年 3 月 19 日。

② 贾根良：《从联想、中兴和华为看中国技术赶超的不同道路》，中国政治经济学智库（公众号），2019 年 10 月 23 日。

③ 路风：《光变：一个企业及其工业史》，当代中国出版社，2016，第 377 页。

网"发展的指导意见，2021 年 12 月我国先后印发了《"十四五"数字经济发展规划》和《"十四五"智能制造发展规划》。这些规划的编制立足于社会主义市场经济体制，以党的核心意识形态为引领，在遵循市场经济一般规律的基础上，努力引导优质要素的集合以激发需求并培养长期供给能力，使新技术真正释放颠覆性能量。

数字经济赋能实体经济需要一整套硬件的、软件的和意识形态的"工具"，表现为技术、制度与经济的系统互动，也将为全面现代化建设提供推力。马克思主义经济学的重要特征之一就在于在对物质生产方式深入研究的基础上，理解人类社会生产关系的变迁。面对当前新一轮科技革命的契机与挑战，我们如何更好地运用和驾驭新技术，带动经济高质量发展，并使之服务于共同富裕的社会主义根本任务实现，是重要的理论和实践问题。为此，下文将以马克思对技术变革与生产关系互动的经典分析为理论参照系，充分考察数字经济的新技术体系如何推动我国生产组织方式变革、供给与需求体系的互动升级，优化经济循环，并探究社会主义生产关系充分催化数字技术潜力并使之服务于人民的相应制度。

二　理论：马克思视域下技术进步的物质性与社会性统一

在《资本论》第一卷"相对剩余价值生产"的篇章中，马克思具体描绘了资本主义生产方式演进的历史及其生产关系性质，后来被新古典经济学"黑箱化"的实际生产过程在此得以揭示，马克思的文本因而成为一切技术创新经济学不应回避的文献。需要说明的是，历史唯物主义的方法论特征，使马克思对"技术"的认知和对技术进步的分析，绝不是就技术而言技术，更非将技术简化为历史发展的决定性动能。[1]

---

[1] 那坦·罗森伯格：《作为技术研究者的马克思》，骆桢等译，《教学与研究》2009 年第 12 期。

伴随资本主义生产关系的形成，技术的演进方向取决于剩余价值生产的要求，人与人的经济关系生产特定技术类型，并被当前的技术类型再生产。正如"资本"不是物的概念，而是生产关系概念，技术亦非单纯的投入产出比例，而是在与生产关系的互动制约中共同演化。

从马克思技术分析的视角切入对数字经济的研究，既需要在物质生产的层面，分析数字技术带来生产组织方式系统变化的内在机理与形成条件，从而充分地催化其生产力潜能；也应当在社会生产关系的维度，最大可能地开发数字经济在经济增长与收入分配中的普惠性，并使其技术演进的方向趋于更大程度地依靠全体劳动者的参与、合作与经验积累，摆脱劳动异化的困境。理想形态下，数字经济的运行，不仅是现阶段经济增长的重要引擎，还为生产组织方式摆脱资本主义异化劳动陷阱，为数字社会主义的建设提供了技术可能。

在《资本论》第一卷末篇"现代殖民理论"中，通过转述皮尔先生在殖民地的经历，马克思向读者直观地展示了，殖民地廉价的土地使得所有人都能随意得到一块土地，生产资料分散在无数独立经营的所有者之间，这使资本集中和结合劳动成为一件不可能的事情，因而一切生产和生活资料，如土地，作为直接生产者的财产，本身并不是资本，只有能够充当剥削和统治劳动者的手段，才是资本。恰如生产关系决定了物质资料的使用方式，科学的应用与发展也取决于特定经济关系。在《机器。自然力和科学的应用》中，马克思明确，科学的发展不是资本主义生产关系的先决条件，必须有相应的经济关系，才能按其意图来运用科学："18 世纪，数学、力学、化学领域的进步和发现，无论在英国、法国、瑞典、德国，几乎都达到了相同的程度。发明也是如此，例如在法国就是这样。然而，在当时它们的资本主义应用却只发生在英国，因为只有在那里，经济关系才发展到使资本有可能利用科学进步的程度。（当时，特别是英国的农业关系和殖民地起了决定性的作用。）"[1]

---

① 《马克思恩格斯文集》（第八卷），人民出版社，2009，第367页。

　　资本主义劳动过程演进的历史，是劳动的生产力不断在形式上转变为资本的生产力的过程，资本能够利用并再生产科学，以一定资本量的集聚可以更好地应用科学规律调度劳动力与自然条件为前提。"社会必要劳动时间"的形成开始于"协作"阶段获得一定量劳动力，只有能够推进社会平均劳动、减少时间和动作浪费，对特定操作节奏有要求的"价值增殖规律"才能实现；到工场手工业阶段，每个工人只在自己的职能上花费必要的时间，形成了相比简单协作更强的连续性、划一性、规则性和秩序性，因此"在工场手工业中，在一定劳动时间内提供一定量的产品，成了生产过程本身的技术规律"①。大工业时代，资本量的优势对于确立技术标准、获得生产力发展的主导权就更为突出。尽管科学规律本身是客观的，不需要花费资本分文，但是要利用科学，如电话等利用电磁规律，就需要花费资本，以购置昂贵和复杂的设备。随着机器成为主人的机器，原本与生产经验积累相融合并行的，体现在机器或生产方法、化学过程中的科学，也就成为与劳动相对立的、服务于资本的力量。

　　马克思的分析清晰地展现了资本占据工业生产权力中心的必然过程，也使得作为价值量的表达的"社会必要劳动时间"概念，不再是一个逻辑产物，而是根植于生产方式变革的具体的历史土壤中。在此还值得特别一提的是，马克思不仅揭示了进入机器大工业生产阶段，劳动与科学相分离，劳动异化的过程，也客观地说明了"科学的这种分离和独立（最初只是对资本有利），同时成为发展科学和知识的潜力的条件"②。这就充分体现了马克思对技术进步的分析，包含物质性与社会性的统一。我们在其理论体系中既能够把握到组织治理带来生产效率提升需要遵循的客观标准，也发现技术内含的生产关系属性，不仅决定了权力和财富的分配与再生产，还将界定技术的使用方式与研发方向如何有意识地稳固现行的权力结构。

---

① 《马克思恩格斯文集》（第五卷），人民出版社，2009，第400页。
② 《马克思恩格斯文集》（第八卷），人民出版社，2009，第366页。

三 历史：技术变革驱动经济增长的浪潮与经验

相较于过往时代，快速的经济增长与生产力发展是现代资本主义的典型特征，如被广泛引用的马克思在《共产党宣言》中的名句："资产阶级在它的不到一百年的阶级统治中所创造的生产力，比过去一切世代创造的全部生产力还要多，还要大。"[①] 经济史学家麦迪逊提供的统计资料显示，在 1820~1992 年的 170 多年时间中，世界 GDP 增长了 40 倍，贸易量增长了 540 倍。要探究快速经济增长的根源，生产力与生产关系的有机互动是基本的理论和历史参照系。资本强烈的扩大剩余价值生产的欲望与"自由的"雇佣劳动关系下阶级斗争的作用，促使资本需要不断开发以劳动生产率提高为基础的相对剩余价值生产，资本与资本间激烈的竞争关系推动资本集中，推动大资本与前沿生产技术的结合。然而，在不断地为增长而增长的过程中，与技术进步伴生的资本有机构成提高，既造成对一般利润率的威胁，又因为对就业的冲击，抑制劳动报酬提升和市场规模扩大。

《资本论》突出了资本主义增长的发生及其长期不可持续性，而之后学者对资本主义发展至今的历史归纳，关注到资本主义增长的非均衡性、周期性特征，资本主义经济暂时走出萧条进入较快增长轨迹的道路，多与重大技术创新有关。理论上看，经典的熊彼特意义上的"创新"包含新产品、新技术、新市场、新原料及其供给来源，以及新的企业组织方式五个方面。重大技术创新的意义在于协调了"曼德尔两难"，即利润率提高与市场显著扩张难以同时实现的矛盾。这是因为，重大创新带来的新产品和新市场扩大了需求规模，从而改善了价值实现条件，新技术和新组织方式往往意味着投资带动生产率更快的提高，新原料及其供应来源又可能优化成本条件，上一章所述利润率的决定因素

---

① 《马克思恩格斯选集》（第一卷），人民出版社，1995，第 277 页。

可能全部得以正向的改观，合并市场规模扩大，自然会对持续积累与增长产生推力。

（一）以"通信/能源矩阵"为标识的技术创新集群

产业结构变动与经济快速增长往往伴随重大技术变革和新兴主导部门出现。当然，也正如熊彼特注意到的，创新并非连续均匀分布的。在新技术、新产业带动投资扩张，形成高速增长阶段之后，关键部门的技术进步减缓、投资机会缺乏，又会伴随长期的低速的增长乃至衰退。尽管在具体的时点划分等方面有所分歧，但经济快速增长与重大创新集群之间存在可参照关系成为大多数经济史学者的共识。

"精确地界定产业革命的日期是不可能的。"如弗里曼和苏特的观点："历史分期不是出于权宜之计，而是为了更好地理解技术、工业结构以及整个经济和社会系统的连续变化模式。"[1] 熊彼特意义上的创新集群，表现为"新的技术系统"，新产品、新工艺的出现和扩散不是彼此孤立的事件，而总是和原材料状况、能源供应、要素、技能、基础设施等联系在一起。[2]

由于对科技革命、工业革命概念界定的差异，学界针对当前新一轮科技与产业革命次第的划分有所不同。就技术革命代表性研究者的划分方式来看，如弗里曼将第一次工业革命至20世纪70年代工业生产领域的重大技术变革，划分为五次康德拉季耶夫长波；里夫金引入"通信/能源矩阵"的概念，提出了从中世纪末期至今，信息传输与标志性能源变革的四个阶段演变。国内学者李尧远曾对工业革命的次第划分分歧做出过剖析，提出一次工业革命应当包含四个基本条件：核心技术体系的革新给生产组织方式带来重大变化；生产效率提升和经济快速发展，包

---

[1] 克里斯·弗里曼、罗克·苏特：《工业创新经济学》，华宏勋等译，北京大学出版社，2004，第39页。
[2] 克里斯·弗里曼、弗朗西斯科·卢桑：《光阴似箭——从工业革命到信息革命》，沈宏亮主译，中国人民大学出版社，2007，第147页。

含消费需求增加、投资率提升；经济结构优化带来的可持续增长；经济、政治、文化、社会领域的全面变革以及能源利用方式变化。而科技革命针对的是标志性技术体系变化，因而科技革命次数多于工业革命。就当前第三和第四次工业革命的争议而言，李尧远提出，依照上述标准，以信息通信技术为核心的第三次工业革命内含三次科技革命浪潮，即互联网诞生作为第一次浪潮，从智能制造到可再生能源的开发，可以作为第二至第三次浪潮。[①]与之相应，杨虎涛将当前智能化与新能源、新材料融合的技术浪潮纳入第三次工业革命的第二波。[②]

正如每一轮产业革命，从标志性技术萌芽到支柱部门形成、带动国民经济运行模式转变大约有半个世纪的时间，这里我们关注的数字经济，所依托的信息通信技术革命可回溯至 20 世纪中期。技术史研究者大多认可，由于通信技术是各国军备竞赛中密切关注和管制的对象，20 世纪 50 年代开始美国在电子信息产业的率先崛起受惠于其国防部的"远见"，不论是直接支持电子器件和电路研发，还是对集成电路的大批量采购。[③]从 20 世纪 50 年代至 90 年代，数字经济经历了以个人电脑、微软操作系统等产品创新为代表的技术准备期，信息化以计算、通信和控制应用为主要特征。90 年代中后期，互联网大规模使用，信息化进入了以万物互联为主要特征的网络化阶段，亚马逊、谷歌、Facebook 等互联网平台公司提供的新商业模式，如电子商务、搜索引擎、社交媒体等重新界定了工业、金融业的运营方式和个人消费模式。2012 年至今，信息通信网络进入大数据和人工智能时代，以算力平台为组织构架，运用智能算法对大数据进行深度处理，更为智能化地影响全社会的资源配置和经济运行。[④]

---

① 李尧远：《正在进行的"工业革命"：次第与主题之辨》，《读书》2018 年第 3 期。
② 杨虎涛：《新发展格局为导向的数字经济与实体经济融合》，在"中国政治经济学 40 人论坛·2020"上的演讲，https://mp.weixin.qq.com/s/Mpwa24Sw49eJxME4g7GDQw。
③ 克里斯·弗里曼、弗朗西斯科·卢桑：《光阴似箭——从工业革命到信息革命》，沈宏亮主译，中国人民大学出版社，2007，第 318 页。
④ 石勇：《数字经济的发展与未来》，《中国科学院院刊》2022 年第 1 期。

学界多将 20 世纪 70 年代起计算机与网络技术的发展作为信息通信技术变革开端。对此，里夫金也提出，对于技术史上每一组创新集群，标志性的成果与主导部门总是关乎信息传输方式与关键能源的变化。他引入"通信/能源矩阵"的概念，并将叙事的时间起点回溯到中世纪后期，考察四个阶段信息传输方式的演变和支撑信息传输系统运行的能源体系。

第一阶段：中世纪后期，市场经济规模扩大依赖于印刷术、风能和水力构成的"通信/能源矩阵"。印刷革命提高了人们的阅读和写作技能，提供了更客观和准确描述商业活动的方式，使得复杂的、超越熟人网络的商业合同和信用得以形成。在能源方面，新近出现的分散的、去中心化的"平民风车"，使市民阶层可以突破曾由庄园主投资掌控的水磨。公路和水路运输也在发展，加快了交易速度，使长途贸易成为可能。

第二阶段：第一次工业革命时期的"通信/能源矩阵"是以蒸汽印刷和蒸汽机车为代表的燃煤蒸汽技术。蒸汽印刷的速度和低廉的价格大大增强了欧美工人的基本阅读能力与文化素养，使得更复杂的生产和操作成为可能，火车缩短了所有商业活动的交易时间。里夫金提出，"我们今天所言的资本主义才应运而生"。[①] 这一阶段的"通信/能源矩阵"也带来了资本主义生产组织方式的重要变化，有庞大资本集中的公司制开始成为主流，铁路和蒸汽印刷意味着高额投资，催生了所有权和管理权分离的现代企业制度，以及大型企业垂直整合、自上而下的管理模式。效率的提高依靠集中管理将迅速增多的生产和分配环节有效整合，以享受规模经济的好处。

第三阶段：第二次工业革命的"通信/能源矩阵"以电话、石油、内燃机为标志。相比于上一轮工业革命，资本集中的趋势和大公司的垄断成为技术效率提升的必然结果。石油生产中复杂的采油、炼油、配送

---

① 杰里米·里夫金：《零边际成本社会——一个物联网、合作共赢的新经济时代》，中信出版社，2017，第 39 页。

链条，以及汽车制造中分散的业务活动，再次推动了集中管理和自上而下的行政控制，以把控企业运营和产品质量。电话是信息技术变革的关键，快速准确的信息传递使得公司能够实时有效地监控规模更大的、垂直整合的业务。

第四阶段：里夫金提出这一阶段的"通信/能源矩阵"由互联网、绿色能源网以及开放式物流系统构成，并称之为"物联网新型通信/能源矩阵"。针对物联网"协作式""共享性"的技术属性，里夫金对资本主义私有制竞争驱动下生产向集体协同生产的演进做出了一系列非常乐观的规划。如上所述，显然第一和第二次工业革命的"通信/能源矩阵"意味着资本集中、集权式管理是有效率的组织安排，但是现阶段技术变革的特征表现为互联网零边际成本的生产与传输方式。例如，网民在互联网上几乎免费制作和分享各种知识文化产品，这大大压缩了传统出版业的利润空间。在能源网络中，所有的电气设备都将配备与物联网连接的传感器和软件，这将实时反映电力使用的信息，帮助公众规划和优化他们的电力使用。人们也可以在家里和工作场所持续生产可再生资源，并在能源互联网上分享绿色电力。物联网将所有机器、企业、家庭和车辆连接在一个智能网络中，不断收集经济和社会生活各个方面的信息，并为这些活动提供实时数据，优化生产流程和配送路线，使热力学效率和生产率最大化。新的"通信/能源矩阵"在技术属性上，已经具备超越资本主义生产方式的可能性。

（二）产业革命历史赋予当前数字经济发展的经验

回顾工业革命以来以"通信/能源矩阵"为重要标识的技术创新集群（见表 5 - 1），对于数字技术如何为实体经济高质量发展提供系统支持，有以下经验。

（1）重大技术变革具有极长的延伸链条，通过产业间的关联和传导，促进传统产业的技术更新，带动新旧产业的融合生长，新技术的应用、新产品的开发还通过刺激投资和消费，以需求的升级助推产业结构

表5-1 工业革命以来的重大技术创新集群

阶段	技术创新和组织创新集群	技术成功、盈利丰厚的创新例证	支柱部门和其他主导部门	核心投入和其他关键投入	交通和通信基础设施	管理和组织变革	大致的起点范围
第一次工业革命	1. 以水力为动力的工业机械化	阿克赖特在克隆福德的工厂(1771年)	棉纺织 铁制品 水车 漂白	铁 原棉 煤	运河 收费道路 轮船	工厂制度 企业家 合伙制	18世纪80年代
	2. 以蒸汽为动力的工业和运输机械化	利物浦—曼彻斯特铁路(1831年) 布鲁内尔"伟大西部号"跨越大西洋的蒸汽轮船(1838年)	铁路和铁路设备 蒸汽机 机床 制碱业	铁 煤	铁路 电报 蒸汽轮船	股份制公司(面向有一定技术能力的工人)的分包制生产	19世纪中期
第二次工业革命	3. 工业、运输和家庭的电气化	卡内基的转炉钢轨厂(1875年)	电力设备 重型工程 重化工 钢制品	钢 铜 合金	钢轨铁路 钢制轮船 电话	专业化职员 管理系统 "泰勒主义" 巨型企业	19世纪末
	4. 交通、民用经济、战争的机动化	福特公司海兰特公园工厂的装配线(1913年) 伯顿重油裂化工艺(1913年)	汽车 卡车 拖拉机 坦克 柴油发动机 飞机 炼油厂	石油 天然气 合成材料	无线电 高速公路 机场 航班	大规模生产和大规模消费 "福特主义" 等级制	20世纪中前期至70年代

续表

阶段	技术创新和组织创新集群	技术成功、盈利丰厚的创新例证	支柱部门和其他主导部门	核心投入和其他关键投入	交通和通信基础设施	管理和组织变革	大致的起点范围
第三次工业革命	5. 国民经济计算机化、互联网化	IBM1410和360系列（60年代）Intel处理器（1972年）移动电话（1973年）微软 亚马逊 苹果	计算机 软件 电信设备 生物技术 智能手机	芯片（集成电路）	信息高速公路（互联网）	内部网、局域网、全球网 平台企业 工业互联网 智能制造	20世纪70年代
	6. 智能化、绿色化	深度学习三教父获图灵奖（2017年）	智能装备制造 机器人	芯片、大数据、算法、新能源	工业互联网 物联网等各类新型基础设施	平台制	2012年前后

资料来源：克里斯·弗里曼、弗朗西斯科·卢桑《光阴似箭——从工业革命到信息革命》，沈宏亮主译，中国人民大学出版社，2007，第145～146页；笔者对原表进行了部分调整和延伸。

变动。①"通信/能源矩阵"这一概念的逻辑展开，与斯密对市场规模影响资本主义发展的分析，以及马克思对资本主义劳动过程的研究是相通的。如果没有标准化的、快捷的、低成本的信息传输方式，就不会有足够规模的生产交易网络，也难以支撑进一步深化的市场分工和生产机构中的任务分拆，同时限制了这两个方面的劳动生产率提升。20世纪后期逐渐加速的数字技术革命，帮助现代经济中渐长的信息传递，实现了新一轮指数级的增长。信息通信技术是扩大生产流通网络、扩容经济循环的重要技术，20世纪80年代后，跨国公司依靠卫星通信与集装箱运输等技术创新，使得分散的全球生产机构被整合进入统一的技术标准体系。需要注意的是，19世纪晚期的铁路与输电网络，20世纪的燃气涡轮、柴油引擎与集装箱运输，都发挥了类似于信息传输网络的作用。现代协同生产机构在空间上的分散与重组，根本上有赖于数字连接的大体量、通用性等特性。需要在被切割得支离破碎、四处分散的劳动过程之间，组建出一个精神上高度集中的企业。这一重组过程横跨从工程研究到最终装配，从后台业务到售后服务等各个环节。

对信息通信技术革命效力与支撑条件的研究，绝不应脱离信息传输方式重建生产流通网络，尤其是变革生产组织模式的一般规律。本章在社会主义市场经济条件下分析数字经济效能的发挥，基础的工作依然需要系统考察大数据、工业互联网、智能制造到底怎么帮助传统产业、既定生产方式以及流通网络发生革命性的变化。

（2）每一轮技术革命，以及新的"通信/能源矩阵"，都具有其特定的生产关系属性。如果说互联网生产的协作式技术特征、智能算法最大限度优化资源配置的潜能，支持了里夫金做出协同共享时代即将到来的乐观结论，那么不应忽略的是，互联网产生的历史背景和技术环境是美国资本主义寻求持续霸权的过程。从20世纪70年代到90年代中期以前，美国互联网的核心发明与部署都是由国家来主导的，但在20世

---

① 郭克莎：《中国产业结构调整升级趋势与"十四五"时期政策思路》，《中国工业经济》2019年第7期。

纪90年代中期后，私人投资者接手了大部分运营和投资活动。对此，丹·席勒的分析更具代表性。他提出从技术史角度来看，计算机和网络的出现并不来自市场机制的塑造，而主要是军事用途。例如，美国国防部高级研究计划局资助了网络的发展，但其应用愈加作为资本的运营工具；目标是用于支持企业内部、企业之间的商务活动。网络被作为一种企业工具，与新自由主义的逻辑相结盟。席勒认为20世纪后期至今的历史显示：作为经济活动必不可少的环节，互联网的功能主要表现在两个方面：一是企业内部网络发展成为提升组织效率的关键；二是信息技术部门作为整体经济发展的前哨，成为重要的投资增长点，从70年代开始信息通信技术就表现为资本主义发展的"跳动的脉搏"。[1]

在里夫金做出乐观的预言几年[2]之后，我们看到：一方面，取代分布式、协作式的生产，大型平台企业分头垄断购物、社交、搜索、金融等各个领域，不稳定就业增加、数字鸿沟凸显，社会贫富分化进一步加剧；另一方面，美国通过不断强化把控数字技术关键投入品试图延续霸主地位，在"无尽前沿"领域的巨额投资，都提醒人们高度关注技术体系背后的生产关系属性。这也是下文既关注我国数字经济如何释放更大生产力潜能，又考虑如何构建相应的制度条件以发挥其共享、共富属性的原因。

（3）高效的信息传输往往以效力更强的新能源开发为基础。劳动生产率提高伴随细化分工和产出增长，同时也意味着更高水平的能源消耗。自然界有限的原料供给及其特定的新陈代谢周期，都与资本无限的增殖生命存在冲突，也形成了对平均利润率的重要威胁。随着信息网络成为现代生产的"基础设施"，信息通信设施运转的高耗能和化石能源的瓶颈问题，开始成为全球性的问题。例如，训练人工智能"自主"认知需要大量的数据输入，导致巨大的电力消耗和环境成本，这一问题

---

① 丹·席勒：《信息资本主义的兴起与扩张——网络与尼克斯时代》，翟秀凤译，北京大学出版社，2018。

② 上文引述自里夫金的观点来其著作《零边际成本社会》，英文版出版于2014年。

日益受到公众的关注。数据估计表明，训练一个错误率低于 5% 的图像识别模型消耗的电力相当于纽约市一个月的碳排放量，而训练一个错误率低于 1% 的图像识别模型的成本是天文数字①，乃至于人们开始重新评估，在人眼识别的平均错误率就在 1% 左右的领域（比如对一些医学影像的解读），是否还需要人工智能的辅助。

从我国数据来看，2012~2018 年，我国信息技术领域用电量复合增长率达 15.3%，在所有一级行业分类中名列第一。2020 年，我国数据中心用电量约为全社会用电总量的 2%，已连续 8 年以 12% 的速度增长，且算力设施电耗的 70% 来自传统能源，由此产生的环境压力异常突出。② 另据测算，2025 年，5G、数据中心、加密货币带来的用电需求合计将达到 6600 亿千瓦时，占全国用电需求的 8%。③

振兴制造业作为我国实体经济高质量发展的主战场，同样面临极高的能源消耗压力。2020 年疫情影响下，中国对全球制造业体系的支撑，给中国电力供应、能源安全等都制造了较大的压力，且我国化石能源消费占比极高，2020 年煤炭和石油消费占比分别达到 56.8% 和 18.9%④。在大数据和智能算法的优化设计下，压缩资源浪费、改进生产工艺使得工业用电量有望下降，但是维持算力平台运行的电量耗费成为数字经济时代突出的能源问题，可再生能源开发被赋予更高期望。补齐能源短板，特别是超越上两轮工业革命对化石能源的依赖，是数字经济建立自身的"通信/能源矩阵"需要应对的问题。

2021 年底，《"十四五"国家信息化规划》发布，特别提出了数字化与绿色化的协同发展，数字技术运行为绿色发展提供全链条支撑，而

---

① "Deep learning's diminishing returns：The cost of improvement is becoming unsustainable," IEEE Spectrum, https://spectrum. ieee. org/deep-learning-computational-cost, 2021 – 09 – 24.
② 石勇：《数字经济的发展与未来》，《中国科学院院刊》2022 年第 1 期。
③ 《2019~2025 年中国信息传输、软件及信息技术用电量持续高增，复合增速高达 15.3%》，智研咨询网站，https://www. chyxx. com/industry/201912/818360. html，2019 年 12 月 16 日。
④ 数据来源：国家统计局。

清洁能源体系、绿色生产与生活方式的发展又将为数字经济持续增长提供能源支持与新的生产、消费空间。在数字与绿色的交叉领域，当前数字技术已成为我国能源行业转型升级的关键前提，特别是由数字技术驱动的能源互联网发展，既包括建设智慧电厂帮助传统火电厂提升能源效率，又包括优化风力发电、光伏发电等分布式清洁能源生产，由于地点偏僻和分散，需要部署好远程集控和维护方案，确保高算力的运行，即时发现问题和有效调控。能源行业的数字化转型开始成为制造业和商业部门进一步智能化生产的基础和重要经验参考。[①] 上一章提到，作为现代化经济体系中的技术基础，现代产业体系与绿色发展体系相互间存在密切的支持，这也正是我国经济高质量发展以数字经济与绿色发展协同共生为主的重要原因所在。

四 实践：数字技术变革生产组织方式的机制

本节从马克思研究生产组织方式演进的视角出发，首先考察 20 世纪中后期信息通信技术重组发达国家劳动过程的一般性，其次关注当前中国数字技术与实体经济，尤其是与制造业深度融合的三个方面——国家大数据战略、工业互联网、智能制造，在分析对应技术类型如何优化生产过程、提升劳动生产率的同时，关注建立此类技术优势所需的基本条件。

（一）信息通信技术对劳动过程的重组

信息通信网络本身就是作为重要的生产组织构架方式出现的，公众关注度较高的消费互联网等，更应被视为产业互联网这一重大资本品创新之后衍生的消费品创新。当然，消费领域的新需求涌现又不断对信息通信技术的升级产生新的推力。

---

① 《数字变革：工业经济转型的 4 个样本》，36 氪（微信公众号），https://mp.weixin.qq.com/s/DhtoSo55_xwH5i6mKHWzzw，2021 年 11 月 9 日。

从早期的印刷革命到电话业务发展再到互联网通信的形成，准确、快速的信息传递是在更大、更灵活的范围内，集合更多可运用标准语言相互沟通的劳动力，协作生产、传输生产任务并即时改进生产场所流程的前提条件。电子信息技术在生产中的应用场景亦契合了资本主导劳动过程改进的逻辑。"1948年约翰·帕森斯证明，可以由一台数字计算机控制通用精密铣床的所有运动和速度"。① 此后，数控机床逐渐发展起来，越来越多的计算机被运用于加工制造系统，数控机床的出现导致对一线操作工车间力量的重要打击。②

回顾前两次工业革命的历史，机器被投入使用，极大地标准化了劳动过程，让劳动者能够在保证质量的基础上，提高大部分商品的产量，但直到20世纪50年代末，依然没有出现可以从根本上改变各种信息处理工作流程的技术革命。一方面，伴随不断提高的资本密集度，工厂装配线上机器的使用已经日常化与普遍化；另一方面，手工操作（在劳动分工、合作与机电设备的协助下）依然主导着信息处理。设计师坚持手工设计与绘制草图，秘书手动写信、整理备忘录与报告，出纳主任和簿记员手工或使用简单的机器进行复杂的统计运算。不断膨胀的行政、管理、办公、科技与工程机构意味着信息膨胀，却要依靠低效的手工、高昂的人工成本去应对。互联网的出现（当它成为任何企业组织架构的普

① 克里斯·弗里曼、弗朗西斯科·卢桑：《光阴似箭——从工业革命到信息革命》，沈宏亮主译，中国人民大学出版社，2007，第326页。
② 在《生产力——工业自动化的社会史》（中国人民大学出版社，2007）中，诺布尔基于对技术史的整理发现，在数控机床成为主流设备之前曾有过一些可与之相竞争的先进设备，如卡拉瑟斯所研制的专用机床，将数值控制与装配工经验相结合，它们的主要优点就是不会使操作工的技能归于无用或者甚至排挤工人，这一点区别于自动化控制设计的主流方向。事实上在操作中，专用机床也绝不会输于它的竞争对手，"如果金属切削业采用了专用机床系统……只要有了熟练的操作工，专用机床完全可以打败那些标准的数值控制设备"（第111页）。同时，相比数控机床，专用机床的生产成本还将更加低廉。与之类似的还有记录回放系统，它会记录最优的首次加工技术，后面的操作都依次进行，被称为"极少数优秀操作工的放大器"（第194页），但在人们迷恋于整体的自动控制的情况下，像这种制作控制带时严重依赖人工的系统，还未出生就被视为过时了。反映并扩展资本及政府权威的社会合力最终压倒了其他的技术方案，那些与数值控制相比更为低成本、操作更简单的制造方法都退出了历史舞台。

遍基础时）则提供了关键的工具箱，网络支持工具的特征在于：它能够帮助那些日益繁复的信息处理工作突破以往手工技艺的限制。无论是人工复印、誊写还是打印，建筑制图抑或产品设计，这些手工完成的信息处理工作在网络支持的共享工具与数据等技术创新的条件下都已实现转型，被称为信息共享资源的技术推动了劳动过程的质变。[①]

丹·席勒基于美国历史背景对信息通信技术的分析，可以视为对马克思劳动过程研究在信息通信时代的一次经验材料更新。在他看来，计算机网络是一种有效协同劳动过程的组织设计。局域网的应用加强了员工间的协同工作，使各种新的集体劳动模式具备可能，从而在公司内部实现了孤岛活动的互联；进而辅助于企业间的商务活动，使制造商、零售商和金融资本各自的运营流程，以及相互间的衔接模式被改变。因而，信息通信网络既是协调组织内部分工的工具，也再生产了社会分工，包括产业链重组和不同部门间的关系。

在这一劳动过程中，网络于三重关系中发挥着重要作用：通过资源共享与任务自动化等形式，提高生产力；增强对那些在此之前不受管控的劳动过程的监管与干预；加强此前互不连属的各个生产过程之间的关联。办公室、教室、工作室与实验室里被动员起来的劳动者，不仅第一次与一线员工，而且与代表最终消费者的劳动者产生直接关系。计算机网络从根本上拓展了劳动过程的范围，专门服务于协作使用目的的网络化工具，把分布在各地、拥有不同技艺的工人集合起来，推动他们的共同知识发挥到最大效能。网络使马克思意义上协作带来的结合劳动的生产力达到了空前的程度。

资本对网络连接性的占用和专有，彻底改造了大工业的劳动过程，以往因劳动分工而分隔开的生产部门，被网络整合进集体协作的生产过程，并与更高级的劳动过程直接对接。机械化与自动化蔓延到此前彼此互不相连的各个生产过程之中，使经济结构的每个部分第一

---

① 丹·席勒：《数字化衰退：信息技术与经济危机》，吴畅畅译，中国传媒大学出版社，2017。

次被彻底工业化。支撑劳动协作的计算机网络始终处于不断增强与扩展的状态中。利用网络工具重组企业及其劳动力队伍，成为资本主义全球化时代的基本生产条件。在此过程中，资本不但寻求对劳动过程内容的重组，而且寻求在已经重建的商品链中，对工业管理秩序、空间布置以及生产管理的重置。调动全世界分散的、技能储备完全不同的劳动力，将之加工为具有"平均的"操作技能的工人，马克思对资本主义生产组织演进逻辑一般性的分析，在全球平台化生产的时代得到了鲜活的体现。

（二）国家大数据战略：关键生产资料的供给

数字经济的基本构成要素是大数据、智能算法和算力平台，其中大数据是最基础的"原材料"。如前文所述，互联网的精准高效信息传递是形成大规模远距离协作生产的基础，庞大的生产网络提供的海量数据经由智能算法的加工处理成为引导再生产的关键信息。伴随消费互联网对个人生活的无限渗透，全部社会生活表现为庞大的数据堆积，人类的生存，产品生产、交换、消费乃至货币都被数据重组和架构。[①] 大数据不仅是统计学意义上的，而且具有了生产性，成为最关键的生产资料，因其中包含核心商业机密，一旦获取凌驾于个体之上的数据权力，就可以引导"经济人"的行为选择，调度产业资本、金融资本的积累方式；与此同时，要在贫困治理、民生改进等方面有所作为，也需要对公共领域的数据做全面收集与整理。

数字经济以大数据为关键生产要素，推动经济数字化转型，要通过数据流动和自动处理，化解复杂系统的不确定性，并对外部的环境变化做出响应。从消费品生产企业的角度来看，大数据驱动企业增长主要通过四个关键环节的联系，包括消费者数据和商品数据的整合，算力与算法（智能化模型建构和数据算法）升级，数据驱动设计实现目标消费

---

① 蓝江：《数字异化与一般数据：数字资本主义批判序曲》，《山东社会科学》2017 年第8 期。

者精准选择，持续的创造和想象力。①

立足人类劳动过程的一般，数字经济运行使劳动活动本身、劳动对象和劳动资料都发生了重大的变化。其中，以现代信息网络、智能算法为代表，"作为劳动力发展的测量器和社会关系的指示器"的劳动资料不仅是对劳动者自然肢体的延长，还是人的脑力的扩容。各类自然的、传统的原材料（劳动对象）在万物互联的过程中被编码为一定的数据信息，在被消耗的过程中不仅直接生产了目标商品，也提供了新的数据资源，为改善物质资料耗费、优化劳动过程提供了指引。人类有目的的活动生产和积聚了数据，开创了各种算力平台，在社会再生产过程中，人类的劳动活动投入、人类的认知模式和消费选择等则受到数据算法的调节和干预。在现代生产方式的演进中，人从作为庞大工作机构中的一段肢体，到执行局部职能的特殊器官，再到跟上特定操作节奏的机器的服侍者，由劳动条件使用人，人作为技术的"工具人"的总趋势在智能算法的时代达到一个新的高潮，不仅是手工操作和肌肉力的重要性被削弱，人的智能也面临前所未有的挑战。面临这样一轮技术机遇和冲击，配套生产关系对技术应用方式进行限定的重要性也不断增强。

大数据在信息化时代的基础性作用已经毋庸置疑，随之而来一个具有政治经济学意蕴的关键问题是：数据以及可以处理数据的平台是最关键的生产资料，如何界定其所有权关系。这将决定数字经济时代生产与分配权力的归属和展开方式，决定数据本身被使用的目的，并将在基础上决定数字技术的生产关系性质。大数据之于国家发展的战略意义得到了各国政府的关注。2012 年 3 月，奥巴马政府将大数据上升为美国的国家战略，将大数据定义为"未来的新石油"。2017 年 12 月，习近平总书记在主持中央政治局集体学习时提出"实施国家大数据战略、加快建设数字中国"，国家大数据战略突出了这样几个方面的规划：集聚优

---

① 《数字增长盛宴：奉行长期主义，共建增长生态》，哈佛商业评论（微信公众号），https://mp.weixin.qq.com/s/hvI9bAqMnmLf0A00YL8enw，2021 年 8 月 2 日。

势资源，突破大数据核心技术，构建独立可控的大数据产业链、价值链和生态系统；建设高速、移动、安全、新一代信息基础设施，统筹规划政府数据资源和社会资源，完善基础信息资源和重要领域信息资源建设，形成万物互联、人机交互、天地一体的网络空间，构建以数据为关键要素的数字经济，进一步实施工业互联网创新发展战略等。2020 年 4 月，工信部发布《关于工业大数据发展的指导意见》；2021 年 12 月，工信部出台了《"十四五"大数据产业发展规划》，将提升数据供给质量、试点数据要素市场培育、创新数据开发利用机制等作为重点内容。

由于大数据产业是新一轮科技革命的动力性部门，我国大数据发展战略的关键特征，即通过推动大数据产业创新发展，对传统产业的转型升级形成智力支持，进一步提升国家治理现代化水平和改善民生，加强对风险的预判和应对能力。大数据的本质特征在于聚力数据要素价值释放，需要从治理、技术和融合应用等方面系统布局。大数据提供了人类理解世界的新思维，并承载了生产要素的新价值；不同于物质与能源，数据不会因使用而消耗，越使用其价值发挥就越大，同时在使用过程中又会产生新的数据，成为新的"生产资源"用于"再生产"，从而创造新价值。当前，我国大数据和人工智能等的应用场景还较多地局限于消费端，大数据必须广泛有效地与材料、能源与生物医药等新兴产业结合，渗透和升级传统制造业，发挥"通用"功能，如此才可能称为高质量经济活动的引擎。

除了直接在生产、消费场景的商业应用外，大数据还对绿色发展产生积极作用：对生产和消费信息的有效整合，通过系统、即时掌握生产、交易数据，优化工艺和产能，减少资源浪费，提升营销效率，降低流通成本；借助互联网平台促进个人衣食住行消费资源共享，促进消费转型升级，还能更好地把握生态环境变化，形成对环境的科学监测体系。① 例如，重庆交通大学利用腾讯云的系列技术支持，在乌兰布和沙

---

① 许宪春、任雪、常子豪：《大数据与绿色发展》，《中国工业经济》2019 年第 4 期。

漠部署了物联网设备，检测沙漠土壤湿度等信息，精准控制灌溉水量，将沙漠改造为农田。在黄河流域部署的水利物联感知平台，通过对黄河数据的实时全域采集，为合理利用水资源和污染防控提供了数据支持。[①]

另外，要充分发挥数据要素的"价值"，制度基础在于对这种新要素产权的界定与多种应用场景的开发。针对构建社会主义市场经济体制中的数据要素市场，我国学者提出了比较系统的规划。包括：从生产关系角度，通过顶层设计明晰数据产权从而明确权责；在生产资料层面，建立更高质量的数据资源体系；在生产工具方面，做优做强研发加工平台；在劳动者方面，建立多主体参与的生态体系和数据治理系统；从应用场景角度，创新多种生产和商业模式，以及提升风险防控能力。[②]

（三）工业互联网：数字生态共同体的搭建

建设工业互联网、推进智能制造，是我国"数实"融合的落脚点，目标是在生产领域实现高质量的数字化转型。工业互联网通过对人、机、物的全面互联，不仅要实现工业经济全要素、全产业链、全价值链的连接，还通过融合数据、算力、算法帮助制造业实现了从"连接"到"感知"，再到"赋能"的升级，支撑制造资源弹性供给、泛在连接和高效配置。[③] 在工业互联网中，云计算、分析、存储是大脑，自动化智能装备作为手臂执行云计算结果，进而实现智能生产。[④]

1. 工业互联网的效率机制：协同共生逻辑

回到马克思对生产组织方式演进的一般性分析，工业互联网的应用，是"协作"这一人类生产组织的基本模式在大数据和人工智能时代的升级。协作取得生产力发展的基础在于，创造了一种集体力，使原

---

① 吴绪亮：《新发展格局下数字经济创新的战略要点》，《清华管理评论》2021 年第 3 期。

② 吴志刚：《重构数据生产关系的新思考》，《网络安全和信息化》2021 年第 1 期。

③ 黄鹏：《新基建图景下加快推进工业互联网创新发展》，《中国信息化》2020 年第 4 期。

④ 张雪：《中国需要什么样的工业互联网初创公司》，虎嗅 APP（微信公众号），https://mp. weixin. qq. com/s/7pUhIXqVkuelQTLrf2smqg，2020 年 11 月 13 日。

本分散的劳动过程可以共同消费一部分生产资料，从而推动了更多社会平均劳动的共同工作。

工业互联网基于对海量数据的采集、传输和分析，使得生产资源网络协同、不同区域联动协同生产和生产现场远程控制具备可能，使得"许多分散的和互不依赖的单个劳动过程"① 更有效地转化为结合的社会劳动过程，通过结合劳动创造更大的价值。进入机器大工业时代，"一个机构代替只使用一个工具的工人，这个机构用许多同样的或同种的工具一起作业"②，逐渐地，"真正的机器体系……代替了各个独立的机器"③。"在机器生产中，这个主观的分工原则消失了。在这里，整个过程是客观地按其本身的性质分解为各个组成阶段，每个局部过程如何完成和各个局部过程如何结合的问题，由力学、化学等等在技术上的应用来解决"④。工业互联网的运行超越单个企业应用科学准则规划生产能力的范围，是以"一个机构"代替单个作业生产的工厂，集合更大数据量、调用更多适用设备。

正如大工业首次将"巨大的自然力和自然科学并入生产过程"⑤，工业互联网将工业生产分散的甚至锁闭的资源、智识等合并且重新激活，不同于机器大工业时代的独立的、分割的生产机构在市场竞争驱动下完成分工和生产，工业互联网具备开放性和协同性的特征，让参与者特别是企业在协同竞争中形成相互支持的良好生态。面对更加复杂庞大的制造系统、商业系统，工业互联网实现的产业集成在更大的范围、领域、深度完成了资源优化配置。使"协作"超越了单个企业的范围，转而成为企业间的共生网络。

相比于消费互联网直接依靠足量参与者的规模优势，工业互联网建立在企业的专业优势基础上，互联网是手段，工业是根本，工业互联网

---

①《资本论》（第一卷），人民出版社，2004，第383页。

②《资本论》（第一卷），人民出版社，2004，第432页。

③《资本论》（第一卷），人民出版社，2004，第436页。

④《资本论》（第一卷），人民出版社，2004，第437页。

⑤《资本论》（第一卷），人民出版社，2004，第444页。

的本质是推动工业企业间的智力与资源共享。工业互联网的形态是"链条式可截断式服务"："研发、设计、生产、仓储、市场的整链拆解成若干个闭合的小链，每个小链都可单独外包。就像乐高一样，每个零件都可拆取，拼装回去就是一个成品。"① 工业互联网，作为高质量的产品研发设计平台在智力和资源的汇集分享中发挥着突出的作用，不仅要帮助传递一些工业产品供需信息，而且要推动新的理念和产品孕育和实现。工业互联网带来的制造业数字化转型，通过建立生态系统创造共同价值，从而变更企业单打独斗的生长与竞争模式。在一个典型案例中，一位挪威创业者尝试生产一种适合老人与小孩城市出行的三轮电动代步车，但因为没有具体生产方案，这家公司在传统的制造平台上找不到合作伙伴，直到发现一个名为 Uniorange 的中国产品协同研发设计平台，有人在上面寻找产品设计方案，也有人在此寻找制造团队。借助平台功能，代步车从 3D 模型逐渐具备结构系统和控制系统。平台进而为它筛选匹配制造团队——一家长期做电动自行车配套生产的东莞企业，不仅具有相关产品研发能力，还拥有许多现成的零配件，能大幅缩短制造周期。3 个月后这位创业者就获得了样机并获得了来自挪威资本市场和国家创新署的投资，这一产品随后在欧盟许多城市都得到推广应用。

　　与之可以对照的是，近年来一些以电子信息产品或者互联网起家的企业，凭借自己在数据获取、终端消费中的积累再建产业生态链。例如，小米生态链的基本模式是以做手机的方法做家电，向生态链创业公司投资而不控股，输入方法论和产品观，提升传统家电产品的智能程度、外观设计等。这样一种产业、商业、管理模式、风险投资领域的创新，帮助许多生态链企业从零开始，利用小米资源获取市场基本盘。加入小米生态链的传统制造企业负责硬件产品生产，小米提供品牌、营销渠道和智能化的赋能，打造低成本、高性价比的手机周边产品，具备一定智能的电视、空调等家居硬件，甚至扩展到毛巾、旅行箱等。近年

---

① 熊文明：《一家工业互联网公司的中国式开荒》，钛禾产业观察（微信公众号），https://mp. weixin. qq. com/s/WC7YbyMOFX7rK1p01bUv5Q，2020 年 11 月 27 日。

来，针对小米生态链是否仅仅是核心品牌与代工贴牌传统模式的复制，生态链企业如何突破低价爆款的产品策略、提升利润率等问题，学界与业界亦有较多争议。2021 年小米生态链企业面临同质化竞争加剧、小米过度成本挤压、利润愈加稀薄、市场估值严重下降等现实问题，但是利用互联网的信息匹配、知识积淀，形成更优的产业生态体系已经成为共识。关键在于落实互联网扎根于制造业，对后者的智能升级改造，而非仅仅在于商业模式的重建。

恰如"在大工业中，人才学会让自己过去的、已经对象化的劳动的产品大规模地、像自然力那样无偿地发生作用"①，工业互联网正是在产业链和产业生态层面构建起一个新的数字化转型体系，促进企业间协同竞争，以在更大范围、更广领域，全流程、全生命周期、全场景中完成信息互联与智能处理，通过全局的优化创造更大价值。② 相较于第一次和第二次工业革命将既有劳动经验和科学发现硬化为了机器体系，工业互联网作为更有深度的知识沉淀，把工业的技术、经验、知识、最佳实践分装为各种各样的组件，重构了新的工业知识创造、传播、复用的体系，是工业智能化的底层设施。

数字经济的中心其实是产业生态的优化，即摒弃零和博弈的"窄平台"，打造共存共赢的"宽平台"，通过开放共建的方式构建智慧经济集群。行业领军者充当连接器、工具箱和生态共建者，打造应用生态系统，推动各行业、各领域的资源重组、分工协作和集成创新，建立"数字生态共同体"。例如，在长沙"城市超级大脑"项目建设中，腾讯、东华软件、明略科技等数十家企业，作为生态合作伙伴共同打造智慧城市平台，推出 500 项政务服务，让市民一站式获得便捷服务。③

尽管就数字经济的规模而言，我国已排在全球第二位，但是相比于

① 《资本论》（第一卷），人民出版社，2004，第 445 页。
② 安筱鹏：《一文讲透数字化转型的本质》，信息化协同创新专委会（微信公众号），https://mp.weixin.qq.com/s/9h61_eRu_DmG2BDJ04lvCQ，2021 年 1 月 7 日。
③ 吴绪亮：《新发展格局下数字经济创新的战略要点》，《清华管理评论》2021 年第 3 期。

欧美国家，我国在核心技术、生产工艺上皆有一定差距。如贾根良等提出，新技术与新产业为我国提供了赶超的机会窗口，但这建立在独立具备新兴产业所需的核心技术基础上。如果不能较早进入新技术体系，特别是进入价值链高端，新兴产业就无法承担所谓的赶超使命，结果依然是在新技术体系中处于低端。[①] 在数字经济领域，美国的消费互联网和产业互联网是协同发展的。例如，北美 15 大互联网公司中，4 家是专门的产业互联网公司，另有 5 家兼具产业互联网和消费互联网属性。[②] 我国消费互联网发展远远快于产业互联网，而后者才是数字经济振兴实体发展的关键，是要补齐的短板领域。目前，在我国工业互联网领域，还存在国内工业 App 开发数量不足，质量低（智能决策类工业 App 少）、发展慢（工业 App 开源社区空白、开发者规模能力差）的问题。[③]

　　当然，近年来我国以消费互联网起家的公司，很多开始基于已形成的技术和资本积累，进入生产领域，拓展新的业务空间。例如，从电商模式起步，京东在发展智能零售的同时，拓展了反向定制业务，基于消费端积累的数据，回溯到产品设计、产能投放，构建"京东京造"的产业生态系统，使生产者与消费者的衔接更为精准，尝试不仅在流通环节充当消费者与制造商的桥梁，而且根植于实体经济，提供数字产业化、产业数字化融合的范例。[④]

　　2. 搭建工业互联网的条件

　　在《资本论》第一卷第四篇中，马克思的叙事明确了，从协作到机器大工业的生产力形成的前提有赖于足够的资本对原本分散的劳动力和生产资料的聚集，以及对大工业发展所需基础设施体系的建设：

---

① 贾根良：《从联想、中兴和华为看中国技术赶超的不同道路》，中国政治经济学智库（公众号），2019 年 10 月 23 日。
② 闫德利：《中美数字经济的差距》，腾讯研究院（微信公众号），https：//mp. weixin. qq. com/s/07vZMTK66e2Q89JxOWOs2g，2021 年 6 月 22 日。
③ 张雪：《中国需要什么样的工业互联网初创公司》，虎嗅 APP（微信公众号），https：//mp. weixin. qq. com/s/7pUhIXqVkuelQTLrf2smqg，2020 年 11 月 13 日。
④ 《数字变革：工业经济转型的 4 个样本》，36 氪（微信公众号），https：//mp. weixin. qq. com/s/DhtoSo55_ xwH5i6mKHWzzw　2021 年 11 月 9 日。

正像以具有家庭副业的小农业和城市手工业为"枢纽"的社会所拥有的交通运输手段，完全不再能满足拥有扩大的社会分工、集中的劳动资料和工人以及殖民地市场的工场手工业时期的生产需要，因而事实上已经发生了变革一样，工场手工业时期遗留下来的交通运输手段，很快又转化为具有狂热的生产速度和巨大的生产规模、经常把大量资本和工人由一个生产领域投入另一个生产领域并具有新建立的世界市场联系的大工业所不能忍受的桎梏……交通运输业是逐渐地靠内河轮船、铁路、远洋轮船和电报的体系而适应了大工业的生产方式。但是，现在要对巨大的铁块进行锻冶、焊接、切削、镗孔和成型，又需要有庞大的机器，制造这样的机器是工场手工业的机器制造业所不能胜任的。

因此，大工业必须掌握它特有的生产资料，即机器本身，必须用机器来生产机器。这样，大工业才建立起与自己相适应的技术基础，才得以自立……但只是到了最近几十年，由于大规模的铁路建设和远洋航运事业的发展，用来制造原动机的庞大机器才产生出来。①

科学本身不费资本家分文，但是要利用科学，如电话等利用电磁规律，就需要花费资本的昂贵的和复杂的设备。同样，进入大数据和智能化生产的时代，与信息化深度融合的工业必须有自己的技术基础。于我国而言，2022 年习近平总书记指出，做强做优做大数字经济要加快数字信息基础设施建设，提升关键软件的创新和供给能力。②数字基础设施的重要性毋庸置疑。将工业互联网发展纳入国家发展规划，凭借已掌握的科技资源、生产经验和公有制资本的力量，快速完成网络建设，将有助于作为市场主体的生产企业精准对接物资供需信息，实现产能共享和智能决策，打造出相互支持的产业生态共同体。

---

① 《资本论》（第一卷），人民出版社，2004，第 441 页。
② 习近平：《不断做强做优做大我国数字经济》，《求是》2022 年第 2 期。

（四）智能制造：操作经验的数字化与智能化

智能制造要解决三个基本问题：差异性更强的定制化服务、更小的生产批量、不可预知的供应链变更。生产机构要具有对外界变化做出即时反应的能力，就要求建成单个企业内部的数字系统，以及智能产业集群所依托的数字化系统。

智能制造是自动化的升级，以往的自动化是物理世界看得见的自动化，如机器人、数控机床等；智能化时代的自动化是看不见的自动化，即数据在企业内部自动的流动，在采集到一定的客户需求信息后，信息在经营管理、产品设计、工艺设计、生产制造、产品测试、产品维护的每一个环节流动。这些信息不断被加工、处理、执行，在这个过程中，把正确的数据在恰好的时间以合理的方式传递给恰当的人和机器。

生产流程的数字化改造并非新生事物。20 世纪下半叶开始，数字技术便在生产过程中得到应用，实现对生产流程的信息化管理。制造业成为最需要信息通信技术的部门，以汽车制造为例，通用生产的每一环节都包含对信息通信技术的推广。美国通用在 1984 年耗费 25 亿美元收购了美国顶级计算机服务提供商 "电子数据系统"，将内部碎片化、功能上彼此分离的数据处理与沟通系统整合起来。在通用汽车的要求下，"电子数据系统" 横跨企业庞大复杂的结构，打造在线连接系统，以联通订单、航运、金融、库存与材料管理。通用的工程师开发出一套 "制造自动化协议"，以保证此前工厂里互不连属的机器之间，以及与中央计算机设备之间能够交换与共享信息。通用汽车专属的电子数据交换系统将众多供应商与其自身的设计、制造与销售系统相连接。传感器成本的下降与企业数据分析系统的建立，意味着汽车产业发展向海量、多样、随时连线的机器通信与数据流转型。数字设备供应商、系统集成商、云服务供应商以及数据分析企业共同打造了智能制造的基础体系。

新一代人工智能突破既有的数字化应用水平，本质特征是开始具备自我认知和学习能力，能够自主生产并应用知识。制造系统中问题的发生和解决的过程中会产生大量数据，通过对数据的分析和挖掘，可以了解问题如何发生、造成的影响以及解决的经验；这些信息在被抽象化建模后转化为新的知识，而新的知识被利用去认识、解决和避免问题。一旦这个过程能够自发自动循环进行，就实现了我们说的智能制造。例如，在化工工厂中，生产装置有几千个回路和几万个控制点，难以通过改变个别点的状态改变全局，中国化工流程工业服务大数据平台设计的"蓝星智云"蚯蚓盒子在一定程度上解决了该难题，通过积累历史生产过程中产生的海量数据，运用机器学习发现新的数据规律，支持了更加安全优质的生产。[1]

正如前文中指出的信息记录和传输方式的进步是生产组织演进、市场规模扩张的重要技术基础，智能化生产时代的一个重要标识同样是信息流动方式的变化。传统工业生产的信息流动建立在文档传输的基础上，而智能制造所依托的信息流动是基于模型的几何、性能、工艺的流动。获取数据、数据治理的共享服务使数据成为优良资产；数据分析和应用，不仅是已知业务的智能化，还包括进一步对数据业务规律的挖掘分析、基于数据分析决策的优化应用。制造业集群的数字化转型，主要是为了减少产业环节间的信息鸿沟和数据孤岛；电商也从销售端积累消费大数据，形成产品改进要求或创新需求的反馈，推动制造企业的产品创新。

例如，针对广东省已经具备的典型制造业集群条件，包括顺德小家电、中山灯饰、汕头玩具等，广东省工信厅于 2019 年形成市场主导、政府引导的基本思路，由系统集成商和工业互联网平台商、服务商牵头组建产业联合体，摸清集群产业现状、问题和企业分布，制定集群短板补齐计划和集群转型路线图，通过共享多种设备和服务的共享制造平台，整合多样化制造资源，进行产业集群数字化转型设计。佛山塑模集

---

① 《数字变革：工业经济转型的 4 个样本》，36 氪（微信公众号），https://mp. weixin. qq. com/s/DhtoSo55_xwH5i6mKHWzzw，2021 年 11 月 9 日。

群企业通过对接广东智塑科技互联有限公司，掌握模具生产流程的参数和进度，实现不同品牌设备之间的协议兼容。[①]

从工业互联网的搭建到智能制造的运行，技术体系都建立在知识沉淀、信息自动转化的基础上，这也引发了劳动过程中的一个经典问题：智能化生产时代，概念与执行的分离是否会加剧，从而更深刻地演绎马克思就机器大工业时代总结出的"科学对于劳动来说，表现为异己的、敌对的和统治的权力"[②]？科学建立在对自然规律提炼的基础上，不是资本的创造物，在前工业化时代，人类生产范围内有限的知识与经验同劳动本身直接联系，并未发展为同劳动分离的独立力量，但是伴随科学与生产经验在机器中的沉淀，资本利用科学，凭借对机器的私人占有，也在相当程度上占有了科学，这样一来，科学作为应用于生产的科学就和直接劳动相分离。[③] 工业互联网、智能制造的运行加剧劳动异化有两个直接关联的条件：一是作为最重要生产资料的数据和平台的所有权；二是工业互联网与智能制造有助于传输和放大劳动经验。第一个条件我们将在后文的制度分析中再次触及，这里先关注第二个条件。

西门子数控在介绍其数字化转型经验时谈到，他们对数字化工厂的建设期望，不是打造无人工厂，而是将生产过程中人的经验变为数据，实现经验的透明可见，以更好地指导管理决策的过程。因为所有的操作步骤本身就包含数据，强化员工的数字化意识尤其重要。如果工人本身不理解数字化的目标和重要性，就会导致数据归集工作无法推进，没有相应的技术知识储备会导致数字化应用无法落地。因此，培养员工关注数据和应用数据的习惯和能力是很有必要的。工业数字大脑的形成依赖于生产者充分参与信息生成过程，甚至是数据分析和商业决策过程。数字化改造不是机器对人的替代，而是通过对人在各个环节的体验的数字

---

① 王缉慈：《关于制造业集群数字化转型的思考》，澎湃新闻，https://www.thepaper.cn/newsDetail_forward_12540331，2021 年 5 月 6 日。
② 《马克思恩格斯文集》（第八卷），人民出版社，2009，第 358 页。
③ 《马克思恩格斯文集》（第八卷），人民出版社，2009，第 357 页。

化，来提高和增强整个过程的操作效率和适应性。[①]

此外，荣耀智能制造产业园的设计理念也包含对劳动经验的数字化转变，并以此为基础实现生产的优化。2021 年 11 月，荣耀智能制造产业园开始对外开放，具备研发、试制和批量制造融合一体的能力。尤其值得关注的是，荣耀智能制造产业园虽然使用了大量的自动化设备，但仍招聘了很多专业化工人。在荣耀智能工厂的产线上，贴片等通用型环节主要使用自动化设备，但在组装检验等个性化环节则使用人工。根据负责人介绍，荣耀智能工厂生产线的工人，实际上是技术工程师，基于长期在产线上的工作，对智能设备的理解非常深，极大地降低了产品报废率和损失。尤其是对于新一代产品研发，荣耀智能工厂将产线上的工程师和工人请到研发中心和新产品验证中心，一起攻克问题。因为一线制造人员很清楚设计是不是可以在生产线上被实施。[②] 同样，在化工行业中，由于技术秘诀没有统一标准，好的生产经验很难固化，而数字化改造可以将最优生产经验固化为标准，实现精益生产。

综上，在智能制造突出系统的自发积累、学习，打造物理世界的数字孪生的同时，数字化转型的理想形态，是结合与放大最优的操作经验，实现人与机器（互联网）的协同，而非简单的机器对人的替代。

五　数字经济赋能实体经济高质量发展的制度条件

当前，数字经济的核心技术体系作为一组创新集群，带动生产力发展的潜能和引发生产组织方式变革的实践，已经获得了广泛的关注。而要进一步发掘数字经济助力实体经济发展的能力，除了上文基于技术特征改造劳动过程，促成相应的技术条件建设外，还需要相应的制度体系建设，即市场经济环境下数字经济有序运行必要的基础制度建设，以及

---

① 《西门子数控：数字化转型最终落实在人的转型》，《哈佛商业评论》2020 年 12 月。
② 林腾：《荣耀在深圳坪山自建工厂，工人薪水比行业高出 50%》，《界面新闻》2021 年 11 月 5 日。

社会主义生产关系条件发挥数字技术的协同、共富潜能，进而为经济循环格局的优化提供新的动能。社会主义的数字经济治理原则，不仅包括数字化体系的持续建设，也面临抑制平台垄断、保证就业质量、增强技术发展普惠性等问题。

（一）平台垄断的内生性与基本治理逻辑

数字经济与实体经济融合包含两类基础设施：一类是物质基础设施，通过新基建解决连接通道、数据质量、可靠性等问题，我们已在上文有所涉及；另一类是制度基础设施，针对数据要素和平台的天然性质，打通数据供应链、建立数据的确权定价交易机制，形成平台治理的核心方案。

数字经济发展需要有完善的社会主义市场经济体制支撑，不仅包括系统的发展规划，也明确了在既有法律框架内相对空白的数字经济中的主体权责、数据要素的所有权划分和信息安全保护等；还需要立足市场主体的培育，建设在数字经济各个专门领域具备世界一流竞争力的企业，在市场机制的决定性作用下，推动数字产业的跨越式发展。[1] 习近平总书记之于数字经济发展的战略计划，除了针对技术层面的部署外，还特别提出了"规范数字经济发展""完善数字经济治理体系""积极参与数字经济国际合作"的要求，其中特别强调对公平竞争的审查，完善法律和监管，加强安全风险预警等。[2]

相比于传统的天然垄断，数字技术支持的平台垄断呈现不同特征。例如，电力、铁路和电信的技术与细分市场已相对固定，但是数字技术和需求还在持续变化，在数字技术的产业生态系统中，新产品、新服务快速涌现和迭代。这既是技术生命力的表现，也对传统监管方式造成极大挑战，监管机构很难提前识别并监管，特别是规模越来越庞大的平台组织，呈现"大而管不了"的特点，理论上查补漏洞式的监管可能永

---

[1] 石勇：《数字经济的发展与未来》，《中国科学院院刊》2022 年第 1 期。

[2] 习近平：《不断做强做优做大我国数字经济》，《求是》2022 年第 2 期。

远滞后于"无序"扩张的数字资本，需要有通用性较强、风险防范能力高的法规支持。

对此，加强合规监管，针对搜索性平台、电子商务平台、社交平台、移动支付平台等不正当竞争的行为表现差异，需要针对性的分类监管措施。例如，智能算法可能最大限度地获取消费者剩余、构筑信息茧房、损害平台从业者权利等，必须加强算法监管，协调多方利益。① 因而，面对新产业革命，既需要政府为新技术扩散提供足够的支撑条件，也需专业性更强的治理制度体系、足够风险预警能力的监管体系，以及在就业和分配等方面的积极干预。

资本主义生产方式下，科学的应用与技术研发由资本主导，也就顺应了商品生产所有权规律转变为资本主义占有规律的一般性，技术进步在分配层面的偏向即由资本获得绝大部分收益，而非生产力发展的普惠共享。这一基本趋势自机器大生产时代启动，如马克思所言："应用机器的大规模协作——第一次使自然力，即风、水、蒸汽、电大规模地从属于直接的生产过程，使自然力变成社会劳动的因素。（在农业中，在其资本主义前的形式中，人类劳动只不过表现为它所不能控制的自然过程的助手。）"② 由于只有借助机器的使用，才能让自然力作为劳动过程的因素发挥作用，技术进步就表现为人利用机器去占有自然力的过程，自然力是公共资源，但是其效能被私人所有的机器圈占。伴随机器成为主人的机器，机器职能被界定为机器所有者的职能，"体现在这些机器中或生产方法中，化学过程等等中"③ 原本是自然规律和共同智识的科学，就成为私人所有物。

正如当前，数据是所有人共同活动的产物，但是借助对平台和算法的占有，数据带来的收益被平台资本获得。技术进步无法自动实现包容

---

① 江小涓、黄颖轩：《数字时代的市场秩序、市场监管与平台治理》，《经济研究》2021年第12期。
② 《马克思恩格斯文集》（第八卷），人民出版社，2009，第356页。
③ 《马克思恩格斯文集》（第八卷），人民出版社，2009，第358页。

性的增长和利益分享。在基础设施建设这样的领域，不同于高速公路等基础设施建设可以完全来自政府决策与公共资金，数字基础设施建设包含多个供应商，多主体参与，数字经济天然包含去中心化的多元治理要求。

平台对公共数据的私人占有现象及其引发的社会问题在当前获得了更多的关注。如赵燕菁提出，平台企业的超高估值来源于用户提供的大数据，将数据的初始产权确权给平台企业符合基本经济效率要求，一定的市场占有率和垄断性是符合平台的技术特征的[①]，平台拆分也无助于改善消费者福利。因而，监管不应只是针对平台的规模，也并不意味着平台应该攫取源自共同数据的全部收益。作为当前最重要的"自然资源""原材料"，数据的确权涉及巨大的社会财富分配，平台及其数据的产权结构就决定了社会的财富分配格局。应该有专门的制度设计，在不违背平台基本经济效率要求的前提下，将基于公共数据资源形成的部分价值从平台中萃取出来交于公众。

无独有偶，作为国家创新理论的代表性研究者之一，英国学者马祖卡托分析资本主义在疫情后的发展道路时提到，不论是对于本就属于公共所有的自然资源还是对于集体行为产生的数据，都应当建立一种公共基金，使得共同创造的财富为更多人分享。她提出，诸如药物、互联网、可再生能源等都是在政府大量投资和承担风险的情况下，在无数劳动力投入的情况下，通过公共基础设施和公共机构支持发展的，不应将其投资风险社会化而将其收益私人化，需要认识到新科技的价值是由公众创造的，并使得创新回报得到更公平的分配。[②]

（二）数字经济推动共享发展的理论条件与实践经验

在全面建成中国式现代化的背景下，数字经济与实体经济的融合发

---

① 赵燕菁：《平台经济与社会主义：兼论蚂蚁集团事件的本质》，载《政治经济学报》（第20卷），格致出版社、上海人民出版社，2021。
② Mariana Mazzucato，"Capitalism after the pandemic：Getting the recovery right," *Foreign Policy*，2020（10）：50-61.

展，需要数字经济推动实际资本的持续积累和经济良性循环，极力避免平台技术特性可能引致的技术封建主义，实现包容性增长、普惠性红利共享。①

1. 生产关系再生产的技术潜能与发展方向

就资本积累的内在矛盾而言，一轮影响力足够深远的技术进步能够在一定时期通过产业协同的生产力发展、使用价值层面的正和分配，相对缓和积累矛盾，但是将持续面临加剧的生产力膨胀与有限的市场空间的矛盾。已有历史经验显示，每一轮产业革命都意味着大资本在占有先进技术、生产与分配的主导权方面，与小生产者的差距日益扩大。

杨虎涛在评析佩蕾丝的"技术—经济范式"时提出，技术进步不仅涉及新的利益创造机制，也触及利益分配格局变化，抵御经济衰退无法期望技术革命从天而降，需要的是"社会—政治范式"的革命。技术革命对社会结构的影响，既可能是技术封建主义加剧分裂，也可能是更大的协同共享，关键在于政策的设计与引导。② 高质量发展具有创新、协同、共享的内在属性，需要技术—经济范式与社会—政治范式的匹配在最大限度上释放技术革命的经济潜能，同时实现增长红利共享。

伴随互联网全面渗透各类生产和个人消费活动，面对互联网和绿色能源提供的技术可能、万物互联的技术前景、智能算法最大限度地优化资源配置的潜力，里夫金对互联网生产的协作式技术，使得资本主义私有制竞争驱动下的生产向集体协同生产的演进做出了一系列乐观的规划。2015 年前后，Uber、Airbnb 等平台企业的兴起也曾一度擎起共享经济的大旗，但结果表现为平台资本权力聚集并摄取高额垄断租金，与之相对就业和收入更不稳定的零工经济兴起，劳资间的利益分化加剧。回到历史唯物主义的视角，互联网之协同主义技术潜质被平台"封建

---

① 杨虎涛：《新发展格局为导向的数字经济与实体经济融合》，在"中国政治经济学 40 人论坛·2020"上的演讲，https://mp.weixin.qq.com/s/Mpwa24Sw49eJxME4g7GDQw。
② 杨虎涛：《社会—政治范式与技术—经济范式的耦合分析》，《经济纵横》2020 年第 11 期。

制"生产抑制的现象，直观地展现了生产力与生产关系的有机互动，互联网技术这一新的生产力为集体所有、协同生产的生产关系出现奠定了基础；然而，资本主义社会的主导性生产关系——私有制与价值增殖规律，却再生产了生产力可能的发展方向。

马克思在批判穆勒等资产阶级经济学家的"补偿理论"时曾提出，尽管在一个工业部门中被机器排挤的工人可能在其他部门找到就业机会，但是要留意这里的就业降级问题，工人离开原有的劳动领域可能会贬值，只能在少数低级、拥挤和工资微薄的劳动部门工作，大工业需要的是适应于不断变动的劳动需求从而可以被随意支配的人。[①] 从数字技术对生产过程和就业质量的影响来看，一方面，前文提到智能化生产需要调动所有参与者经验的数字化积累与贡献；另一方面，我们也目睹了，对生产步骤精细的数字化跟踪，使得企业对劳动者操作方式的跟踪监控能力达到了前所未有的高度。智能算法在"无限"提升资源配置效率的同时，使得劳动者和劳动者的全部时间被裹挟到为资本生产价值增殖的系统，与数字经济相关联的平台众包劳动模式，打破了既有的劳资合约关系，就业不稳定性增强、劳动强度提升等成为全球共同面临的问题。

数字经济背景下，不断有学者提出警示，新技术替代的岗位和创造的就业岗位需要的工人类型可能并不同，结构性失业加剧的风险一直存在；新岗位就业质量下降的问题亦不容忽视。根据国家统计局发布的数据，2021 年底我国灵活就业人员规模已达两亿人，数字经济在其中提供了大量新的就业形态，这给以往与正规就业绑定的职工社会保障制度改革带来了巨大挑战。2008 年我国《劳动合同法》出台、最低工资制度调整落实，对保护劳动者权益做出了极大贡献，在数字经济推动的灵活就业形态下，劳动保护法规的作用效力面临挑战；与此同时，国家的就业政策怎样处理快速技术变革带来的失业风险等，成为数字经济推动

---

① 《资本论》（第一卷），人民出版社，2004，第 561 页。

实体经济高质量发展过程中，理顺经济循环和社会主义生产关系建设必须处理的问题。

总之，规避数字经济在提升劳动强度、降低就业质量、加剧贫富分化等方面的技术风险，需要依靠社会主义生产关系对技术运用方式的控制力。

2. 数字经济助力共同富裕的实践经验

《"十四五"数字经济发展规划》专门将"数字化公共服务更加普惠均等"作为一项战略目标，数字技术被赋予了极强的社会主义生产关系属性，作为消除贫困和不平等的重要工具。2020年末以来，中央出台一系列规范资本行为的举措，极大地扭转了平台企业的运营思路与行为选择，不少企业基于通过主营业务建立的技术渠道优势，加大对落后产业、贫困地区的扶持力度，发掘和培育新的生产能力，在对低收入群体的扶贫过程中，也找到了新的蓝海，关于这点有很多代表性的案例。

例如，拼多多基于平台已建立的渠道优势，改善农产品流通环节，尝试助力农业生产技术的现代化。在国家整体政策环境的引导下，2021年以来，拼多多减少了营销开支，增加研发费用，特别是将利润直接投入农业科技领域，立足已建成的流通渠道和技术优势，推动农业数字化。凭借数字化、智能化管理的渠道优势，当2021年7月河南遭遇洪涝灾害时，拼多多及时将河南、山东和安徽等省份的库存打通，短时间内向受灾地区输送大量救援物资。此外，传统农业电商仅能解决农产品的供销流通问题，种植、生产加工等农业产业链前端环节尚未被数字化改造。针对农业电商的短板领域，拼多多推出"百亿农研计划"，与顶级农业科研机构合作，在科学种植、农业机器人、未来食品等领域进行了多项投入，并帮助新技术在实际生产中落地。拼多多在农业科技上的投入和对农产品流通环节的改进，也在激烈的电商平台竞争环境中为自己建起了基本盘和护城河，涉农产品是其经营中增长最快的部类，农产品高复购率、高用户活跃度的特征，帮助该公司维系了 8 亿个活跃用户。① 总之，拼多多加入数字化农业发展，既是凭借自身已积累的互联网红利和经验，同时也为自己开拓了具有长期竞争性的新领域。社会主义市场经济中的企业，不论所有制类型，既是独立、灵活的可盈利的市场主体，又能将盈利与业务经验融合并致力于共享发展的实现。

同一时期，字节跳动等公司直接参与扶贫项目，在尝试创造社会价值的同时，也为自身带来了商业价值。根据邢小强等学者的分析，字节跳动扶贫项目中社会价值的实现方式主要是帮助土特产销售，助推乡村旅游消费，培训乡村新媒体人才，建立草根创作者、扶贫企业和平台用户的互动网络，形成新的交易机会。企业商业价值的实现主要在于深化对农村市场、扶贫企业的了解，积累对巨大潜在市场空间的知识；同时，被平台帮扶的用户会在长期内为平台贡献能取得商业收益的新的创作内容。平台扶贫的社会价值与商业价值在此形成了很好的共生互助，从而有了共享价值的创造，而这一模式得以形成的物质基础在于平台企业掌握的数据资源和数字技术，实现了对平台内外资源更有效的动员与配置。平台也因此具备更强的动态能力，能更及时地发现需要履责的社会议题，从商业化层面到公益性场景切换资源的使用，并在履责过程中形成新的知识，而这为平台的商业化经营提供了新的资源和经验支持。②

此外，如近年来颇受关注的山东曹县丁楼村电商发展，也是基于互联网技术与合理制度的有机结合。农户初始技术能力的差异使得它们利用电商网络的能力存在差别，原本可能加剧数字鸿沟，扩大社会不平等，但是有利的制度环境帮助缩小了初始技术差距，推动了技术互惠。这里的制度环境既有乡土社会的互助传统，帮助后来者获取原始技能，

---

① 钱德虎：《拼多多"土"了，也更稳了》，虎嗅 APP（微信公众号），https://mp.weixin.qq.com/s/IfpeVPBHFaBwBv3che2w，2021 年 11 月 27 日。
② 邢小强等：《数字平台履责与共享价值创造——基于字节跳动扶贫的案例研究》，《管理世界》2021 年第 12 期。

使之快速融入新的生产体系，还包括在脱贫攻坚、乡村振兴的政策大背景下，地方政府、平台企业等给予的支持，如 2013 年起当地镇政府帮助农户注册电商、保障电力供应、放松土地管控，允许个人搭建临时厂房铺面（伴随当地产业集群的发展，县政府进一步协调土地指标，调整出 300 多亩土地使大集镇建设了电子商务产业园）、减免水电费、进行光网改造等。既从基础设施层面提供帮助，又鼓励企业建立扶贫车间，政府提供补贴、协调场地等，帮助原本技能水平较低的农户获得就业机会和劳动技能积累，分享到农村电商发展的数字红利。曹县农村电商的发展也成为公共政策引领技术红利平等分配的典型案例。[1]

值得额外关注的是，数字技术也帮助曹县寻找到了适当的产业集群。曹县经验显示，已有产业基础和经济发展水平并非当地赶超式发展的决定性因素，主要是初创者基于互联网寻找到蓝海产品，形成了创业突破并能在当地产生极强的产业示范效应。[2] 其他乡村地区在学习曹县经验时，也应关注数字经济如何在本地的实际经营领域落地、在与实体经济的结合中形成当地长期发展可依靠的产业基础。尤其是在构建新发展格局的背景下，农村地区产业发展、农民收入增长是大循环需要打开的空间，2019 年我国月收入 2000 元以下的 9 亿人口中，农村居民占据 6 亿人。数字经济提振乡村经济发展，帮助农村地区在农、工、商适当领域获取发展空间，对于创造就业、提升农民收入、消费扩容，改善国内大循环都有着更为深刻的意义。

总之，回到振兴实体经济所需的结构性条件，数字经济发展意味着一组重大技术创新的出现，催生了新产品、新产业和新基础设施建设，提供了资本品、消费品的产品创新，也意味着一组同时包含公共和私人部门的重大投资集群的产生，是通过技术创新建立新的增长引擎、推动资本从金融等领域回归实际资本积累的重要契机。数字经济发展还意味

---

① 邱泽奇、乔天宇：《电商技术变革与农户共同发展》，《中国社会科学》2021 年第 10 期。
② 罗震东：《新自下而上城镇化：中国淘宝村的发展与治理》，东南大学出版社，2020。

着经济循环过程的改进，大数据、智能算法等为旧产业更新升级提供了新的关联技术和组织法则，将促使整个生产体系获得更高的生产率，夯实劳动者增收的物质基础，并提供新产品的消费能力，促进生产、分配、消费间的高水平动态均衡与利润率提高；数字技术最核心领域的自主创新，也是优化内循环格局、建立双循环协同的基础。与此同时，数字经济具有绿色、协调、共享发展的潜能，社会主义生产关系的内在属性将为此提供制度支持，并在数字经济的治理实践中推进我国经济治理具体制度体系的升级。

第六章 制度体系：社会主义经济制度赋能实体经济

在前文的分析中，我们已经明确了，实体经济保持积累动能、获取适当利润率、加强技术创新等，都与良好的制度环境密切相关。围绕本书的研究主题，经济制度体系助力实体经济发展的总逻辑，要能有效协调市场经济运行过程中的矛盾，推动技术创新、改善经济循环过程，促进社会主义本质的实现。本章将首先考察中国特色社会主义经济制度体系生成强大的经济治理能力的总逻辑，其次分析对实体经济良性循环与技术创新有重要作用的三类具体经济制度的运行，包括：共同富裕导向的收入分配制度改革如何释放新的增长动能，推动地区间协调发展的区域政策如何催生新的增长极，促进前沿科技创新的新型产业政策如何再造新的生产力。这三类经济制度作为中国特色经济治理体系中的代表性制度，也通过改善分配格局、扩大需求规模、提升投资产出效率，为保持合理的利润率、实现实体经济高质量发展提供支持，并在实践过程中，不断"推进我国社会主义制度自我完善和发展，赋予社会主义新的生机活力"[1]，最终呼应了本书核心框架——经济循环、技术创新、制度体系三者间的有机互动。

---

① 《习近平总书记重要讲话文章选编》，中央文献出版社，2016，第97页。

一 社会主义经济制度推动经济发展的总逻辑

我国经济治理的制度体系建立在社会主义基本经济制度基础上。[①]近年来，围绕中国共产党带领人民探索经济现代化的百年道路、新中国经济建设的七十年经验，以及改革开放四十年快速的经济增长，学界较多地关注到党领导下的国家经济治理，如何形成特殊的经济制度安排以及形成了哪些特殊的经济制度安排，赋能于稳定的经济增长并不断解决不平衡不充分发展的问题，其中涉及的理论与经验完全超越了经典教科书中的记录。在分析中国经济问题时，要明确任何一种具体经济制度、政策的作用方式，都需要立足党领导下经济治理体系赋能于经济发展的总逻辑与经验。为此，本节从整体上简析社会主义经济制度的概念，特别是党领导下的经济制度及其变革何以具有不断推进经济增长和社会主义本质实现的能力。

（一）经济制度的含义及其与经济发展的理论关系

涉及经济制度与经济发展的文献可谓汗牛充栋。制度本身是马克思主义经济学重要的研究主题。作为一定社会生产关系或经济关系的制度化，经济制度能够反映特定生产资料所有制决定的生产、交换、分配、消费性质及其相互间关系，体现了经济角色间的矛盾与利益关系。经济制度与现行经济运行方式匹配与否，直接对经济发展起到推进或制约的作用，而经济制度自身也在与经济运行的互动中演化。

1. 马克思主义经济学的制度含义与制度变革

马克思主义经济学在历史唯物主义的方法论基础上分析了技术进步、经济增长与社会经济制度间的有机互动关系，二者之间或是相互协调促进，或是一方滞后呼唤另一方的适应性调整。若调整失败就可能陷

[①] 何自立、岳欣：《新时代我国经济治理体系的健全与完善》，《当代经济研究》2020年第10期。

入发展困局，并昭示革命性的重大制度变局出现。本书第二章中关注到的调节学派、积累的社会结构理论的典型贡献，即将影响资本积累的制度形式（如劳资间的权力分布、资本间的竞争体制、政府在市场中的角色等）充分纳入，考虑一整套制度变化如何改变积累行为进而作用于经济运行的总过程。对资本积累制度结构的分析，使得资本主义不同的类型学特征得以呈现，也为抽象层次相对较高的马克思经典资本积累理论提供了一种中间层的制度分析。同时，如第二章所述，积累的制度结构变化也为中国经济增长的分阶段模式、动力、结构特征等提供了研究的理论参照系。

在对经济制度的概念做分层讨论时，李萍等将马克思主义经济学的经济制度，分类为核心经济制度（内核层）、基本经济制度（基本层）和具体经济制度（表面层）。[①] 其中，核心经济制度是经济制度的内在属性，反映一个社会相较于先前社会或其他社会在经济制度上的根本特征，具有持久稳定性，社会主义的核心经济制度就是生产资料公有制与按劳分配。基本经济制度取决于特定国家或地区处于基础地位的经济制度的属性，由特定阶段占据主导地位的生产资料所有制和社会再生产总过程各个环节的制度性原则共同构成，具有一定社会的特殊性和渐变性。基本经济制度可以遵循和适应现实经济、生产力发展需要做出适当调整，但其根本朝向是要稳固核心经济制度的本质规定。新中国成立以来我国基本经济制度的变迁，从社会主义改造建立全面公有制，到改革开放逐渐引入以公有制为主体基础上的多种所有制，再到十九届四中全会将所有制、收入分配制度以及社会主义市场经济体制共同纳入基本经济制度，都是符合上述描述的，既体现了适应性调整的需要，又反映了社会主义核心生产关系的稳固。具体经济制度则是特定生产关系的实现形式，是各类要素的具体结合方式、经济当事人的行为规则，反映资源配置方式和调节机制，具有较强的应变性与灵活性。生产力与经济制度

---

① 李萍等：《新中国经济制度变迁》，西南财经大学出版社，2019。

的互动直接表现为具体经济制度的适应性调整。在科学社会主义总的意识形态引导下，具体经济制度与生产力的互动促进，还将使得社会主义经济制度不断地渐进改革与完善，并且稳步朝向社会主义核心经济制度的本质规定。

从我国社会主义经济制度体系来看，微观的企业经营制度、农村基本经营制度，中观的城乡、区域、产业制度以及宏观的收入分配制度、劳动力市场制度、对外开放制度、宏观调控制度等，都属于具体经济制度。中国改革发展的历史实践，既是生产力发展、人民福祉增加的过程，也是社会主义经济制度体系不断丰富完善的过程。在不同学者的分类中，具体经济制度或有不同的结构与内容，但是一个共同的需要关注的本质问题是，具体经济制度的及时有效形成与调整是如何实现的，以确保制度体系与生产力之间的衔接，并保障社会主义核心经济制度的稳固。这里要加以说明的是，"政策"与"制度"存在概念区分，本章将收入分配"制度"、区域"政策"、产业"政策"作为关乎实体经济发展的代表性制度类型并行关注，原因在于：经济政策一般直接作用于市场上的供求关系及价格信号，以调整经济活动的运行；经济制度则涉及规则对经济当事人相互关系以及行为可能阈的设定。在我国经济体制的实际运行或具体经济制度的形成过程中，一般存在从政策推动、实践检验到制度确立的过程。产业、区域和收入分配政策的适时改革和升级就是中国具体经济制度适应性调整的过程，故对"政策"和"具体制度"并行考察。

2. 新制度经济学的制度含义与理想制度类型

新制度经济学意义上的正式制度一般意指由规则确立的事物运行秩序。就制度与经济发展的关系而言，新制度经济学者将大量具体制度形式纳入对不同国家经济发展能力的考量，尝试为后发国家提供制度优化以推进经济发展参考的经验。在基于新制度经济学范式理解中国市场化改革以来的经济制度变迁方面也获得了较多的文献积累。但是需要关注的是，新制度经济学总体上接受并延续了新古典经济学的内核假定，一个向好的制度总是要减弱市场的不确定性、降低交易成本，形成对当事人有效的约束与激励，默认"市场促进性政府"对发展是最有利的，这里"制度"介入的目的是扩大新古典经济学理论的适用场景。因而，新制度经济学本质上是面向确定结构的功能主义解释，这或许意味着它难以有效地刻画制度变迁。对于中国经验而言，经济制度在不断巩固市场作用的同时，也为政府确立了不断更新的职能空间。如唐世平和张雨亭提出，新制度经济学对产权、约束政府和可信承诺（作为一个良好制度结构）的依赖来自英国早期经验，并认为这是万能的制度框架，但现实样本要丰富得多。例如，不具备这种理想型制度的国家却形成了强劲的增长模式，发展并不是要"万事俱备"才能实现的。大多数制度经济学，尤其是比较制度分析的案例，多以国家如何运用宏观经济政策为案例，却无法解释缔造发展型国家的更为基础的制度。这样一来，就可能使得研究陷入循环论证当中，如果发展需要具备所有好制度，那后发国家将无法发展。[①]

不论是马克思主义经济学从生产关系内核到经济运行机制表层的制度体系，还是新制度经济学的制度研究，共同面临的问题都在于：不仅要解释有助于经济发展的制度形式是什么、有哪些，还要进一步明确制度变迁、升级的能力如何形成，所谓更具包容性的制度体系如何实现，这一制度体系对经济发展的"赋能"机制又是怎样形成的。

在中国特色社会主义的建设历程中，基本经济制度演进、具体经济制度体系变革的历史，是对生产力一元决定论的超越。制度变革体现了科学社会主义的核心要义和党的领导下的自觉进步，制度的创新与跃进在一定程度上领先于生产力基础，对中国经济增长与人民生活改善发挥了突出的作用。在历史唯物主义的视域下对我国"生产力、生产关系和上层建筑"的有机互动做出合理解释，必须对接好制度的相对自主性与生产力发展最终对制度正义性和稳固性的检验。如果参照新制度经济学

---

① 唐世平、张雨亭：《经济发展的新制度经济学：一个根本性的批判》，《经济社会体制比较》2021年第6期。

意义上的强制性制度变迁与诱致性制度变迁，党带领人民逐步克服社会主义初级阶段主要矛盾、推进社会主义根本任务实现的过程，也是制度安排在自上而下与自下而上的互动中达成协调的过程。具体经济制度有多个种类与条目，但是在中国社会主义经济发展过程中成功发挥作用的经济制度，总是需要在保持经济增长与推进共同富裕间达到相对的统一。

2021 年前后，在建党百年的背景下，有关中国共产党经济治理能力的文献，大多围绕经济治理制度体系如何形成并发生作用而展开。经济发展的制度研究涉及的首先是制度形成的基本能力问题，然后是具体制度的作用机制问题。2016 年，习近平总书记提出中国特色社会主义制度是在党和人民共同奋斗、创造、积累过程中形成的结果①，明确了社会主义制度是一个变迁的体系，而其变革的动力来源是党和人民共同的作用。制度不是静态的封闭系统，社会主义经济制度和治理能力，是党依照科学社会主义理论在革命、不断的改革和建设中逐步发展与完善的②，也是人民作为实践主体的集体智慧的结晶，并由此形成了诸多可以总结的新的经验。

（二）党领导下经济制度体系升级的实践经验与学理依据

在第二章积累的制度结构研究中，我们已经看到，政府作为重要的经济主体甚至作为生产性主体，是在现代资本主义经济制度演变过程中发生的，但社会主义的政府不仅对积累过程中的矛盾进行协调，还作为人民总的利益的代表，推进社会主义根本任务实现。在中国特色社会主义市场经济实践中，政府作为公共产权和集体利益总代表的角色，完全超出了新古典综合派对政府"守夜人"（古典经济学）和"救火队员"

---

① 习近平：《在学习〈胡锦涛文选〉报告会上的讲话》，《人民日报》2016 年 9 月 30 日，第 2 版。

② 张树华、王阳亮：《制度、体制与机制：对国家治理体系的系统分析》，《管理世界》2022 年第 1 期。

（凯恩斯主义）角色的描绘。要理解政府行为的根本价值导向，必须将党对国家经济治理的最高领导纳入进来。例如，高帆提出，需将经济体制研究中典型的政府－市场两分框架，扩展为党－政府－市场的三位一体框架，政府和市场职能的协调是在中国共产党推动社会主义现代化的持续稳定的理念和价值导向下进行的。[①]

党领导的国家经济治理，具体表现为国家发展的一系列战略规划要坚持人民至上的原则并满足科学社会主义的根本要求，而要确保党的社会主义核心追求贯彻于经济发展的过程中，实现党对国家经济治理的领导，就必须有相应的物质基础、组织方式、思想共识的支持。

1. 中国共产党经济治理能力的形成

就实现党的治理意图的物质基础来看，如孟捷提出，对于协调积累矛盾和坚持社会主义制度属性，国有企业充当了最关键的微观支柱。[②]凭借国有企业具有的生产能力和掌握的战略物资，国家才能够有意识地调节社会再生产过程，供给关键性的集体生产资料和消费资料。在社会主义基本经济制度中，以公有制为主体的规定性是党的经济治理能力的根本保证。例如，在突发重大风险时，国有企业践行以人民为中心的理念，快速保证生活、医疗物资的供给；涉及城乡、区域协调发展的生产力重新布局，对新技术革命起到支撑和催化作用的新型基础设施建设等，都与国有企业作为国家意志的践行者这一角色的功能密不可分。

就组织方式来看，我国各级政府的组织形式，表现出党与国家机器的同构性特征。党组织嵌入科层、与行政部门的重叠，确保行政机构超越一般的技术逻辑，从根本上贯彻党的意识形态，党的路线、方针、政策超越个体、官僚和资本的控制，成为当事人的主观意识形式，引导其行为选择，并成为各种经济政策的建构性原则。

就思想共识影响政策的实施过程来看，党组织与行政部门的重叠促

[①]　高帆：《新型政府－市场关系与中国共同富裕目标的实现机制》，《西北大学学报》（哲学社会科学版）2021 年第 6 期。

[②]　孟捷：《中国共产党与中国特色社会主义市场经济》，《开放时代》2022 年第 3 期。

使推出有助于集体利益最大化的决策，社会主义核心意识形态的引领、党的基层组织动员能力，使得制度变迁和政策落实能够取得社会与政府的有效协同。贠杰将党的组织领导力分为思想力、决策力、执行力、人事力和监督力五大构成要素，这些构成要素的有效互动，使党的组织领导力有效发挥作用。[①] 这一理论逻辑也在黄晓春针对某市社会治理的具体案例分析中得到了印证。黄晓春提出，政府分工体系发展，使得技术主义逻辑、部门间分割的绩效观在社会治理中非常突出，针对行政机构职能设计的权力重新规划与制度调整已经很难带来协同治理，必须有超越技术的力量在更高层次引领不同部门的共识。党建引领越来越深入地在经济和社会的常态治理中发挥作用，包括核心意识形态的政治引领、党组织提供的一定激励驱动以及党建网络整合等，表现为党形成的组织能力和核心意识形态，将具有不同资源、初始价值理念未必相同的主体充分联合在一起，为共同目标奋进。[②]党总揽全局、协调各方的领导能力不是一日形成的，而是在百年奋斗历程中，在逐渐推进中国社会主义现代化的建设过程中积累而成的。

在中国经济制度体系调整与完善的动态过程中，党强有力的领导也是经济体制改革平稳推进最重要的制度保证，确保了政府政策的连贯性和不断科学化，减少了体制改革过程中的矛盾与冲突，并及时填补可能出现的制度真空。例如，社会主义市场经济体制的不断完善，除了要为市场功能充分发挥建立相应的基础制度（完善的市场体系、要素配置体制机制）外，也加入市场经济的互补性和保障性制度，着重于强化增长的稳定性、推动发展质量升级，并能基于全球经济政治格局变动适时升级战略规划。在经济体制改革中这样高效、合理的制度设计，与中国发展实践中日益增强的制度化、科学化的党的执政能力分不开。[③] 因而，

---

① 贠杰：《组织领导力：中国共产党治理成就的制度逻辑》，《管理世界》2021 年第 8 期。

② 黄晓春：《党建引领下的当代中国社会治理创新》，《中国社会科学》2021 年第 6 期。

③ 杨新铭：《党探索社会主义市场经济体制的历程、经验及支撑性制度建设》，《经济学动态》2021 年第 6 期。

在中国实践中，不同于理论上已经功能完备且职能二分的政府与市场的关系，党领导中国经济现代化的过程，是市场逐步完善、政府职能演进且二者协同的过程，这样一场永远处于进行时，而没有完成时的改革，也正是党领导下中国经济制度生命力的特殊表现。

2. 经济制度赋能于经济运行的一般机制

我国经济治理的制度体系伴随党领导下中国特色社会主义制度的完善而不断升级，面对经济社会发展中的矛盾，现代化的经济治理体系要能够综合应用国家发展战略规划、财政政策、货币政策、产业政策、区域政策、收入分配政策、对外开放政策等协同配套的政策手段，及时合理地调节经济运行。社会主义国家的政府作为"赋能型政府"[1]，除确保市场竞争的基本制度框架之外，还要优化各个经济主体的能力积累与分布，既在供给面激励创新，又在需求侧扩大市场规模、改善分配格局，达到可持续的供需循环扩张动态。其中，供给侧的创新政策要鼓励市场主体在前沿产业和技术边界上不懈探索，但干预方式要从有偏的引导转向中立的赋能，为有颠覆性创新可能但面临市场能力约束的企业创造进入市场的条件。需求政策更在于激活大国的规模优势，如增加中等收入群体是提升居民消费能力的重要基础之一，新型基础设施的供给扩大了新技术和新产业的生产、应用场景，而催化数字经济的一系列公共政策，可被视为软性基础设施且能推动新技术供给能力的跃进。

在政治经济学对持续资本积累与技术创新关系的研究中，"曼德尔两难"是一个经典的理论困局，即通过追加投资、扩大积累规模来推动技术创新，必须有利润率提升带来的积极预期和市场规模扩大。然而这两个条件难以同时实现，原因在于利润率提升往往以成本压缩和剩余价

---

[1] 黄先海、宋学印：《赋能型政府——新一代政府和市场关系的理论建构》，《管理世界》2021 年第 11 期。黄先海和宋学印基于世界历史和经济理论发展，区分了"守夜型""规制型""发展型"政府的实践，引入"赋能型"政府的概念用以分析中国特色社会主义中的政府与市场关系。

值率提高为前提，这将抑制劳动报酬并压缩需求规模。① 但是，如果没有持续的积累动能，就会进一步抑制技术创新的可能。为此，要保持积累动能，形成一定投资规模，始终需要有办法同时让利润预期和市场扩张为正。在市场无力确保这一条件时，政府的适当制度安排通过改进市场主体的利润预期、扩大流通体系的规模，将可能促成持续投资、市场规模扩大与技术进步的协同，即"斯密—杨格定理"（市场规模扩大、分工深化与生产率提高间的互动）。这与前文所述新发展格局需要更大容量、更高质量的供需对接体系，以及实体经济利润率修复的技术与空间条件相契合，也直接支持了本章考察直接赋能于实体经济增长的具体经济制度类型——收入分配政策、区域政策和产业政策。

二　共同富裕导向的收入分配制度改革
与实体经济发展动能

党的十八大以来，以习近平同志为核心的党中央带领中国进入全面深化改革和经济发展的新时代，保障劳动者持续增收、在分配的公平与效率之间取得更为协调的相互促进，成为新时代收入分配制度改革的重要特征。党的十九大至今，收入分配制度对社会主义生产关系的作用和在新发展格局中的功能定位进一步升级，以共同富裕为目标的收入分配制度改革既是社会主义核心经济制度的落实，也是新发展格局下经济增长动能转换的重要枢纽。

（一）振兴实体经济与促进共同富裕相协同的理论逻辑

振兴实体经济与共同富裕导向的收入分配制度改革相互支撑，体现了新发展格局下中国经济生产、分配、交换、消费的良性循环机理。一方面，实体经济要以持续的新技术开发和产业升级赋能于共同富裕；另

---

① 孟捷：《产品创新与马克思主义资本积累理论》，载张宇等主编《高级政治经济学》（第三版），中国人民大学出版社，2012。

一方面，劳动者增收、共享发展的过程也通过直接的需求机制（收入增长直接带来的消费增加）和间接的生产率机制（既包括对劳动者的直接激励，也包括劳动者教育投入增加、劳动力素质长期提升，以及总需求增长对劳动生产率提升的推动），为实体经济的创新发展再造内生动能。新发展格局是在旧增长模式动能衰减、经济风险加剧的基础上产生的。其中，供给侧结构性改革和需求扩容升级是新发展格局的两个战略基点，践行共同富裕既需要供给侧发力，又是需求侧实现结构调整的重要推力。供给侧结构性改革本身形成对共同富裕的强大推动力，推进共同富裕的过程中释放的需求空间，又将成为供给侧进一步优化的动能，三个环节形成良性的循环过程（见图6-1）。

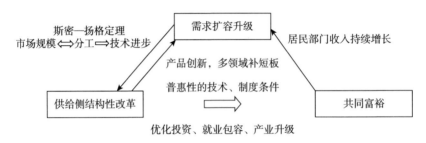

图6-1 供给侧结构性改革、共同富裕和需求扩容升级的互动促进

具体而言，供给侧的发力是依托于实体经济的持续增长而展开的，既包括使用的技术类型及其配套制度要推动普惠性、包容性的增长，也意味着宏观上增长动力的延续、优化的投资结构对就业和收入增长的支持。而内需扩容的两个关键支撑在于增长的收入与升级的产品结构，前者与共同富裕的推进分不开，后者恰是供给侧结构性改革的重要标的之一。居民消费能力的基础始终在于就业以及与就业高度关联的收入增长，收入和就业增长在很大程度上取决于有效投资的延续，所谓有效投资又必须是针对供给侧对进步的技术体系的要求做出的补短板和升级型的投资。

国内消费扩容、内需体系完善，将进一步提升企业的创新能力，消除原本过度依靠外需的生产结构中企业盈利有限、获取信息渠道受限和创新能力不足的痼疾。如有学者提出，本土企业由于选择在发达国家主导的全球价值链低端环节进行代工，所以往往陷入"国际代工依赖→盈利能力有限→自主创新受限"的困境，本土企业要实现自主创新，关键在于提高自身的盈利能力。在内需引致型产业链循环中，本土企业可以更为敏感地获得消费需求变化的信息，发掘产品创新空间，在本土产业集群中形成竞争、发掘合作机会，基于超大规模市场的需求效应，为自主创新提供所需要积累的利润。①

综上，在新发展格局中，大循环与双循环的顺畅建基于完善的经济体制内含的经济治理能力，以及共同富裕扩大的市场空间；共同富裕所要求的重建平衡的城乡间、区域间发展结构本身提供了新投资动能；教育、住房等劳动力再生产集体消费资料的质量提升和个人成本下降，对从供给侧提高劳动者素质、从需求测激发消费新动能都有着重大的意义。

（二）劳动收入份额作用于经济增长体制的中国经验

改革开放以来，中国经济体制改革及经济发展的历史，伴随着中国经济融入全球化生产，以及基础设施与产业体系建设完善的过程，"出口驱动"和"投资驱动"一度是中国经济增长的重要动能。然而，随着全球生产体系的产能过剩加剧、全球性经济衰退发生，我国过于倚靠既定技术类型下的扩张性投资和"出口驱动"的增长模式愈加不可持续。与此同时，优化投资结构、创新驱动增长、推进共同富裕逐步成为改革的共识。党的十九大以来，我国政府多次强调经济增长与收入分配相协同，坚持在经济增长的同时实现居民收入同步增长、在劳动生产率提高的同时实现劳动报酬同步提高。以 2008 年为主要拐点，我国经济增长的动力机制从利润驱动型向工资驱动型转变，为劳动报酬的提高和共同富裕的践行提供了依据。

---

① 凌永辉、刘志彪：《新发展格局下的内需引致型产业链循环研究》，《学习与实践》
2021 年第 6 期。

在马克思主义经济学与后凯恩斯主义经济学的交叉视域中，劳动收入份额对经济增长的作用得到了理论与经验研究的关注。相比于新古典经济学以边际分析理解收入分配，从而将实际工资与劳动收入份额视为由生产函数决定的"自然"结果的做法，马克思主义与后凯恩斯主义经济学的共通之处，则更突出工资对消费（需求）和对生产效率的作用。在经典政治经济学中，劳动力价值由社会与经济因素作用下的劳动力再生产所需的消费资料价值确定，抑制劳动力价值虽然直接增加了资本所获的剩余价值，但是为剩余价值实现和持续的再生产制造了危机。后凯恩斯主义经济学亦强调需求对供给的关键性作用，意味着工资不仅是成本因素，还是需求动能。

20 世纪中叶以来，大量马克思主义、后凯恩斯主义经济学背景的学者，关注到劳动收入份额增加对生产效率的正向作用。其中，新卡莱茨基学派的研究，基于劳动收入份额对总需求的影响，区分了"工资领导型"和"利润领导型"两种增长体制。在前一种增长体制中，高劳动收入份额对消费需求的正向效应要大于对投资和净出口可能的负向效应。后一种增长体制则意味着利润份额增加对总需求更强的作用。通过引入卡尔多 - 凡登效应，在"工资领导型"增长体制中高劳动收入份额带来的总需求增长还将进一步推动生产效率的提高，从而在劳动收入份额、总需求和总生产率之间建立起正向关系。

基于马克思和新卡莱斯基分配与增长理论，劳动收入份额对需求机制的影响包括：第一，劳动收入份额提高，劳动收入消费倾向大于资本收入消费倾向，消费需求增加；第二，劳动收入份额增加，生产过程中的劳动力成本增加，企业预期利润降低，减少投资，所以投资需求减少；第三，劳动收入份额增加，本国产品价格提高，在国际市场上的竞争力下降，因此净出口需求减少。综合劳动收入份额对消费、投资、净出口影响的相对大小，可以判定一国的需求机制是属于"工资领导型"（劳动收入份额上升对总需求的效应为正）还是"利润领导型"（劳动收入份额上升对总需求的效应为负）。

　　自 90 年代中期起，劳动收入份额在经历了近十年的下降以后，在 2008 年后出现了上升的趋势（见图 6 - 2），这一特殊时点既与外部需求因素有关，也涉及我国劳动力供求结构变化、经济增长内生动能转换等多重因素。在此期间，整体上，居民消费率与劳动收入份额呈现同向变动的趋势。与理论预期符合，即劳动收入份额上升时，居民可支配收入增加，居民消费同步增加，反之亦然。

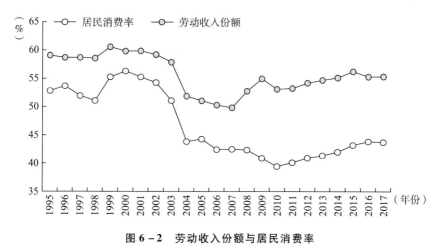

图 6 - 2　劳动收入份额与居民消费率

数据来源：中经网统计数据库、《中国统计年鉴》。

　　在 1995 ~ 2007 年劳动收入份额大幅下降的同时，以固定资本形成额为代表的投资整体呈现较快增长，与一般的理论预期较为符合，即劳动收入份额下降时，资本收入份额增加，企业预期未来收益增加，就有意愿且有能力扩大投资。以 2008 年为转折点，劳动收入份额开始上升，但是投资率在 2008 年前后的变化趋势几乎一致（见图 6 - 3）。究其可能的原因，在我国经济实践中，除企业部门外，中央和地方政府也是重要的经济主体，2008 年危机后政府为应对经济低迷采取的扩张性宏观政策，以及新常态之后保增长的长期要求，都使得经济体长期保持了稳定的投资率。投资如能带动内循环空间进一步扩大，创造更多就业岗位和生产率提高的空间，就会使得劳动收入份额与投资率同步小幅上升。

　　另外，我国净出口率与劳动收入份额在绝大多数时期存在明显的反

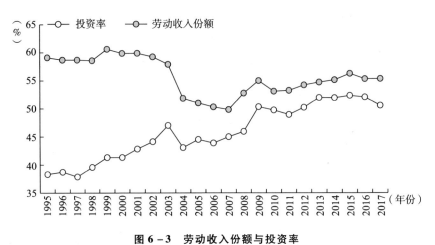

图 6 - 3　劳动收入份额与投资率

数据来源：中经网统计数据库、《中国统计年鉴》。

向变动关系（见图 6 - 4）。这一事实印证了我国既往对外经济关系确实
较多倚重低劳动力成本优势，当劳动收入份额提高时，叠加外部市场的
规模变化，净出口占比明显下降。

图 6 - 4　劳动收入份额与净出口率

数据来源：中经网统计数据库、《中国统计年鉴》。

　　图 6 - 5 展示的是劳动生产率增长率和以在职人员工资为代表的实
际工资增长率、总产出增长率变动的趋势。可以看出：一方面，劳动生
产率增长率与总产出增长率呈现明显的同向变动关系，即如"卡尔多 -
凡登定律"所示，总产出增长进一步推动分工深化和增加新的资本投

入，带动技术进步，促进劳动生产率的提高；另一方面，实际工资增长率波动比较明显，但日渐呈现与劳动生产率同步变化的趋势，理论上随实际工资水平的提高，工人可以提高健康水平、受教育程度和专业技能水平，企业也会出现引致性技术进步，即劳动生产率在实际工资水平上升的效应下也将得到提升。

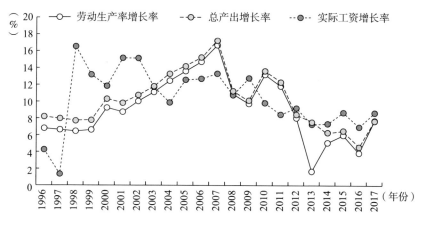

图 6 - 5　劳动生产率增长率与实际工资增长率、总产出增长率

数据来源：中经网统计数据库、《中国统计年鉴》。

在另一专项研究中，笔者所在团队曾考察我国劳动收入份额变动对总需求的影响[①]，结果显示：1995～2007 年，劳动收入份额对消费率的促进作用大于对投资率的抑制作用，我国国内需求机制为"工资领导型"，考虑到净出口效应之后，劳动收入份额对净出口率的抑制作用使总需求机制呈现"利润领导型"特征。在此期间，依托海外市场，发挥我国劳动力成本优势，一直被视为我国经济高速增长的关键因素，以出口驱动经济增长是主要的经济增长方式。在 2008～2017 年，考虑到消费需求和投资需求，我国国内需求机制为"工资领导型"，投资需求出现了与劳动收入份额同向变动的趋势，此时尽管存在较强的负净出口效应，但劳动收入份额对净出口的负面效应仍小于对消费和投资的正向

[①]　郑亚楠：《劳动收入份额变动影响经济增长的作用机制与经验研究——基于马克思－新卡莱斯基模型的分析》，硕士学位论文，西南财经大学经济学院，2020。

效应之和，总需求机制仍呈现"工资领导型"特征。这意味着，2008年之后，我国经济增长结构已呈现国内大循环内需驱动的特征，收入分配制度改革对消费增长的持续拉动，以及供给侧结构性改革对优化投资结构的重要作用，都是在出口驱动无法维系时保持长期需求扩张动能的重要基础。

叠加生产率效应的作用：（1）在"工资领导型"需求机制中，劳动收入份额的提高不仅增加总需求，还会通过卡尔多－凡登效应进一步提升劳动生产率；（2）在"利润领导型"需求机制中，劳动收入份额提高，会使总需求减少，并通过总需求的下降抑制劳动生产率的提高，即在需求与供给两个方面产生负面影响。2008年以来，我国的总需求呈现"工资领导型"特征，劳动收入份额提高对总需求进而对劳动生产率有积极作用，"在经济增长的同时实现居民收入同步增长、在劳动生产率提高的同时实现劳动报酬同步提高"。从劳动者增收开始，一个正向的内循环过程已经呈现。

（三）振兴实体经济与促进共同富裕相协同的实践路径

收入分配制度是社会主义基本经济制度的组成部分，在我国生产力发展和所有制结构调整的实践中不断创新与完善。新中国成立后，1953年党中央在关于发展农业生产合作社的决议中就将共同富裕作为重要目标提出，1956年社会主义改造完成后，党的八大强调了发展生产力的工作重心，并再次强调共同富裕。总体而言，改革开放之前我国收入分配制度的主要功能是在落后生产力基础上实现快速工业化的目标，在重积累的背景下，以相对平均主义的分配方案保持劳动力再生产的基本需要；在收入分配服务于基本宏观效率的同时，尚未专门构建有关微观效率激励的方案，居民收入来源较为单一。改革开放之后，与所有制改革、要素产权多样化相适应，我国的收入分配制度在按劳分配为主体的基础上，逐步认可了生产要素"按贡献"参与分配。"效率优先、兼顾公平"一度成为社会主义市场经济体制下收入分配的基本原则，2007

年前后收入分配的政策导向开始逐渐转向公平，2012 年党的十八大明确了共同富裕是社会主义的根本原则，收入分配政策调整集中在以公平正义为核心搭建实现共同富裕的体制机制。

党的十九大将坚持按劳分配原则，完善按要素分配体制机制作为收入分配制度改革的中心思路。前者是社会主义生产关系性质的基本要求，后者突出了收入分配在市场经济体制中的决定机制。2019 年党的十九届四中全会进一步将按劳分配为主体的收入分配制度纳入社会主义基本经济制度。一方面，所有制、分配制度和经济体制三位一体符合马克思主义经济学的一般原理，所有制关系不能孤立地存在和发挥作用，由于生产、分配、交换、消费构成经济运行整体，离开了分配和交换，所有制关系包含的经济利益就无法真正实现。只有把所有制关系和与之相适应的分配关系、交换关系等看成一个相互联系、相互作用的整体，才能更加全面和准确地把握一个社会的生产关系及其基本性质[1]，而在所有制明确了经济发展的根本方向和性质的基础上，分配制度改革也就明确了推动经济发展的积极性问题[2]。另一方面，这一调整也体现了社会主义具体经济制度的改革和基本经济制度的完善，无不围绕着巩固社会主义核心经济制度、推进按劳分配原则的落实。

2020 年，党的十九届五中全会提出 2035 年基本实现社会主义现代化的目标，届时共同富裕要取得实质进展；2021 年 8 月，在中央财经委会议上，习近平总书记强调"必须把促进全体人民共同富裕作为为人民谋幸福的着力点，不断夯实党长期执政基础"。至此，推进共同富裕成为中国收入分配制度改革的中心任务。新时代以来我国收入分配制度改革的总逻辑突出了全体人民共享发展、推进共同富裕。以共同富裕为目标的收入分配制度改革，既要通过构建长久公正的收入分配格局，让

---

[1]　方敏：《基本经济制度是所有制关系、分配关系、交换关系的有机统一》，《政治经济学评论》2020 年第 2 期。

[2]　胡钧、李洪标：《十九届四中全会〈决定〉中的基本经济制度与市场经济》，《福建论坛》（人文社会科学版）2020 年第 1 期。

全体人民合理分享国家发展的成果，又要使之成为经济增长的新引擎。践行共同富裕，是人民至上思想作为意识形态对收入分配的指引，其现实基础在于实体经济持续发展以充分释放新一轮技术革命的生产力潜能、社会主义市场经济体制的制度保障和机制载体，以及新发展格局的内在需要。

1. 实体经济高质量发展稳固共同富裕的生产力条件

在新一轮科学技术革命的背景下，技术范式和制度范式调整以及两者之间相互协同的要求增加。一方面，共同富裕要求制度范式变革充分激发新技术的包容性、共享性潜能；另一方面，共同富裕依托前沿领域技术创新不断助力高质量发展带来的增量分配空间，而创新作为一个集成体系又内嵌于竞争政策、资本市场建设、要素权利界定等配套的制度范式革新中，后者正是高水平社会主义市场经济体制建设的题中之义。在新技术革命背景下，作为重要的市场主体，大型平台企业、科技企业需要基于已有技术和资金优势形成助力共同富裕的可持续性计划。

（1）产业升级是推进共同富裕的物质基础。共同富裕是循序渐进的过程，要在高质量发展中不断推进共同富裕，需要做强新技术革命的支柱性行业，不断推进产业升级，通过高生产率的外溢效应，实现劳动报酬可持续增长。从国际经验来看，北欧四国是当代资本主义体系中公平与效率兼顾程度相对最高的国家。尽管资本主义福利国家制度始终遭受资本主义基本矛盾的制约，但是由于适时把握了产业升级的步伐，北欧四国通过保持较高的生产率增速，相对有效地缩小了收入差距。世纪之交，它们逐渐减少了本土传统的造船、汽车制造等行业，集中资源发展了新一轮科技与产业革命标志性的信息通信、生物技术和能源环保等行业，在信息通信、半导体芯片和能源领域都有世界领先的企业。例如，2020年在全球5G设备的市场份额中，瑞典爱立信和芬兰诺基亚共占了48%（我国企业华为和中兴分别占据32%和11%），挪威半导体公司 Nordic 在低功耗蓝牙领域的市场占有率为40%。同时，北欧四国的可再生能源开发利用与清洁技术发展也处于世界领先水平。2019年，挪威、瑞典、芬兰、丹麦终端能源消费中的可再生能源占比分别为74.4%、56.4%、43.1%、37.2%，而欧盟地区该比例仅为18%。2017年，清洁技术国家创新指数排名中，丹麦、芬兰和瑞典位居全球前三，挪威排名第九。[①]

总结经验来看，尽管北欧福利国家模式的运行始终面临着资本主义基本矛盾的考验，较大的企业税收负担和政府债务压力都被视为对经济活力的抑制，但是由于把握住了技术体系重大变革的机遇，适时的产业升级、产品结构优化帮助北欧国家获得了延续高福利的生产力基础。从更大范围来看，全球主要发达经济体的发展历程显示，掌握新一轮产业革命的核心技术，高生产率效应的外溢是全部门高质量发展和收入分配格局改善的必要条件，也向我们提示了当前推进共同富裕与产业升级相协同的理论和实践一致性。

（2）实体经济头部企业是共同富裕实践的重要市场主体。在市场经济中，把握了新技术革命机遇和特定市场真空期的企业往往凭借先发优势，获得较为丰厚的超额利润，尤其是互联网经济的技术和组织特征，更易于形成大型头部平台企业。就中国实践来看，超大规模市场优势在我国互联网企业的发展中一度起到关键的支撑作用，2015～2020年阿里巴巴、腾讯的利润率分别高达20%和28%左右，高于制造业、金融地产业上市公司8%和13%左右的水平。[②]大型平台企业存在一定的"自然垄断"特征，完善的市场经济体制除了要出台适当的竞争政策，防止资本无序扩张和过度垄断外，还须发挥社会主义制度的协调能力，建立相应机制引导平台企业基于已得红利在持续催化新技术，以及先富带动后富中发挥突出作用。

---

① 魏伟、陈骁：《共同富裕专题报告：从全球视角探索共同富裕的实现路径与成效》，未来智库（微信公众号），https://mp.weixin.qq.com/s/3ItE9JFT7Pgxg1jplsUMaQ，2021年10月28日。

② 熊园、杨涛：《全面理解共同富裕：内涵、路径、目标、影响》，中国金融四十人论坛（微信公众号），https://mp.weixin.qq.com/s/ZUaW-sNYkTjeRl5amQVSVw，2021年9月5日。

共同富裕作为企业责任，首先意味着在三次分配环节中企业的基本职责落实，包括初次分配中遵守劳动法规、与劳动者协商形成合理的工资增长机制，再次分配中依法缴纳各类税收，三次分配中积极参与慈善捐助；更为重要的是，头部企业基于已有的生产运营经验和资金规模，积极助力于前沿技术研发，中小企业、落后地区的生产力扶植。例如，2021 年腾讯和阿里巴巴先后出台共同富裕"专项计划"、"十大行动"等：腾讯侧重于基础科研支持、碳中和实验室建设、公益数字化专职队伍补贴等，阿里巴巴则针对欠发达地区数字化建设、弥补数字鸿沟，降低小微企业运营成本，支持中小企业出海，建立科技人才基金，推动特殊人群云上就业等。此外，拼多多的科技兴农，字节跳动的乡村扶贫试点等也得到较多关注。[①]

良好的社会主义市场经济体制要助力于优质的、有责任意识的市场经济主体，并为这些企业长期投入共同富裕实践提供积极的鼓励信号和体制保障。它们的共同富裕实践，在培育新项目、新人才和新市场的同时，也为自身持续的健康发展提供了新的空间。因而，在微观领域，以大型企业为主体推动的共同富裕实践，并非单一的利润再分配，而是纳入更多参与者形成共生共创的经济增长体系。

2. 公有制与市场经济的有机结合是共同富裕的制度根基

公有制与市场经济的有机结合是中国社会主义市场经济体制的基本特征，是改革开放以来中国经济增长的制度根基。"公有资本的强大积累功能与增进人民福祉结合，主导了持续 30 余年的中国经济快速增长。这是中国特色社会主义的首要依据。"[②] 公有制企业的社会主义属性，不能因为实施市场经济体制而丢失，反而必须进一步增强。公有制企业不只是追求微观效率即利润最大化，而是必须追求社会公共利益，承担

---

① 邢小强等：《数字平台履责与共享价值创造——基于字节跳动扶贫的案例研究》，《管理世界》2021 年第 12 期。

② 荣兆梓：《生产力、公有资本与中国特色社会主义——兼评资本与公有制不相容论》，《经济研究》2017 年第 4 期。

社会责任，包括保障民生需求、推动自主创新、提高社会的宏观效率等。公有制企业的经济剩余不属于任何个人或集团，而是属于社会的公共积累，由社会共享。以公有制为主体的生产资料所有制结构奠定了我国共同富裕的生产关系基础。

公有制与市场经济体制结合以促进共同富裕，可以具体论证的方案包括：推动国有资本向前瞻性战略性新兴产业集中，以劳动生产率增长、产业结构升级作为共同富裕的物质基础；在国有资本投资规划中制度化对偏远地区、发展滞后部门的专项投资，缩小城乡、区域间差距；国有企业更高质量地创造财富，发挥在践行社会主义劳动法规、保证工资与劳动生产率同步增长、改善工资增长机制等方面的示范作用，在保障实体经济发展、贯彻就业优先战略和落实积极就业政策中的带头作用；占据规模优势的公共资产对民生领域建设的支撑；等等。

举例来看，就创新驱动而言，2021 年 10 月浙江省出台的国资国企助力共同富裕的行动方案中，突出了国资在产业引领科技创新方面的具体目标，包括建立 2500 亿元战略性新兴产业投资基金、多个创新平台和成果转化平台等。

就缩小城乡差距和乡村振兴方面，国有企业立足主营业务经验积累和资本优势，在农村地区积极培育可行的相关产业，助力共同富裕。例如，华侨城依托主责主业、文旅融合赋能的优势，在全国多地开发了农业文旅项目，融合农村生态、生产和生活打造多个田园创新产品，基于各地实际的生态循环体系特征，"一村一策"建设生产消费项目，形成了资金、管理、合作的一般经验，目的在于带动乡村产业体系建设，有效推进乡村振兴与共同富裕。①

就农村地区的集体所有制改革来看，近年来农村地区以集体所有权为基础，建立各类乡村资产经营平台，是共同所有制与市场经济相结合

---

① 《共生、共创、共享 以乡村振兴助推共同富裕的华侨城实践》，国务院国有资产监督管理委员会网站，http://www.sasac.gov.cn/n2588025/n2588124/c21275166/content.html，2021 年 10 月 20 日。

推动共同富裕的典型示范。农村地区的集体资产，除了土地之外，学者还特别关注了乡村生态资源的价值。在"绿水青山就是金山银山"的绿色发展背景下，农村地区的生态资源得到合理的资产定价与收益分配，事关乡村振兴、共同富裕与绿色发展的同步。因此，需要积极构建"生态产业化"和"产业生态化"，对农村资源性资产进行定价，激活国家在农村地区投资形成的固定资产。基本步骤包括：落实政府公共财政投入（投转股）和量化到户的集体投入（村民变股东），做好乡村集体经济的公司化改造（"三位一体"、国资乡村振兴投资公司和村集体内部、外部投资主体），合作运营乡村生态资产。①

3. 振兴实体经济与推动共同富裕的机制载体：市场机制有效、微观主体有活力、宏观规划精准

高水平的社会主义市场经济体制以提升企业活力为目标，通过落实产权制度、完善公平竞争审查、建立负面清单等市场经济基础性制度，让市场机制更为有效，促进创业成本下降，推动各类要素充分涌流聚合，在总财富膨胀的过程中逐步推进共同富裕。与此同时，宏观调控制度体系直接调节再分配，除传统的财政和货币政策外，就业、产业、投资、消费、区域政策协同发力，发挥国家发展规划的战略导向作用，为平衡发展，缩小城乡间、区域间差距做出系统规划，取得民生目标、社会目标和政治目标的统一。

（1）高标准市场体系。推进高标准土地、劳动力、资本、技术、数据要素市场建设，要直面土地制度改革、劳动力市场融合、金融供给侧结构性改革、科技创新制度改革、数字经济发展的现实要求，既理顺要素价格与回报评价，又助力高质量发展与共同富裕进程。这里就当前关注度极高的金融和数据市场来看。

金融活动既可能放大初始财富分配差距，又有推动普惠发展的潜能。已有的理论研究显示，传统正规金融对实体抵押物的依赖往往导致

---

① 温铁军：《新时代生态化转型与基础理论创新》，载《政治经济学报》（第20卷），格致出版社、上海人民出版社，2021。

较高的准入门槛，限制低收入者获取金融资源。借助互联网平台的金融模式，利用大数据可以减少抵押物依赖，增加低收入者获得信贷的机会（增加他们创业以及获得更优教育的可能），可能带来金融包容性增强。但是也需要警惕互联网金融在个人消费领域"培育"更多债务人，增加居民部门杠杆，并加大资产泡沫[①]，反而提升财富分配基尼系数的风险。例如，2019 年以及 2020 年上半年，微贷平台贡献了蚂蚁集团营业收入的约 40%，而同期创新业务板块[②]的营收占比仅有 0.76% 左右。央行出台举措，对蚂蚁集团信贷业务和杠杆率的控制，既是出于对系统性风险的考量，也在促成金融科技类公司将业务更多地转向生产性服务，凭借自身在金融科技领域的技术和资源积累，更有针对性地在底层核心技术（人工智能、大数据、云计算、区块链）中加大研发力度，并面向更多新的应用场景布局。

与居民消费负债增加相对的是，2020 年居民可支配收入中的财产性收入占比仅为 9%，据央行 2019 年发布的城镇家庭资产负债调查结果，我国居民家庭总资产中住房占 59.1%、金融资产占 20% 左右，且以低息的银行存款为主。有限的金融收益抑制了中等收入群体的增收，高收入和中等收入群体的差距难以缩小，也使得城镇居民家庭更为依赖住房的储值增值功能，加大了规范房地产市场秩序的难度。

因而，金融供给侧结构性改革对于推进共同富裕，既要减少金融抑制、增加有效金融服务供给，扩宽财产性增收渠道，使金融真正服务于满足小微企业创业需要和改善人民生活，又要避免金融化风险，扭转先前平台企业在互联网金融领域过度提升消费者杠杆的行为。

在数字经济的技术潜能充分涌流的背景下，作为新型生产要素数据的确权规则和分配依据之于收入分配格局以及共同富裕推进有着重大意义。例如，消费平台初始数据的供给者是全体客户，但是平台对数据的

---

① 张晓晶：《金融发展与共同富裕：一个研究框架》，《经济学动态》2021 年第 12 期。
② 根据蚂蚁集团的定位，这部分业务主要是为金融机构、政府机关等合作伙伴提供综合性的技术解决方案，以知识产权及技术服务费为收入来源。

收集、处理、加工赋予了数据作为生产要素的特有使用价值，保护客户的初始数据所有权、数据隐私，与平台的数据整合所能产生的经济效率之间就存在一定的矛盾与权衡关系。事实上，将公共地、集体力和自然力转变为私人占有的特殊生产要素并取得回报，是工业革命之后由资本掌控关键生产资料的必然结果。一定量的资本集聚通过组织结合劳动、分解生产过程以及引入新的机器设备，提升了劳动生产率，资本在充当有效率的"组织者"的同时，亦在分配端加剧了两极分化。正如马克思所揭示的，资本取得的效率原本是结合劳动的集体生产力，是对自然力、对过去劳动成果的占据和应用所获得的。当生产资料所有权被界定给特定的私有主体时，应用这些生产资料取得更高效率的可能也就被界定给特定主体，并为由他们占据庞大剩余提供了看似合理的依据。进入数字经济时代，数据所有权的界定面临同样问题，如果原始数据生产者（平台消费者）完全失去数据的所有权，平台企业通过占据和使用数据取得的收益，也就彻底与一般民众无缘，而数据作为当代关键的新生产要素，又包含极大的效率潜能。面对数据密集型产业崛起，在数据产权界定中，为公众保留适当的所有权和分配权，对于引导收入分配格局优化、推进共同富裕具有重大意义。

（2）激活市场主体活力，形成投资、就业和劳动者收入增长之间的良性循环。新中国成立以来，我国居民收入增长的过程是与生产力发展和 GDP 增长相协同的，市场经济体制逐渐解除了资本、技术和劳动力等生产要素流动的障碍，市场化改革速度较快与政府经济治理能力较强的地区，往往在更快的经济增速和相对较小的收入分配差距间达成统一。究其机理，2018 年我国城镇就业人口中，86% 的劳动力是在非公有制部门工作，在以市场为资源配置决定性机制的经济体中，必须依靠有效市场吸引资源聚合，通过良好的创业与经营环境，稳定生产当事人预期，扩大就业容量，保就业是保证居民获得劳动报酬的第一步；继而良好的市场环境通过鼓励持续的技术创新、提升运营效率并改善就业质量，才可能保证工资的持续增长。

从数据表现来看，伴随"放管服"改革深化，以及大量助企纾困政策的实施，2021 年在居民人均收入的四类构成当中，经营净收入增长最快，相比 2020 年实际增长 10%（2021 年人均可支配收入实际增长 8.1%）①。良好的营商环境通过"让企业办好自己的事"，是保障城镇就业、扩大中等收入群体的基础环节。

2022 年 2 月 18 日出台的《关于促进工业经济平稳增长的若干政策》，将"加大'专精特新'中小企业培育力度"作为一项重点内容，在进一步推出"惠企"政策，为中小企业减负的基础上，特别强调了培育有极强创新能力、专业性，能在价值链中作为重要连接点的"专精特新"小巨人企业。一方面，在我国的就业结构中，中小企业具有极强的就业吸纳能力，2020 年我国年营收 2000 万元以下的中小工业企业，在全部工业企业单位数中的占比为 97.9%，解决了 67% 的就业，中小企业提升创新水平、找到产业链精准定位，是延续企业生命并稳定就业的前提；另一方面，具有较强市场灵活性的中小企业，如能作为"隐形冠军"在特定专业领域获得核心技术优势，将是重要的经济稳定器。通过形成大中小不同规模企业共生共享的产业生态体系，提升国民经济整体的产业链竞争力，也为经济可持续增长和共同富裕推进奠定了基础。例如，德国较高的制造业占比及制造业在全球贸易中的竞争优势，与中小企业长期发展形成了多元创新主体的市场结构分不开。健康的市场结构和竞争秩序也使得德国的收入分配格局相较于美国更为公平合理。

（3）宏观经济治理体系是实体经济高质量发展与共同富裕的顶层设计。宏观调控制度对改善收入分配格局的作用，既包括逆周期的刺激性政策，在短期内稳增长和促就业，也包含结构性、长周期的政策，切实提升欠发达区域的发展能力和增加欠发达区域的收入增长可能。

在社会主义市场经济体制中，收入增长和共同富裕以就业稳定、就业质量升级为前提。2020 年在疫情的不利冲击下，我国强化了减负稳

---

① 数据来源：根据国家统计局发布的数据整理。

岗扩就业政策，加大对重点群体精准就业帮扶力度，全年我国城镇人口中 15~64 岁劳动年龄人口的就业比例为 71.8%①。与此同时，稳就业政策与其他宏观经济治理制度也是相协同的。

除了常规的宏观调控政策外，我国宏观经济治理体系的特殊之处，尤其在于关涉国家长期发展与社会主义本质实现的战略规划，这些规划往往在效率与公平间取得更优的组合。

当前，城乡间居民收入和经济社会发展的差距，已经成为我国开拓内循环空间、践行共同富裕的明显障碍性因素。党的十九大以来，我国经济发展战略的一项重点工作即通过乡村振兴带动农村发展与农民增收。

回顾城乡收入差距形成的历史过程，改革开放后我国经济体制改革在农村地区试点启动，1978~1984 年"统购统销"体系逐步被替代、农产品流通市场化成为主流，同时以原有社队企业为基础的乡镇企业兴起带动了农村地区的工业化，增加了农民收入，这也使得在 1984 年左右，城镇居民与农村居民的平均可支配收入比达到改革开放至今的历史最低点（见图 6-6）。1985 年起，我国经济体制改革重新明确以增强企业活力为中心，加快了国有企业改革和对外开放的步伐。经济改革重点集中在城市部门，城乡二元分割的劳动力市场和土地市场形成并延续，农村优质生产要素外流，加快了城乡居民收入分配差距的扩大，2007 年我国城乡居民平均可支配收入比达到 3.14 的高点。城乡收入差距过大成为我国经济发展不平衡的重要表现。党的十七大明确了以工促农、以城带乡，形成城乡经济社会发展一体化新格局的城乡统筹发展战略规划。党的十八大以来城乡融合发展进一步加速，不仅强调在城镇化过程中，通过城乡间要素的平等交换，推动农民增收和农村发展，还调整了过度城市偏向的发展战略，将乡村本身的发展置于突出位置。伴随农业补贴提高、农村公共服务优化、精准扶贫政策落实，城乡间居民收入差

---

① 数据来源：根据国家统计局发布的数据整理。

距呈稳步缩小趋势，显示出城乡融合的趋势。相较于快速市场化改革时期，2008 年以来，我国的城乡居民收入差距有所缩小，据国家统计局发布的数据，2021 年城乡居民平均可支配收入比下降至 2.5。但是农村居民的平均收入依然较低，2020 年我国月收入不足 1000 元的人口中，90% 生活在农村地区，乡村振兴、农民增收是缩小收入分配差距、实现共同富裕的关键。根据学者的研究，城乡收入差距解释了近年来我国基尼系数的 54% ~ 60%，不持续缩小城乡收入差距，就无法增强我国收入分配的整体公平性。①

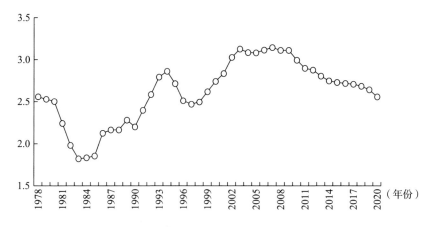

图 6 - 6　我国城镇居民与农村居民的平均可支配收入比

数据来源：《中国统计年鉴（2021）》。

市场化改革进程中，农村大量优质资源外流，各类基础设施建设、公共服务配套等与城镇部门相距甚远，从要素条件决定产出水平的角度来看，若任由市场力量自由发挥，会持续加剧强者愈强、弱者愈弱的局面。全面建成中国式现代化的进程中，农业农村部门客观上就是短板部门，若没有针对性的政策倾斜，农业农村现代化就无法实现。乡村振兴战略的实施，就是要从本质上改善农村部门的要素条件。改善农村基础教育环境，加强对农村劳动力的针对性培训，才能提升农村劳动力的人

---

① 陈宗胜：《综合运用经济发展、体制改革及分配举措推进共同富裕》，《经济学动态》2021 年第 10 期。

力资本条件，增强农民创业创新的能力，拓宽低收入者向上流动的通道，阻断贫困代际传递；发挥社会救助制度托底线、保稳定的功能，才能保证发展成果为深度贫困群体共享；完善农村基础设施建设，改善农村的生产、生活环境，使农村逐渐成为高品质的生产、消费空间，才能在长期中自然吸引和驱动优质要素在城乡间的有效对流。

伴随我国进入工业化的中后期，又正值数字经济赋能实体经济的技术机遇期，已取得的工业化、信息化成果，有能力为农业现代化的推进提供资本、技术和组织经验的支持。如今，农业科技进步对工业增长的贡献率已达56%，农业机械化率约为65%。除了更先进的农业生产设备、农业生物技术使用之外，近年来在政府引导和国有企业的投入建设中，边远乡村地区移动通信网络建设，对农产品流通、农村社会生活改变等都起到重要推动作用，表现为"信息扶贫"。工业化的组织经验对于健全农业社会化服务体系，实现小农户和现代农业发展有机衔接，促进农村三产融合发展也有着重大意义。与此同时，新型城镇化与乡村振兴绝非"城""乡"比例的简单调整，城镇化不仅仅是居住方式的变化，更重要的是生产运营的体制机制变化。城镇化并不意味着放弃农业，农业生产也可以进入由专门技术标准规范的现代产业链条。除了进入城镇工业、服务业就业，完成市民化的形式外，农民掌握和接受现代产业运营方式，就地与现代产业运营方式接轨，也体现了"新型城镇化"的内涵。如本书第五章在分析数字经济助力共同富裕时提及，在颇受关注的山东曹县案例中，当地创业者借助互联网经济，形成了以表演服饰为代表的产业集群，推动当地居民致富。曹县的成功案例，既是信息化助力农村地区工业发展的典型，又与当地政府的努力分不开。

综上，我国经济体制改革的具体措施，如建设市场体系、激活市场主体活力、宏观调控等，既是推动实体经济高质量发展的制度安排，也通过理顺报酬评价机制、扩大投资和就业、平衡发展的战略规划等对共同富裕形成了支持，实体经济的增量产出更为分配的长期改善提供了可能。

4. 有效市场与有为政府在推进共同富裕中的有机结合

当前，我国收入分配制度已处在理论与实践面临重大突破的时期。经济运行的现实显示，简单的初次分配靠市场、政府管理再次分配的说法，并不符合社会主义市场经济体制的属性要求。我们需要探究在初次、再次、三次分配中有效市场与有为政府有机结合的具体方式，避免简单的职能分割、对立，超越所谓的初次分配关注效率、再分配侧重公平。从基本结构关系来看，初次分配要以公正合理的相关法规为制度背景，再次分配的结果要实现初次分配不能直接达到的总体效率目标，改善经济循环，三次分配上升到国家战略体系，需要社会主义市场经济体制中完善的立法机制、监管举措、激励体系、信托制度等的协同。

（1）初次分配中的市场与政府关系。初次分配主要参照劳动力与其他各类要素由市场评价的贡献进行，但同样需要基于劳动法规、土地制度、技术和数据确权等构建起市场规则。工资性收入是城镇居民收入的主体部分，改革开放之后伴随城镇个体经营机会的开放、居民储蓄增加与金融市场发展，经营性和财产性收入提高，工资性收入在居民收入中的占比总体上趋于下降，但依旧是收入中最大比例的构成。2020 年，我国居民收入构成中，工资性、经营性、财产性、转移性收入占比分别为 55.7%、16.5%、8.7%、19.1%。①

相较于财产性收入，劳动报酬的基尼系数更低，推进共同富裕之于初次分配环节，首先应当保障劳动报酬与劳动生产率增速的同步，而这需要劳动法规的有效监督与协调。近年来，与平台经济伴生的一系列灵活就业方式，由于处在原有劳动法规的空白区，使得工人较难获得与其高劳动强度相符合的工资增长，也限制了他们获得各类社会保障的权利。2021 年，我国灵活就业人口规模已达总就业人员的 1/4。就全球一般经验来看，非正规就业人员的平均工资收入仅为正规就业的 62% 左

---

① 数据来源：根据《中国统计年鉴（2021）》中的数据整理。

右。面对平台经济模式下灵活就业占比提升的一般趋势，传统就业模式中的劳资谈判机制失灵，必须出台与之适应的就业法规，确保按劳分配原则的践行。而针对部分企业高管过高的年薪，也需要依法按累进比率缴税，甚至出台适当的限薪令等。收入分配公平程度相对较高的国家，大多针对初次分配的工资采取了一定的"限高、扩中、补低"举措。总之，市场要形成对劳动力贡献的合理评价与分配，是以政策法规对就业环境、工资增长机制的有效维护为前提的。

在初次分配适当的政策背景方面，还需要关注的是农村土地制度改革，直接与城镇化关联，是对农业现代化经营方式的适应，在初次分配环节，自愿、平等、透明的农村土地资产市场对于补充农民财产性收入，助力城乡收入差距缩小也有重大意义。例如，在符合国土空间规划和存在用途管制的前提下，针对乡村振兴的现实需要，可以调整与完善农村制造业、服务业的用地政策，创新使用方式，更好地盘活闲置宅基地、开发废弃公益性建设用地，为农村居民提供新的就业机会，也能够为他们补充财产性收入。上述举措近年来在我国一些农村地区都形成了积极的经验。

浙江省作为我国共同富裕示范区，是国内城乡居民收入比例最低的省份（2019年该比值为1.96，远低于全国平均值），一个重要原因在于自改革开放以来，浙江省乡镇企业、乡村民营企业始终保持了较好的发展。不同于大城市导向的城镇化道路，浙江鼓励了县域或镇域经济发展，形成了一系列乡村小工业集群，如宁波的皮革、嘉兴的羊毛衫等，适时升级了农村产业结构，改善了农民收入结构，避免要素向城市的单向流动，促成了农村与城镇的协同发展。浙江并非资源大省，但是在市场经济的竞争环境中逐渐建立了自己的产业优势并在城乡的协同发展方面领先，重要的制度经验在于，改革开放伊始，当地政府就对农民的创业行为保持默许进而提供支持，典型表现是农村土地让利。从20世纪80年代开始，基层政府率先支持农民在自家庭院进行小工业生产，到21世纪以来较早允许农民将宅基地转化为旅游资源，并获取地租收益。[①] 浙江省在践行城乡共同富裕方面的领先经验，尤其体现了共同富裕的基础在于生产力的优化布局，而良好的制度条件将有助于资源的重组和生产潜能的释放，切实的共同富裕是在市场机制作用与合理政策疏导的作用下稳步推进的。

因而，针对初次分配之于共同富裕的作用，绝不应当忽略基础性的制度设计对劳动力贡献评价的保护，以及对其他要素（如农村土地、数据等）市场运行规则的设定，且要帮助广大的居民群体拓宽合规的收益渠道。

（2）再次分配中效率与公平的统一。再次分配中税收、社保等政策的设计不仅要直接调整居民可支配收入，还要起到改善经济循环、扩大再生产规模进而影响初次分配的作用。据统计，我国初次分配后的基尼系数约为 0.52，经由再次分配的调节下降至 0.47，而对比一些发达国家，转移支付后的基尼系数能降至 0.4 以下。[②] 再次分配直接面向公平，能有效降低基尼系数，长期的有效作用机理是达到市场化的要素回报评价不能实现的总体更优目标。在政治经济学经典逻辑当中，国家介入社会再生产过程，需要维护再生产的各项基本条件，合理协调生产与实现过程的矛盾。例如，面向居民的各类社会保障制度供给，直接基于公平原则实施，进一步地通过提升居民健康水平，改善了劳动力供给的质量；社会保障体系减少居民预防性储蓄并增加其当期消费的一般作用机理也得到了经济学较为普遍的认可。因而，合理的再分配制度要在公平与效率间形成良性的循环。

从民生领域的供给侧结构性改革来看，要充分发挥政府、社会、市场各类资源在教育、医疗、养老、住房等领域的协同作用，重点加强普惠性、兜底性民生保障建设，推进公共服务的均等化。共同富裕不只是收入分配基尼系数的下降，亦是劳动力再生产关键消费资料分配的公

---

① 郭晓琳、刘炳辉：《"浙江探索"：中国共同富裕道路的经验与挑战》，《文化纵横》2021 年第 6 期。

② 李实：《以收入分配制度创新推进共同富裕》，《经济评论》2022 年第 1 期。

平。例如，一般而言，一国居民财富分配的基尼系数要高于收入分配的基尼系数，居民初始的财产分配差距可能不断被资产价格膨胀放大。基于 CFPS 2016 数据的计算结果显示，我国居民财产分配基尼系数达到0.736，而同年由国家统计局发布的收入分配基尼系数为0.465。就我国现阶段居民财产结构来看，财产分配差距较大的主要原因在于住房资产差距，它大约解释了财富差距的 70%。[1] 住房一旦超越使用价值属性，过度承担金融资产的保值甚至套利交易功能，就可能对财富分配的不平等产生极大影响。因而，坚持"房住不炒"、完善住房保障制度体系是增强收入分配公平性、推进共同富裕的重要环节，也是经济结构调整，促使资金"脱虚向实"，通过实体部门高质量发展稳固就业和收入增长的一个发力点。

此外，如加强优质教育资源的均等化分布、打击资本对教育领域的过度渗透、抑制中小学教育领域过度的商品化等举措，都是在劳动力再生产环节促进公平、共享，进而提升劳动力整体的素质和创新能力。我国共同富裕原则的践行将勤劳与创新致富放在突出位置，通过教育提升劳动技能以获得更高报酬，是中低收入家庭获取收入流动性、代际流动性最为关键的渠道，教育机会均等化和教育质量提升是共同富裕的重要前提。

除了常规性地面向居民部门的再分配外，中央在协调地区发展、推进产业结构升级的过程中，面向特定区域和产业的减税、补贴、重大工程建设，往往是直接以效率为导向的。陈宗胜注意到改革开放后深圳、上海浦东和天津滨海新区逐渐形成三大增长极的过程，先由政府有意的再分配驱动，以极化增长为目标，进而与市场经济的评价机制相契合，成为吸引优质要素的增长极，故再分配绝不仅是公平导向，而是推进效率的提升。[2] 同时，我国新型举国体制下的脱贫攻坚也在构建起公平与

---

① 张晓晶：《金融发展与共同富裕：一个研究框架》，《经济学动态》2021 年第 12 期。
② 陈宗胜：《综合运用经济发展、体制改革及分配举措推进共同富裕》，《经济学动态》2021 年第 10 期。

效率间的正向循环。从数据表现来看，2018～2020 年，累计投入的中央财政专项扶贫资金高达 711 亿元，整合 832 个贫困县涉农资金、各类地方政府债券资金、政府性基金、社会资本，累计万亿元资金助力农村脱贫。在温铁军等看来，这种举措是政府直接把改革过程中城市偏向阶段长期流出的资金、要素重新回推到贫困地区，帮助当地形成了新的产业发展要素条件。虽然因地制宜快速布局的现代化农业、加工业和旅游服务业等，并不内生于当地原有的产业基础，只是居于国家扶贫战略和再分配举措下的"飞来的产业化"，是生产要素的逆向配置。但是这一系列制度安排帮助贫困地区突破了原有要素限制、形成了新的生产力和获得了产业升级的初始动能。如果没有要素条件培育，贫困地区就难以在市场评价中取得所谓同等的竞争地位。通过化解农村地区的绝对贫困，新发展格局下的国内大循环也才有了可能。因而，对于这样一轮看似成本高昂的减贫运动，最终需要考察它作为"国家重大战略调整"带来的长期综合性制度收益，收益既包括贫困地区居民的收入增加，也包括大循环下的生产力再布局、新动能发掘和结构优化，以及社会主义制度安排持续在协调、公平方向上的前进。[①]

综上，在新技术革命引发生产方式、分配关系变革的背景下，振兴实体经济通过充分释放新技术动能、适时推动产业升级，为共同富裕奠定生产力基础。在此过程中，社会主义市场经济体制为共同富裕提供了制度保障，公有制与市场经济的有机结合作为制度基础，将促成经济发展的包容与共享；市场经济基础性制度的完善与宏观经济治理体系的升级，为实体经济发展和促进共同富裕建立体制机制，有效市场与有为政府的有机结合，将在收入分配的全过程中促成公平与效率的正向互动。在构建新发展格局和新一轮产业革命的机遇与挑战下，推进共同富裕是我国建立内循环、形成实体经济稳定增长所必要的条件，践行共同富裕的过程又将为社会主义市场经济治理能力的升级赋予新的经验。

---

① 温铁军、王茜、张俊娜：《新举国体制下的中国扶贫与生态转型》，《当代中国与世界》2021 年第 1 期。

三 优化生产力布局与地区间协调发展导向的区域政策

上一节中我们关注到，振兴实体经济与促进共同富裕相协同的一个重点交叉领域，在于通过农业农村现代化持续缩小城乡收入差距。在我国的经济治理制度体系中，不仅收入分配格局改善直接贡献于提振内需，区域经济布局优化作为与城乡关系相并联的空间发展格局，同样也既关乎发展的协同共享，又对经济循环体系直接扩容。我国巨大的国土空间优势，则为生产力新一轮优化布局和再建增长极提供了可能。

（一）中国区域政策演进的历史简述及其理论命题

新中国成立后至改革开放前，在计划经济体制主导资源配置的基础上，在建成独立完整的工业生产体系的目标作用下，我国区域间经济格局主要受生产力平均布局思想的指导，逐步形成了沿海与内陆全国一盘棋的赶超发展特色，区域间经济发展大体上呈现平均化趋势。改革开放后，区域间经济关系体现了效率优先的差异化发展导向，经济地理上的梯度推移是这一时期的空间结构特征，东部沿海与内陆地区间的发展差距开始扩大。

进入新时代以来，我国区域政策的基本思路是公平与效率并重，促进区域协调发展，在遵循客观经济规律的基础上，优化区域经济布局，为获取持续增长动能、实现高质量发展开拓了新的空间。空间结构呈现多点多极与内外联动的特点，如 GDP 等指标显示我国的区域经济发展水平开始趋向收敛。[①]

新时代以来，区域政策在我国国家发展战略规划中的地位不断提升，与财政、货币、产业政策等并列作为宏观经济治理体系的一部分。

---

① 董雪兵、池若楠：《中国区域经济差异与收敛的时空演进特征》，《经济地理》2020 年第 10 期。

强调区域协调发展，从经济运行的基本逻辑来看，为保持较高的投资率提供了扩大的地理空间，相较于过剩资本自发地向地产、金融等次级循环空间转移，区域协调发展战略为资本在实体经济中的投资提供了更开阔的领地；也为高额投资带来的更大产出扩充了消费能力，缓解了价值生产与实现的矛盾，并将推动不同地区人民对发展成果的共享。除道路、桥梁等平衡区域经济发展所需的传统基础设施建设外，基于我国广阔国土空间不同区域的比较优势，落实主体功能区战略，以中心城市和城市群为重点，开拓高质量发展的动力源，都为国内大循环的实现提供了切实的空间支持。协调区域经济关系作为党的经济治理的重要内容，面临着理论逻辑与实践层面的新总结与新突破。

从社会主义市场经济体制的基本特征出发，协调区域经济发展，既需要完善的市场经济基础性制度，推动要素市场化流动与聚集，形成增长极带动产出增长与劳动者增收，又需要有效的政府规划，再发掘区域优势和增长潜能，统筹人民生活、粮食生产、生态保护、边疆安全等目标，并符合高质量发展更深刻的意蕴。伴随区域政策在中国经济发展制度体系中的功能定位升级，近年来理论经济学界对它代表性的研究角度包括三类。

第一类是区域政策必要性的探究，涉及新古典与马克思在市场机制能否带来区域均衡发展这一问题上的交锋。如陆铭等认为地理因素在经济集聚程度上起关键作用，顺应市场力量的人口与资源向沿海与中心城市集聚，将推进区域间人均 GDP 的收敛；反之，行政力量主导资源向地理条件欠佳地区的流动，会加剧资源空间错配。[1] 这一视角事实上对"人为干预"的区域政策推动生产力再布局的效率发起了挑战。而冯志轩等[2]、靳文辉[3]基于资本积累向来就是深刻的地理事件的角度，突出

① 陆铭、李鹏飞、钟辉勇：《发展与平衡的新时代——新中国 70 年的空间政治经济学》，《管理世界》2019 年第 10 期。
② 冯志轩、李帮喜、龙治铭、张晨：《价值生产、价值转移与积累过程：中国地区间不平衡发展的政治经济学分析》，《经济研究》2020 年第 10 期。
③ 靳文辉：《空间正义实现的公共规制》，《中国社会科学》2021 年第 9 期。

技术选择、收入分配等效应作用下区域间不平衡发展的自我强化，引出政府干预行为避免了区域间发展轨迹"锁定""极化"，突出构建空间正义的正当性。

第二类是区域治理实践与理论的梳理。如，立足历史唯物主义经典视角，对新中国成立以来区域经济布局演变的实践进行逻辑阐释和经验分析[1]；在中国实践的基础上，推进城乡融合、区域分工协作、生产力平衡布局等经典马克思主义区域经济理论的中国化[2]，并形成对以人民为中心的新时代区域经济协调发展思想的初步总结[3]。

第三类针对区域间发展差距的度量和对协调发展内涵认识的升级。在既有代表性研究中，学界多用人均 GDP、居民可支配收入及其增速、资本回报率等指标考察区域间发展水平差距，并将主要原因归结于区域间投入要素的数量、质量及其配置与使用效率差距，地理因素决定的区域经济聚集程度差异[4]，进而关注上述因素协同作用的基础上，区域间产业结构、城镇化水平、创新能力、营商环境、现代化程度等指标的差距[5]。伴随新发展理念的全面落实，区域间协调发展的意蕴不断丰富。许宪春等基于全面现代化的核心要义，构建区域平衡发展的评价体系，将对南北区域发展差距的评估拓展至包含经济、社会、生态、民生四大领域，并逐一探寻各领域差距的生成机理。[6] 区域协调发展战略的定位

[1] 丁任重、李标：《党的区域经济发展战略与实践探索》，《中国社会科学报》2021 年 7 月 26 日。
[2] 荆克迪、刘宜卓、安虎森：《中国共产党百年历程中区域经济理论与实践》，《理论与现代化》2021 年第 3 期。
[3] 武英涛、刘艳苹：《习近平新时代区域经济协调发展思想研究》，《上海经济研究》2019 年第 6 期。
[4] 陈秀山、徐瑛：《中国区域差距影响因素的实证研究》，《中国社会科学》2004 年第 5 期；陆铭、李鹏飞、钟辉勇：《发展与平衡的新时代——新中国 70 年的空间政治经济学》，《管理世界》2019 年第 10 期。
[5] 戴德颐：《基于资源异质性的南北经济发展差距研究》，《技术经济与管理研究》2020 年第 1 期；董雪兵、池若楠：《中国区域经济差异与收敛的时空演进特征》，《经济地理》2020 年第 10 期。
[6] 许宪春、雷泽坤、窦园园、柳士昌：《中国南北平衡发展差距研究——基于"中国平衡发展指数"的综合分析》，《中国工业经济》2021 年第 2 期。

亦是在供给侧结构性改革、新型城镇化、绿色发展同步推进的过程中，形成资源整合推动区域经济高质量发展的合力。[①]

上述研究明确了区域协调发展在中国社会主义经济实践中的重大意义，但是依然面临一个基础理论逻辑问题，即社会主义政府何以能够去做国土空间规划，再造生产力的空间布局？这一举措不是一种简单的逆自然地理差异的人为建构，而是在社会主义生产关系中，对共同所有的自然、公共空间的再生产的合理规划，是对资本主义条件下自然与空间再生产的方式的超越。因此，需要回到马克思关于人类劳动实践的理论中，分析人与自然地理的关系如何由制度所中介，梳理资本运动一般规律在推进区域相对均衡发展和再生产不平衡过程中的矛盾，并为政府何以必要且可能介入生产力空间布局和重新塑造区域关系提供支持，为党的区域协调发展治理实践提供底层逻辑的支持，理解区域协调发展更深刻的内涵，避免过度陷入投资绩效评估的成本利润准则困境。

（二）自然社会化与生产力再布局的理论逻辑

在从马克思主义经典文献出发，对社会主义国家区域规划做理论研究的文献中，学者多引证马克思、恩格斯所述的城市经济集聚深化社会分工、推动生产力增长，与城市生活逼仄拥堵、环境肮脏的现代工业之间矛盾，阐述城市的适度规模与区域布局；参照马克思对城乡分离、工商业与农业分割的论述，说明社会主义条件下引导城乡融合、区域协作的必要，并引述恩格斯关于社会主义应超越资本主义区域发展不平衡，使大工业在全国均衡分布的观点，尝试为社会主义生产力区域平衡布局建立理论基础。

除此之外，面对人类社会何以能突破自然地理分工，合乎规律地进行生产力重新布局这一重大问题，基于人类劳动过程的一般分析再生产自然，本身不是人类突兀地僭越，劳动活动本就在再生产人的同时将自

---

① 孙久文、苏玺鉴：《新时代区域高质量发展的理论创新和实践探索》，《经济纵横》2020 年第 2 期。

然社会化，而自然被再生产的样貌受到生产关系的制约。对此，学者史密斯的研究有很强的代表性，他提出："借助人类劳动和全球范围的自然生产，人类社会堂堂正正地将自己摆在了自然的中心。妄想别的，就是怀旧。"① 在生产力发展、分工深化与市场规模扩张借助自然的丰富性，将劳动生产力转变为资本生产力的过程中，对自然力的改造与应用发挥了至关重要的作用。

第一，从劳动过程一般出发，劳动力、劳动对象与劳动资料是生产力三要素。人类社会的生产力发展表现为人类不断地升级应用自然力与改造自然物的方式，"利用物的机械的、物理的和化学的属性"时，"自然物本身就成为他的活动的器官，他把这种器官加到他身体的器官上，不顾圣经的训诫，延长了他的自然的肢体"。② 劳动实践就是人与自然相互统一并互动改造的过程。

第二，以获得交换价值为目标的商品生产，既要求更为丰富的使用价值，又受到价值规律约束，以标准化生产过程、节约劳动时间为重要的盈利手段。这就使得生产既要充分应用丰富多样的自然，不断增加商品种类，又要对多样化的自然进行标准化使用。即自然环境的差异性及自然产品的多样性，形成了社会深化分工的自然基础，使得由一定规模的资本组织生产，并且结合劳动成为必要选择。"资本的祖国不是草木繁茂的热带，而是温带。不是土壤的绝对肥力，而是它的差异性和它的自然产品的多样性，形成社会分工的自然基础，并且通过人所处的自然环境的变化，促使他们自己的需要、能力、劳动资料和劳动方式趋于多样化。社会地控制自然力，从而节约地利用自然力，用人力兴建大规模的工程占有或驯服自然力，——这种必要性在产业史上起着最有决定性的作用。"③ "资本一旦合并了形成财富的两

---

① 尼尔·史密斯：《不平衡发展：自然、资本与空间的生产》，刘怀玉、付清松译，商务印书馆，2021，第120页。
② 《资本论》（第一卷），人民出版社，2004，第209页。
③ 《资本论》（第一卷），人民出版社，2004，第587~588页。

个原始要素——劳动力和土地，它便获得了一种扩张的能力"[1]，借助科学知识积淀，不断地对自然力进行发掘、使用与控制，催化更大规模的剩余生产，并加快积累的过程。资本合并其他要素的过程还表现为对矿产资源的开发、自然物种生命奥秘的探索，以及人类合成新的产品，对于改变生产方式本身、生产新的使用价值，持续获取交换价值都有重大意义。"资本所合并的劳动力、科学和土地（经济学上所说的土地是指未经人的协助而自然存在的一切劳动对象），也会成为资本的有弹性的能力，这种能力在一定的限度内使资本具有一个不依赖于它本身的量的作用范围。"[2] 由此，劳动对资本的实际隶属的发生过程，与资本占据应用自然的能力具有高度一致性。一般劳动过程中，人与自然的统一，变更为资本占据自然力优势控制劳动的过程。

第三，伴随对生产什么、如何生产的掌控能力增强，自然差异已被内化为劳动过程的系统性社会分化的基础，让位于资本积累诉求下空间再生产的过程。[3] 在积累进程中，随着生产力的不断发展，自然地理对经济发展的制约明显减弱，原料是过去劳动过程的产物，大多数工业制成品的工序由生产力而非自然的分布决定。"这就是为什么，尽管世界的石油开采工业仍然完全限制在有油的地方，但世界的石油化工却并非同样限制或集中在那些产油区。"[4] "资本主义继承了建立在自然差异基础上的劳动地域分工，而且这种地域分工在今天仍然或多或少发挥着影响，但相对于新社会中在发展条件和发展水平方面呈现出来的，而且已经占据主导的分化力量来说，旧的地域分工只能算是个前朝遗老。它能保留下来多少，要看资本垂青的程度。"[5] 空间格局表现为一个被积累

---

① 《资本论》（第一卷），人民出版社，2004，第 697 页。
② 《资本论》（第一卷），人民出版社，2004，第 703 页。
③ 尼尔·史密斯：《不平衡发展：自然、资本与空间的生产》，刘怀玉、付清松译，商务印书馆，2021，第 179 页。
④ 尼尔·史密斯：《不平衡发展：自然、资本与空间的生产》，刘怀玉、付清松译，商务印书馆，2021，第 186 页。
⑤ 尼尔·史密斯：《不平衡发展：自然、资本与空间的生产》，刘怀玉、付清松译，商务印书馆，2021，第 187 页。

和社会再生产重塑的动态过程，对于人在自然中的劳动实践，一项重要结果就是对区位、对空间格局的生产。在资本关系的运行中，资本是空间生产的主体，资本增殖就是空间生产的目的。空间为资本积累、领土扩张提供手段，积累又完成对空间的再塑造，即资本积累就是依托于空间，并通过对空间的再造而实现的。地理空间也由自然物转变为资本运动的生产资料和产物，空间被嵌入社会生产与再生产过程中，地理空间的演化就是对社会变革的记录。

第四，不仅自然差异"退化"为区域间差异的一种底色，自然本身成为被再生产的对象的不同方式，亦影响劳动力再生产过程中的不平衡。突出表现为：当经济增长成为基本需要时，对自然支配的持续扩大也就成为必然，资本控制自然的疯狂需求，使得人类不断为被发掘的新的自然事物贴上价格标签，人类逐步生产出比其作为直接的自然存在更多的东西。在生产资料的私人所有制中，对扩大的自然的不平等占有表现得日益突出。例如，伴随生命科学的发展，食品、健康等劳动力再生产条件不断被追加出新的商品形式，生命的奥秘本身成为特殊的生产资料。

综上，政治经济学视角下，在劳动过程或在剩余的生产过程当中，人已经将自然社会化，人与自然的关系并非技术决定论的，而是日趋受到社会形式和制度的调节，由政治事件和力量作用。自然的差异性表现为区域间劳动分工和不平衡发展的一种可能的物质基础，需要关注的是生产关系如何作用于物质景观呈现的不同样貌，空间结构如何表现为生产关系对自然地理环境的再加工。在资本积累的动态过程中，利润率在区域间存在相对收敛和差距持续扩大两类可能，其矛盾根源依然需要回到人类的劳动过程当中，理解自然空间被同质化再生产和被差异化再生产的矛盾机理。

（三）空间再生产过程的内在不平衡与利润率分化

在借助马克思主义经济学的理论概念分析区域间经济发展问题时，一种常见的理论进路是基于平均利润率的形成，关注市场竞争过程中各类生产要素在区域间的流动，是否会表现为与资本在行业间流动相仿的平均利润率生成过程。产业活动的空间属性如果意味着区域间可以直接复制行业间的利润率平均化过程，则能从利润率平均化角度为区域间平衡发展建立理论依据和精准施策。① 针对这一视角，需要厘清的是，特定区域平均的利润率是在行业内、行业间和区域间竞争过程中形成的；理论上讲，要素在空间范围内的自由流动和充分竞争，可能与产业间竞争相对照，长期来看存在利润率平均化的趋势。但是需要注意的是，各个地区的利润率在实际竞争过程中产生，依托于已经存在的差异化的要素条件。恰如在资本间的实际竞争过程中，个体资本一直在试图打破平均利润率，构建一定的壁垒以获取超额利润，实际竞争本身就具有反均衡特征，有助于构建与空间非流动性特征相关联的壁垒以遏止利润被平均化的过程。

利润率既是反映投资回报的指标，本身又由积累规模所引致的需求和技术条件所决定。一方面，利润率影响积累的速度、规模；另一方面，一国范围内已形成的积累中心，往往能够促成在利润、实际工资和劳动生产率间相互强化，高利润率与高水平投资相互推动，扩大区域间以各类指标衡量的发展差距，表现为区域间利润率差异与资本积累动态过程的关系。如，冯志轩等区分了资本积累与利润率之间负反馈与正反馈的两类传导机理。前者表现为特定区域的积累进程导致相对过剩劳动力数量减少、地租上升以及固定资本沉淀导致资本周转速度下降，共同抑制平均利润率，为实现利润率修复，资本在空间的转移将可能形成新的积累中心，但在此作用下的区域间增长将形成此消彼长的局面而非均衡协调发展。正反馈机制表现为积累过程中区域间在技术类型与劳动者收入层面的差距扩大将自我强化。资本积累增速快带动技术进步和劳动生产率提高，使得某一区域获得超额剩余价值从而进一步助推积累，而

---

① 龚勤林、陈说：《马克思主义视阈下的区域协调发展及对我国的启示》，《马克思主义研究》2012 年第 8 期；李士梅、李安：《马克思平均利润率理论的空间维度扩展——中国区域协调发展研究的新视角》，《河南师范大学学报》（哲学社会科学版）2019 年第 3 期。

落后地区在市场规模受限、基础设施薄弱等不利因素作用下，被限制于低劳动力成本的比较优势和劳动密集型产业，难以实现技术升级，又由于低工资对本地消费的抑制，在投资和外需依赖的利润导向型增长体制中延续低劳动力成本依赖。[①] 从利润率动态的视角来看，先发展地区的技术优势通过超额剩余价值生产，不仅相对更能承受劳动力成本上升的负担、稳定利润份额，还将以较高的产能利用率、较高的产出资本比延续高利润率优势；而后发展地区所谓的低劳动力成本优势会持续受到有限市场规模、低生产率增长潜能的冲击，并可能随劳动力流动趋于消失，表现为更低的利润率，致使相对优质的生产要素持续外流。

劳动者总是依托于特定空间从事具体劳动实践的。空间属性是使用价值的物质性，在以交换价值为目的的生产中，同一的抽象价值形式要求空间的相对同质化，这使得差异化的自然空间转变为标准化的、可再造的社会空间。与此同时，商品交换、资本作为持续运动过程的内在属性，需要空间关联，对人类充分地建立空间整合、改善交通设施等提出了要求。"必须创造有效率的、在空间上整合起来的运输系统，并围绕某种由多个市中心形成的等级制来组织这个系统"。[②] 哈维曾通过分析在生产建成环境时固定资本属性的特殊矛盾，引出国家做基础设施布局、影响建成环境生产的必要性。固定资本投资既面临建立自然垄断的租金获取，又需要面对固定资本嵌入建成环境、弱流动性背景下价值丧失的不确定性威胁，资本周转时间越长，其"地理惯性与时间惯性就越大"，"基础设施的创造依赖于投机的和政治的机制，而不是较为寻常的市场机制"。建成环境的生产和维护往往具体表现为一种高度专业化的体系。

除此之外，基础设施投资、生产力再布局本身表现为一种削弱市场内生不稳定性的关键举措，使得面临价值丧失的资本获得了新的用途：

[①] 冯志轩、李帮喜、龙治铭、张晨：《价值生产、价值转移与积累过程：中国地区间不平衡发展的政治经济学分析》，《经济研究》2020年第10期。

[②] 大卫·哈维：《资本的限度》，张寅译，中信出版社，2017，第581页。

"这类投资还展现出另一种独特性。它们不会在使用中老化，而是像土壤肥力的改良一样是可再生的而非可耗尽的资产，优质的条件在地理上的积聚表现出自然的优势，积累了大量的人力资源与社会资源，生产资本会被吸引到这些区域"[①]；"投资有可能既是生产性的（可以改善创造剩余价值的社会条件），又有稳定的作用（可以在较长的时期内管理有效需求）"[②]。因而，即使在资本主义生产关系中，投资于基础设施建设的国家财政政策也成为用来管理积累过程的重要工具。

但是，上述的空间一体化过程始终包含矛盾，在市场竞争过程中，社会分工愈加深化、抽象劳动同一的价值形式要求，以及资本不间断流动的需要，意味着人们要通过大规模的基础设施建设实现空间的一体化，这本身具有推动区域间均衡发展的可能，但又由于固定资本投资内嵌在特定地理空间，为在特定区域的生产者建立起新的"自然的"垄断权力和获取超额剩余价值提供了可能，对长期占有源自区位优势的超额剩余价值产生了强烈的反自由竞争的影响。

空间整合过程源自要求高度流动性的价值关系属性，而其物质属性包含的运输网络构建、公共资源布局又是一种自然垄断权力的再构建，当空间本身成为重要的生产资料时，不平等的空间权利就在传统的生产资料私人所有制之外，追加了一类不平等。只有打破这一垄断权力关系，才能使得更多使用价值一同进入流通体系，促进平等的空间权利。由于固定资本投资是生产地理空间本身和在地理空间中完成再生产的关键决定因素，劳动者向特定地理空间的流动和对一定的地理空间的依附，本质而言，都是对资本的依附。与之对照，既然劳动力对特定空间的依附，以及特定空间的生产能力皆源于固定资本投资，那么投资权力的归属与分配又将重新界定人与空间的关系。

综上，地理空间是可以被再生产的，资本主义生产以资本为主体对空间的再造，是以析出交换价值为基本目标的，并具有内在不平衡性，

---

① 大卫·哈维：《资本的限度》，张寅译，中信出版社，2017，第 616 ~ 617 页。
② 大卫·哈维：《资本的限度》，张寅译，中信出版社，2017，第 619 ~ 620 页。

社会主义的空间生产应当以人为主体。基本目标是提供人所需要的使用价值。国家的空间发展规划，是公共资本对地理空间的投资与再生产，政府积极参与到再生产建成环境，形成公共所有的固定资产，是对不平衡的重要协调方式。

在马克思主义经济学的视野中，资本运动带来区域间分化与均等化的矛盾一直存在，在实际的竞争过程中既无法期望要素条件、产业集聚水平在已存在严重分化的区域推动利润率自发平均化，资本积累的动态过程无论是在分配还是技术选择方面都不能直接促使区域间发展的平衡，但同时又要避免将"不平衡"作为一种哲学普遍性，导致"不平衡发展理论所蕴藏的更深刻的洞见便被消解掉了，其含义被简化成一种最低层次的公分母"[1]。停留在地理决定论的图景，本质上就无法把握生产关系再造不平衡的过程，"不论前资本主义的不平衡发展是出于哪些原因，它们都同造成资本主义不平衡发展的原因迥然相异，资本主义具有自己独特的地理学。与之前的生产方式相比，资本主义的地理学已经完全成为资本主义生产方式的必要组成部分，而且更加系统化"[2]，不平衡发展就是资本的内在需要。与之相比，社会主义再生产协调区域关系的举措，是重构社会主义地理学和人类命运的新的生产关系实践。

（四）中国区域间 GDP 与利润率的变异系数分析

本书第四章已经论证，利润率是反映成本、需求和技术条件综合作用的指标。我国区域间协调发展战略的深刻内涵，不是指向单一经济指标的绝对平均，而是在高质量发展和生态文明大的前提下[3]，实施主体功能区战略、进行重大生产力布局，促进区域间发展的功能互补与相对

---

① 尼尔·史密斯：《不平衡发展：自然、资本与空间的生产》，刘怀玉、付清松译，商务印书馆，2021，第 176 页。

② 尼尔·史密斯：《不平衡发展：自然、资本与空间的生产》，刘怀玉、付清松译，商务印书馆，2021，第 177 页。

③ 樊杰、赵艳楠：《面向现代化的中国区域发展格局：科学内涵与战略重点》，《经济地理》2021 年第 1 期。

平衡。利润率动态恰好定位了各区域分配格局、市场规模、投资效率、技术潜能的变化，合理的利润率本身就是高质量发展与经济循环顺畅的标识。在推进生产要素、公共资源区域间均衡分布上，利润率是发展效率也是长期增长可靠性的参考指标，能较为全面地体现在市场机制推动要素流动与政府国土空间开发利用进程中，各区域经济运行的矛盾与潜力。

在此，利用如下两个公式测算 2000~2017 年[1]我国大陆地区 29 个省区市[2]（资本）利润率和人均 GDP（对数形式）的变异系数：

$$cv_{profit} = \sqrt{\frac{\sum_{i=1}^{N}(profit_{it} - \overline{profit_t})^2}{N}} \Big/ \overline{profit_t}$$

$$cv_{GDP} = \sqrt{\frac{\sum_{i=1}^{N}(\ln pGDP_{it} - \overline{\ln pGDP_t})^2}{N}} \Big/ \overline{\ln pGDP_t}$$

其中，变异系数用标准差除以均值测得；分省区市利润率为收入法 GDP 中营业盈余与固定资本存量[3]的比值，利润率均值以各省区市 GDP 的全国占比为权重计算得到。

2001~2017 年，我国各省区市之间的人均 GDP 差距呈现缩小趋势（见图 6 - 7），意味着区域间以人均 GDP 来衡量的发展平衡度不断提升。但与此同时，利润率的变异系数表现较为复杂，2003~2007 年区域间利润率变异系数有所下降，这标志着区域间投资回报差距缩小，原因或在于 2001 年之后西部大开发等战略逐步落实，西部地区存在大量的待开发空间和一定的成本优势，其投资回报在初期较快上升，使得区域间利润率差距缩小。但是随后要素质量、市场需求、综合的经济社会环境等因素对利润率影响更大，重新拉大了地区间的利润率差距。人均

---

[1]　由于《中国统计年鉴》对收入法 GDP 的计算仅到 2017 年，所以未能将数据更新到最近。

[2]　出于数据的完整性考虑，这里未包含海南与西藏。

[3]　固定资本存量的测算，参见：张军、吴桂英、张吉鹏《中国省际物质资本存量估算：1952—2000》，《经济研究》2004 年第 10 期。

GDP 与利润率变异系数不同趋势的经济学含义值得特别关注。显然，一系列推进区域平衡发展的举措的确缩小了区域间的人均 GDP 差距，但是未能直接缩小资本利润率差距，偏向于中西部地区的资源重新配置，对经济增长和人民增收做出了及时的贡献，但就反映投资盈利甚至整体经济循环的利润率指标而言，中西部地区尚且存在进一步的改善空间，尤其是近年来区域间的利润率差距呈现愈加扩大的态势。例如2017 年，在资本利润率最高的上海、北京、广东、江苏，平均利润率达到 9%～14%，与之相对，贵州、云南、宁夏、甘肃、新疆、青海，利润率仅为 1.6%～3.1%。

图 6-7　全国利润率和人均 GDP 的变异系数

区域间利润率走势并未走向收敛，给我们这样两个重要的提示。一方面，我国的区域政策设计原本就并不只是出于同质空间、同等产出和盈利能力的考虑，而是对国土空间细分了城市化地区、农产品主产区、重点生态功能区三大空间格局，强调综合经济增长动力来源、绿色发展、全社会总体利益的地域功能高质量互补。如果完全遵照同等边际产出或者平均利润率逻辑考察区域间投资的效率，就会步入认识误区，否定区域政策作为国家发展规划多重的战略意义。另一方面，区域间利润率差异依然扩大的趋势也提醒我们，要构建多个增长极、形成多个动力源，促进区域间的融合互动，还需要各个区域适合的产业布局定位，尤其是依靠实体经济发展的内功。本书第四章报告的分区域实体经济积累动能显示，西部地区尽管投资增长快，但在宏观经济环境发生变化的背景下，投资波动性也更强，除了从政策层面对西部发展的偏向性外，也需要西部地区产业盈利能力提升，保持增长的内生稳定性。这就把问题引向了区域实体经济的健康发展与其创新能力的提升，也与下一节要关注的产业政策问题产生了互动。

（五）以实体经济创新能力提升为关键的区域政策升级

考虑到客观存在的主体功能区定位差异，从经济收益角度而言，势必存在城市化地区与农产品主产区、重点生态功能区的明显差距。除此之外，要遵循市场客观规律，在全国范围内打造多个经济增长极，形成区域间的联动发展，也需要各地形成具有地方特色与竞争力的产业集群。

例如，许宪春等的研究提出，高技术产业营收占比差异、数字经济等新动能差异、创新能力差异、人力资本流失等是我国南北经济差距的重要解释因素。[1] 黄少安和谢冬水提出，从 1985 年经济体制改革至今，中国总体的创新能力经历了一个由北强南弱到南强北弱的转变，2008 年以来，南方地区由市场主导的创新体制的创新能力和效率显著提高。此外，就产业结构来看，整体上我国北方地区在重化工业方面具有优势，上游工业在北方分布比较集中，而南方地区则较多汇集了轻纺工业、消费电子工业等下游工业。在我国以重工业发展为关键突破、建设相对完整工业体系的时期，北方地区工业体系的发展速度更快、战略意义更重大；而在我国融入全球生产体系的过程中，南方地区从纺织业到家电业再到消费电子、通信产业的升级，也正好契合了国内、国外双循环的需求空间，并不断推动自身的技术体系升级。同时，相比于上游工业，下游工业的产品创新频率较高，使得南方地区呈现专利申请量更

---

① 许宪春、雷泽坤、窦园园、柳士昌：《中国南北平衡发展差距研究——基于"中国平衡发展指数"的综合分析》，《中国工业经济》2021 年第 2 期。

多、创新投入产出效率更高的特征。①

如图 6-8 所示，尽管总体而言四省的利润率都在 2008 年之后下跌，但四个省份的利润率真正拉开差距，是从 2008 年之后开始的，并非以 2001 年深度融入全球化生产体系为起点，尤其是河北省之前与江苏省的利润率大致相同，且高于广东省。2008 年是我国经济发展动能发生转变的重要节点，表现为从出口驱动转向内需支持，从要素扩张驱动转向技术创新引领等。与之相应，在中国经济的高速增长期，相对侧重上游行业的东北、华北地区，与侧重下游行业的南方沿海地区，利润率并未真正分化，区域间产业分工的总体联动是较为有效的；而增长结构开始转向内需支持和技术创新引领时，利润率的分化开始加速，一个重要原因可能在于，在我国整体面临产业升级的背景下，经济增速和盈利能力落后的区域滞后于形成中高端的产业布局。

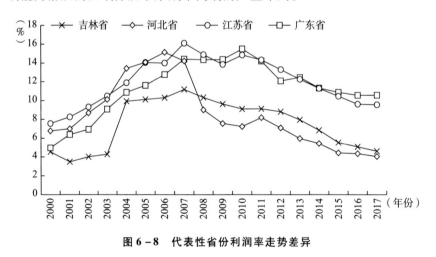

图 6-8 代表性省份利润率走势差异

数据来源：根据国家统计局发布的相关数据计算得到。

从投资盈利水平相对较低的吉林、河北来看，两个省份都曾是我国的重工业集中地，但是近年来伴随经济发展方式转换，面对产业结构优化升级的现实要求，两省的传统产业改造与战略性新兴行业发展还存在

---

① 黄少安、谢冬水：《南北城市功能差异与南北经济差距》，《南方经济》2022 年第 6 期。

不足。例如，环保要求的升级、"双碳"目标的推进，都使得对钢铁工业依赖性较强的河北省的发展受到了一定制约。数据显示，2018年钢铁业盈利占河北省工业盈利的41%，但是互联网、智能终端、半导体等新兴产业在河北的布局较为有限。相比于河北对钢铁工业的高依赖度，吉林的工业产品结构较为丰富，但除汽车、制药和高铁轨道车辆外，新兴产业布局较为欠缺。与吉林、河北相对照，江苏、广东的制造业在新兴产业中的分布比例明显较高。①

回到产业升级的背景进行审视，过去几年新一轮科技与产业革命的主导性部门在两省的发展不足。就河北的产业升级而言，在既有工业体系生产能力和学习经验的基础上，针对关键基础材料、新兴环保工艺、可再生资源等方面获取突破，对于我国制造业整体发展具有重大意义。为此，需要充分发掘京津冀协同发展背景下的科研、人力、资金等多种优势，面向数字经济和绿色发展所需的新技术体系积极布局。以吉林为代表，"十四五"规划关于振兴东北的设计包括对粮食生产安全与生态资源屏障的要求，装备制造业是东北地区也是我国工业体系中的传统优势产业，要推动制造业智能化和绿色化，高端装备制造业是关键，也是传统产业转型的重要枢纽。

面对这一现实，2021年习近平总书记提出："各地区要立足自身优势，结合产业发展需求，科学合理布局科技创新。"② 回到前文的理论基础中，社会主义国家有能力和必要协调区域发展，实现重大生产力在空间中的合理布局，关键在于科技创新的驱动作用，突出资源环境、经济与人口的匹配，形成多个具备地方特色、前瞻性的技术创新中心。改革开放以来，在市场机制和地方政府的作用下，我国已经形成了以"块

---

① 《重工业的停滞——河北与东北》，宁南山（微信公众号），https://mp.weixin.qq.com/s/nZNmjHhso8lvt-wl1XxIZw.，2022年2月22日。

② 习近平：《在中国科学院第二十次院士大会、中国工程院第十五次院士大会、中国科协第十次全国代表大会上的讲话》，《人民日报》2021年5月29日，第2版。

状经济”为标志的一些地方特色产业集群。① 还需要持续优化基础研究、应用创新以及生产营销一体化的创新链与产业链。②

就科技创新、经济与资源环境的匹配来看，2022 年“东数西算”工程全面启动。在第五章中，我们关注到数字经济是赋能实体经济高质量发展的关键，当前我国数字经济在区域间存在发展差距，呈现东强西弱的特征；与此同时，数据中心等重要基础设施的耗能较高，而东部地区的可再生能源禀赋相对西部较弱。这时由国家统筹规划，在西部建设算力枢纽，对东部地区产生的海量数据进行存储、智能加工，就在区域间形成了资源的合理匹配，并能对西部地区数字经济发展形成有效外溢，推动西部整体产业升级。可以说，这是区域与产业政策协同的典型战略。

另就区域创新竞争力的建设而言，需要各个地区中心省份开拓科技与人才优势，打造地区级科技创新中心。③ 受成本因素、国际贸易不确定因素等的影响，近年来我国东南沿海地区原本由跨国公司主导的一部分低端产业，有转向海外生产基地的趋势，这也意味着中西部地区未必完全承接了东部地区的产业转移。在现实发展过程中，中西部地区同样需要提高关键领域的自主创新能力，在合理保持传统产业运营、避免过度激进转型的同时，勇于向中高端产业发展。以重庆市为例，“十四五”以来，重庆市新产业、新业态增长迅速。2021 年重庆市战略性新兴产业、高技术制造业增加值在规模以上工业企业增加值中的占比分别为 28.9%、19.1%，其增速也领先工业企业平均值 8 个百分点以上。④集成电路、新型显示、新型智能终端等战略性新兴支柱产业，为重庆经

① 巨文忠、张淑慧、赵成伟：《国家创新体系与区域创新体系的区别与联系》，《科技中国》2022 年第 3 期。

② 樊杰、赵艳楠：《面向现代化的中国区域发展格局：科学内涵与战略重点》，《经济地理》2021 年第 1 期。

③ 裴延峰：《中国产业结构变迁的空间不平衡对地区经济差距的影响》，《数量经济技术经济研究》2022 年第 3 期。

④ 数据来源：《2021 年重庆市国民经济和社会发展统计公报》。

济的长期发展提供了硬实力。同时，立足成渝双城经济圈的建设，整合两区域丰富的产、学、研资源，重庆市积极推动了科技创新区域协同。2022 年 3 月重庆脑与智能科学中心立项，联动研究链与产业链，直接面向智能产业提供科技支持。

充分发掘地方科研资源，打造区域创新中心与竞争力，在理论界和实践中获得了高度的关注。就国际经验来看，如硅谷、波士顿等区域，高科技公司的集中与兴起都值得专门的经验总结。学者劳森以生产系统的能力分析"区域竞争力"问题，所谓生产系统的能力，重点不是关注特定公司的成败，而是考虑特定环境中集体学习的过程。在特定环境中的社会互动，建立了共同语言、技术诀窍和组织惯例，形成了共享知识，为加入网络的小企业减弱了不确定性，也为重大技术研发及其转让提供了可能。在劳森的研究中，英国剑桥科技园是与硅谷相反的案例，"剑桥科技园的租户一再抱怨那里的公司之间没有社交或技术互动"，剑桥科技园未能培养出与硅谷竞争的大型跨国公司，似与其未能建成高效的"协同创新网络"有关。[①] 鉴于创新是一个长期的系统集成过程，所谓创新"能力"也应被置于地理范围内的生产系统（区域）研究当中，突出信息互动和干中学过程中的不断积累与创新爆发。从这个层面来看，我国整合各个地区资源，建立国家科技创新中心、区域科技创新中心的部署是极具战略眼光的。

综上，区域政策作为我国经济治理体系中的代表性制度，扎根于以人民为中心、推动区域协调发展的目标。在明确主体功能区定位差异，认识到区域间经济增速和投资收益客观差距的基础上，各地区经济增长韧性增强的关键还在于适时推动产业升级、加快实体经济创新发展。在打造区域增长极的过程中，除中央的整体规划外，我国地方政府凭借掌握的经济资源，也在努力推进地方产业结构的升级。这就引出了下一节关于产业政策研究的主题，并提请留意两个问题：一是各地区争取引驻

---

① C. Lawson, "Towards a competence theory of the region," *Cambridge Journal of Economics*, 1999, 23 (2).

中高端产业，受到我国产业结构整体升级、技术范式重大转变的客观召唤，但是需要避免地方政府单一的"选择性"产业政策，切勿不顾当地现实禀赋条件，将资源全部汇集到新兴产业，对传统产业简单"一刀切"，降低投资效率且引致产业链断裂、失业增加等风险；二是打造区域创新中心、强化对基础科学研究的支持及成果转化，是区域政策与新型产业政策协同的关键点。

四 以科技创新为导向的新型产业政策

前文中我们分析了持续的科学技术研发增量对于实体经济保持投资动能、优化投资结构，和提升利润率的重大意义。当下在数字经济、绿色技术等关键领域取得重大技术突破，是建设现代化产业体系的生产力基础，也将为内外循环的优化升级注入新的动能。本书的理论分析特别强调了技术进步不是外生变量，难以依靠现成实验室成果的市场应用，而是由市场内生的经济循环过程与经济制度体系不断诱导和催化。在第四章中，我们着重于技术创新如何支持积累与较好的利润率条件，在第五章中，我们突出了重大技术革命对实体经济高质量发展的具体作用机理。本节旨在通过分析我国产业政策的升级历程与发生逻辑，明确我国经济治理体系如何直接为技术创新提供有效的制度支持。

技术创新是市场主体做出的微观行为，但创新发生在具体的市场环境中，而市场本身又是一种需要维护的制度条件，故与变革的技术范式配套的市场体系、市场经济法规都需要适时更新升级。就本书理论分析部分涉及的资本积累的制度结构来看，公司治理模式、竞争环境、要素市场的完备性、政府的经济作为等都会影响企业的投资行为选择，进而作用于技术创新和长期积累的动能。从中国改革发展的历史实践来看，产业政策的基本内涵伴随中国经济体制改革逐步成熟升级，产业政策的目标经历了工业体系独立完整—产业结构比例协调—价值链升级的总过程。计划经济时期，政府作为中央计划者直接确立产业发展战略、投资并建成特定产业结构关系；市场化改革阶段，由市场机制主导资源配置和产业结构演变，政府顺应居民正常生活需要、生产要素自然禀赋和全球化生产技术特征，以间接方式推动支柱产业、高新技术产业发展，促进产业结构升级；新时代以来，产业政策设计以高质量发展为导向，侧重企业创新环境建设、创新能力培育，如郭克莎提出，供给侧结构性改革本质上是一种产业政策[1]，通过各种具体机制推动供给体系（包括技术体系和产品结构）质量与效率升级。

经验显示，无论是后发国家的经济赶超过程，还是先发国家曾经历的现代化进程及其尝试稳固自身技术与经济优势地位的当代实践，产业政策始终都是无法缺位的。当技术创新作为经济发展的主动能时，产业政策范式由既定产业引导转向技术创新培育，产业政策不再是政府作为单一主体的投资计划和产业布局，也不是政府对市场优胜者的选择，有效的产业政策需要中央政府的目标规划、地方政府的政策落地机制与市场主体的良好预期、行为选择达成有效互动，建立起公私协同的技术创新生态体系。

（一）产业政策内涵在经济发展历程中的升华

产业政策的基本含义是指中央或地方政府根据国民经济运行规律和现实发展要求，调整产业结构、产业组织以及产业布局，有意识地提高社会供给质量，使供给结构能够有效适应和提升需求结构。产业政策运行往往会针对性地辅助特定产业快速发展，并利用其技术与需求外溢带动整体经济发展，最终全面影响社会再生产过程。

在工业化早期阶段、计划经济体制中以及计划经济向市场经济的转轨阶段，产业政策对结构调整的作用，主要针对三次产业的比例问题。伴随工业化进程，产业政策更主要地被用于支持制造业内部的行业布局和技术体系改造，进而升级整个国家的生产结构。土耳其学者尤勒克直

---

[1] 郭克莎：《中国产业结构调整升级趋势与"十四五"时期政策思路》，《中国工业经济》2019 年第 7 期。

接提出，产业政策作为一种结构性政策，是指政府选择性地利用预算和非预算的资源，引导各类资源，包括劳动力、企业家和私人资本汇集到制造业部门，目的是提高国家经济增长的长期能力。考虑到制造业是生产率提升和创新的温床，尤勒克提出，尽管并非所有制造业参与者都能获取足够利润，由于微笑曲线的存在，许多企业、国家仅获得了有限的利润，但是制造业与其他行业的联系和学习效应发挥，是一个社会生产能力的积累与建设过程。值得注意的是，尤勒克在这里的观点与我国学者路风产生了共鸣："工业化是能力建设的过程"，即使是处于微笑曲线底端盈利有限的企业，身处实践一线，保持生产和学习能力始终也是有可能进入自主创新阶段的前提条件。[①] 与此同时，将产业政策的作用特别指向增加对制造业的投入及建设创新能力，也支持了本书将产业政策作为中国经济治理体系中振兴实体经济的关键性制度条件，并在此意义上关注产业政策的必要性及其历史与实践经验。

按照产业政策的实质性功能，田国强将它们分类为：软性的普适性产业政策，目标在于提升市场功能；硬性的选择性产业政策，目标在于支撑新兴行业或基础行业等的发展。[②] 基于这一分类标准，关于完善市场体系、完善市场经济各类法规的制度安排都可以被纳入软性产业政策的范畴。陈钊则将产业政策分为：产业规制政策，包括维护市场竞争格局、避免过度垄断造成效率损失的竞争政策和绿色发展导向下的环境规制政策；产业扶持政策，是以特定政策推动特定产业的发展。[③] 除此外，类似新型基础设施、经济特区、产业园建设等也具有产业政策性质。参照这样的定义方式，王勇在关注中国西部地区农业生产经验时，发现地方政府主动收集市场信息、帮助调动铁路运力等对当地土豆产业

---

① 穆拉特·尤勒克：《国家如何成功：制造业、贸易、产业政策与经济发展》，孙志燕译，清华大学出版社，2021。

② 田国强：《从产业政策到竞争政策，从两场争论谈起》，學人 Scholar（微信公众号），https://mp. weixin. qq. com/s/kd-aul6Yy3HrRXfpZwN7Nw，2022 年 2 月 17 日。

③ 陈钊：《大国治理中的产业政策》，《学术月刊》2022 年第 1 期。

发展和经济增长起到了积极的推动作用。① 这种专门针对特定产业的"非中性"公共服务与公共品支持就是产业政策，体现出"市场导向、政府扶持"的典型特征，无论是在农业还是在其他产业中。与此同时，道路等基础设施建设、公共品供给乃至有政府辅助的农业生产组织建设，都具有软性的普适性产业政策的性质。伴随着我国产业发展定位趋于高端，既有的可供直接参考的产业布局发展经验减少，有学者提出选择性产业政策的作用将趋于减弱，而普适性、功能性的产业政策作用将进一步增强。后者的典型表现是建立公平有序的竞争体制，减少直接指令性的产业补贴或限制，从而降低财政投入扭曲和重复建设的风险。但是需要在此厘清的是，严格意义上产业政策就是由政府作为主体做出的"非中性"的产业支持，即使是以完善市场功能为目标的普适性产业政策，也并不代表政府的退出。在基础科学领域创新对一国竞争力愈加重要的背景下，后文将特别突出产业政策在创新生态体系中的功能，及其与科技政策的协同作用发挥。

从产业政策的实施主体来看，它们包含中央产业政策、地方产业政策。这也是我国产业政策体系的突出特征，中央层面的产业政策体现在国家定期的经济发展战略规划中。在社会主义市场经济体制中，经济规划是党治国理政的重要方式，经济规划将社会共识上升为国家意志，提供了全社会共同的行动纲领。在实际运行层面，规划兼具预期性和约束性的双重作用：一方面，政府不直接配置资源，但是规划通过调整个体预期，引导资源配置向具有更强社会认同的方向汇集；另一方面，尽管规划由政府发布，但相较于"相机抉择"的宏观政策，中长期的经济规划在一定程度上对各部委、地方政府的行为施加了约束，各级政府具体的经济行为要在规划总目标之下展开。例如，当创新驱动、数字经济、绿色发展、共同富裕等被纳入规划时，地方政府在保经济增速与引领发展方向时就会面临特定选择范围内的权衡。相较于法律，经济规划

---

① 王勇：《论有效市场与有为政府：新结构经济学视角下的产业政策》，《学习与探索》2017 年第 4 期。

更具灵活性，相较于一般的宏观政策，经济规划又更具约束性和稳定性。①经济规划作为中国经济治理体系中的特殊构成，并非计划经济与市场经济的简单并行。如上一节分析区域政策所述，自工业革命以来，在将人类意志附加于自然的过程中，自然本身已被人类机构所改变，人类劳动实践对自然界、对社会再生产模式的影响不断加强，不论是否承认，人类意志都已深入地作用于地理景观的改造、技术变革方向的引领。社会主义生产方式的题中之义即要求联合起来的生产者，合理调节人与自然间的物质交换，而非资本意志将自然的商品化和私有化。社会主义生产关系中经济"规划"的作用，本质上是以人民共同的发展意志替代由资本主导的再生产构建。

对中央产业政策的实践是地方保持经济增长的重要抓手，经济增长目标的实现，帮助地方政府官员在绩效导向的晋升机制中得到了正向评价，也为地方政府改善了财政收支，使它们有更大的自主活动空间，因而地方政府有较强的意愿践行中央政府的产业规划。同时，也有学者关注到，地方政府之所以有能力完成产业选择，在于中央与地方间类似于"控股公司型"的权力分享架构，两级政府间存在职责同构现象，中央政府将大量的行政性资源配置权力授予地方政府，地方政府利用这些权力具体实现中央政府的政策目标。中央政府对地方政府的授权保持着灵活性和主动性，辅之以相应的监督和激励措施，可以根据实际情况随时收放；而地方政府官员也会基于地方实际情况、宏观经济背景以及个人的判断与风险意识等形成决策，决定财政资源的分配结构。② 除了直接响应中央政策外，实践中，部分地方政府事实上扮演"企业家"角色，为中央规划提供了容错机制和反馈优化路径。在市场经济的环境中，只要地方政府充当市场主体，其投资就与企业投资一样面临失败风险，因

---

① 杨伟民：《规划在中国经济发展中的作用》，在中国人民大学第二届"中国发展理论国际年会"的发言，https://www.thepaper.cn/newsDetail_forward_9708771，2020 年 10 月 17 日。

② 黄少卿：《后发国家的产业政策范式转换问题》，载《比较》（总第 118 辑），中信出版集团，2022。

而不能因投资失败而完全否定地方政府投资的意义。考虑到中央与地方两级结构是我国产业政策实践的突出特征，后文在对中国实践的分析中，将对近年来地方政府产业政策的突出经验与问题再做考察。

在肯定了地方对中央产业政策的推行动力与能力基础上，也需说明的是，传统上，地方政府在实践中央政府的产业规划时，往往倾向于将中央选择的重点产业打造为地方的重点产业。考虑到生产链上的互补性，在做地方产业布局规划时，地方政府会有倾向将整个产业链中重要的企业一起打包引进。如果东中西部地方政府都将中央重点产业作为自身产业选择的方向，就会加剧中西部地区对比较优势的偏离，抑制投资效率，这也是传统产业政策中典型的缺陷。①

（二）理论：技术创新的性质与产业政策的经济学逻辑

分析产业政策的理论逻辑，自然会回到政府如何在市场经济中发挥必要作用这一基本问题，就产业政策而言，又特别涉及技术创新的内在性质是否支持政府作为一个活跃的主体加入创新活动，以及产业政策相较于财政政策或政府其他支出行为，特殊性与有效性何在。

1. 技术创新的联合投资人

在第二章对资本积累理论的梳理中，我们就已发现，当代经济的一个典型特征即政府在延续积累动能和协调积累矛盾中的重要性增强。在日益社会化的生产分工体系中，政府本身即协调资本流通过程的重要因素，包括：确立不同市场的司法基础和运行规则（如金融市场、技术市场、初级品供应市场），直接塑造一些市场（如卡尔·波兰尼对劳动力市场、货币市场、土地市场的分析），投资基础设施建设，维护劳动力和自然等的再生产条件，以及调节再分配比例以推动价值的实现等。

就创新的内在属性而言，政府除了要保障市场合约的履行之外，亦

---

① 陈钊：《大国治理中的产业政策》，《学术月刊》2022 年第 1 期。

不断在知识经济中被加入新的功能定位。创新需要对劳动者技能的投资、需要对研发的持续投入,而在完全的市场经济环境中:一方面,由于创新投资有较强的正外部性,创新知识外溢难以使个体收获足够的垄断租;另一方面,由于信贷约束的存在,私人主导的创新投资存在不足。故而,在知识经济中尤其需要政府充当联合投资人的角色。对此,马祖卡托的研究极具代表性,她指出,期望风险资本能在新经济领域(如清洁技术)的早期和不确定阶段吸纳风险投资的想法是异想天开的。在生物技术、纳米技术和互联网领域,政府部门进行了 15 ~ 20 年的重要投资后,风险资本才出现。[1] 相较于阿吉翁等学者从金融体系约束出发为前沿创新领域的私人投资不足寻找理由,马祖卡托甚至提出,创新型政府会投资于私人部门即使有资源也不会投资的领域,对风险的担忧、利润预期不足以及缺乏远见卓识,使得商业投资难以完全具备凯恩斯意义上的"动物精神"。

2. 技术创新社会风险的兜底人

创新带来的技术更替和产业更新,会引致新旧产业间的利益冲突与时刻伴随劳动者的失业风险,这种情况有时会延缓创新的发生,为此需要政府担任技术更替风险的保险人。[2] 例如,传统能源企业宁愿向地球深处加大采掘石油、煤炭的投资力度,也不愿意投资清洁能源开发。一方面,这导致它们掉入了既定技术轨道的陷阱;另一方面,激进的能源替代战略也可能对大量行业的生存和就业造成严重冲击。政府对竞争失利企业、面临被新技术淘汰部门的救援,也是产业政策的题中之义。[3] 正如佩蕾丝的观点,新"技术—经济范式"的充分发展往往需要"社会—制度"范式的匹配,而后者包含政府的相关政策规划(协调新技

---

① 玛丽安娜·马祖卡托:《创新型政府:构建公共与私人部门共生共赢关系》,李磊等译,中信出版社,2019,第 32 页。
② 菲利普·阿吉翁、赛丽娜·安托南、西蒙·比内尔:《创造性破坏的力量》,余江、赵建航译,中信出版社,2021。
③ 江小涓:《不能盲目崇拜产业政策》,澎湃网,https://www.thepaper.cn/newsDetail_forward_12219029,2021 年 4 月 15 日。

术引致的社会关系变动，包括新旧产业的矛盾关系、就业岗位的转换、分配格局的调整等）以及对新技术的战略投资安排。[①] 作为参照，历史上英国的产业政策还专门针对支柱性部门，挽救其下降的产能，通过主导企业合并的产业组织政策提升现存产业的国际竞争力、提升其全球贸易份额，对特定企业进行政府采购，为夕阳产业也为新兴产业提供了直接的财政补助。[②]

近年来，我国开始全面推进"双碳"目标实现，然而我国富煤贫油少气的基本能源结构、不同地区的产业结构差异，都意味着绿色转型无法一蹴而就，"双碳"目标也要基于全国布局统筹考虑。2022年3月5日，习近平总书记在参加内蒙古代表团审议时特别提道："不能把手里吃饭的家伙先扔了……既要有一个绿色清洁的环境，也要保证我们的生产生活正常进行。"对此，在产业政策体系中，除了为新兴产业提供智力财力的积极支持外，也应为传统产业赋予正常经营环境，而非采取一刀切的方式阻断对这些行业的资源配置。传统产业、非鼓励产业并非没有市场需求的产业，同样是国家产业体系、完整产业链的构成部分，这些产业依然需要生存、发展和升级，依然提供了大量的就业岗位，且依然需要技术升级方面的投入。[③] 2023年以来，习近平总书记多次强调"加快建设以实体经济为支撑的现代化产业体系"，尤其强调现代化产业体系不能搞"低端产业"简单退出，而是要稳中求进、推动传统产业转型升级[④]，保持产业体系完整性、巩固我国作为全球最大制造业基地的地位和影响力。

---

① 卡萝塔·佩蕾丝：《技术革命与金融资本——泡沫与黄金时代的动力学》，田方萌等译，中国人民大学出版社，2007。

② Thomas A. Hemphill, "From industrial policy to national industrial strategy: An emerging global phenomenon," *Bulletin of Science, Technology & Society*, 2020, 38 (3-4).

③ 徐林：《从加入 WTO 到加入 CPTPP：中国产业政策的未来》，载《比较》（总第116辑），中信出版集团，2021。

④ 《习近平主持召开二十届中央财经委员会第一次会议强调　加快建设以实体经济为支撑的现代化产业体系 以人口高质量发展支撑中国式现代化》，《人民日报》2023年5月6日，第1版。

3. 总需求管理有效性的技术支持

产业政策使得凯恩斯的财政支出理论与熊彼特的投资创新理论之间真正构筑起有机联系。[1] 作为 20 世纪前期两位代表性的经济学家，凯恩斯与熊彼特从不同的路径走向了资本主义运行动能维持的问题。凯恩斯体系的首要特征是通过公共投资刺激有效需求，对社会再生产的运行结构进行重建。熊彼特以创新的蜂聚刻画积累的动态，创新在此起到了有效缓解剩余价值生产与实现矛盾的作用。由此，不仅是生产型投资促进了增长，当支出更定向于信息技术革命或绿色革命时，凯恩斯的乘数效应也会更强，而且由技术驱动的供应链创造能够在收入分配层面带来持久的改善[2]。打通这一关联路径也使得政府投资绝非仅仅为新技术扩散打造基础设施条件，而是确立了政府就是具有企业家精神的新技术开发的推手。相对成功的经济体中，政府不仅是在凯恩斯主义的需求管理中处于活跃状态，也在工业化的质量升级中居于领导者地位。2010 年前后，面对全球资本主义金融危机和欧元区债务危机的冲击，一些人对葡萄牙、意大利等国的指责指向了政府过高的债务和公共开支。然而马祖卡托指出，问题的症结不在于政府部门的支出超额，而是支出领域的偏颇，即欧洲外围国家未能做出如德国等核心国家一样成功的战略投资。[3]

4. 产业链安全性的补短板作用

在全球贸易争端增加、反全球化浪潮迭涌的背景下，保障产业链完整与安全成为全球核心经济体的关注点，打击了人们对过去 30 年间基于比较优势构建全球供应链是最有效率的安排的信任。面对新冠疫情导致的断供，约瑟夫·斯蒂格利茨于 2020 年表示：经济学家过

---

[1] 玛丽安娜·马祖卡托：《创新型政府：构建公共与私人部门共生共赢关系》，李磊等译，中信出版社，2019，第 52 页。

[2] 这也正是本章分析经济治理体系协同优化经济循环过程，在实施共同富裕导向的收入分配政策的同时关注推动实体经济创新发展的产业政策的原因。

[3] 玛丽安娜·马祖卡托：《创新型政府：构建公共与私人部门共生共赢关系》，李磊等译，中信出版社，2019，第 25 页。

去常常嘲笑各国追求粮食或能源安全的呼吁。他们认为，全球化时代边境已经无关紧要，如果我们自己的国家发生物资短缺，我们总是可以从其他国家获得帮助。现在，随着各国紧紧地将口罩和医疗设备攒在手里，同时拼命地抓取更多的物资，边境突然变得极其重要。新冠疫情强烈地提醒人们，基本的政治和经济部门仍然是民族国家。为了构建看似有效的供应链，我们在全球范围内为链条的每个环节寻觅成本最低的生产商。这非常短视，这样的供应链系统没有弹性、多样性不足且容易被打断。

当前以芯片等为代表的具有极强关联效应的产业，不论是对于技术上的领先者试图扩大控制权，还是对于追赶者尝试获得关键投入品与生产工艺的自给，都是各国产业政策布局的重点领域。如美国的《无尽前沿法案》正是要保持并扩大美国在最前沿技术领域"通用技术"环节的绝对优势。围绕最核心产业技术环节的扶持、技术瓶颈的突破将长期是各国产业政策的重点关注领域。

5. 公共与私人部门协同的创新生态圈建设

一场技术革命动能的充分释放需要系统的支持条件，产业政策的实验不是政府挑选胜者的游戏，而是"市场主导、政府因势利导"的过程。产业政策的落地机制，特别是其微观传导方式，要有效地推动创新体系构建，公与私的作用都不可少。由于前沿创新无法由个体或机构预判，建立有公私主体参与的创新生态圈，形成更多共生和更少寄生的私人与公共合作的伙伴关系尤为重要。"政府部门和私人部门活动交互形成的网络结构，能够发起、导入、修改和扩散新技术"，最重要的不是研发的体量，而是知识的流通及其在经济体中的扩散。政府不仅要通过国家级实验室和高校创造知识，还需要调集资源，使知识和创新能广泛扩散至各个经济部门，通过集合现有创新网络、汇集利益相关者来实现这一目标。[①] 如果缺乏对企业层面创新互补能力的了解，就会极大地限

---

① 玛丽安娜·马祖卡托：《创新型政府：构建公共与私人部门共生共赢关系》，李磊等译，中信出版社，2019，第51页。

制政府创新导向的产业政策的效力。从这个意义上讲，新增长理论、熊彼特理论等创新的宏观模型都存在缺乏微观基础的问题。考虑到企业积累行为模式的（如本书第二和第三章所涉及）金融化的现实，通用电气等公司难以再在创新网络中有所担当。

产业政策的历史经验显示，日本产业政策成功的微观基础在于，领先企业的内部战略和组织规划，使之成为创新型企业（如丰田、索尼或日立），成功地挑战了最发达经济体企业的竞争力。美国的半导体制造技术联合体（SEMATECH）也是受到较为广泛关注的公私合作的创新生态共同体，该组织由国防部与半导体协会牵头成立，联盟首批成员包括 AT&T、IBM、Intel 等 11 家半导体相关企业，每年研发经费由公司与国防部平摊，联盟中研发和管理人员皆来自业界，掌握制造中的关键能力并能针对性制定方案，国防部先进技术开发署（DARPA）会派出人员进入技术委员会，引导发展规划制定，协调国防部的资助计划。组织的主要目的就在于加强半导体制造公司与半导体设备公司间的联系，包括工艺、材料的开发，制造设备开发，以及将它们集成到半导体制造工艺中。

综上，政府绝非先知先觉，当政府作为一个市场主体选择投资领域时，其决策也可能失败。在技术创新作为经济增长关键动能的背景下，产业政策核心的作用需指向一个公私协同的创新生态圈的建立。

（三）历史：中国产业政策的升级与代表性国家的经验

产业政策的底层政治经济学逻辑可以回溯到现代经济体中政府内生的经济角色增强，不只是维持既有市场的规则，还通过培育和催化先前不存在的市场（如一种全新的技术市场），"挤入"企业投资为延续的资本积累提供活力，以缓解积累过程中的基本矛盾。政府从斯密意义上的"守夜人"到凯恩斯意义上的"救火队员"，这一角色转变得以形成的有效投资基础在于合理的产业扶植与技术培育。在良性的产业政策运行体系中，政府从有偏向的公共资源配置起步，获取的一定的投资收益又将作用于公共服务能力和创新引导能力的提升。

从历史经验来看，产业政策的典型工具如关税保护、政府投资、财政补贴以及行政指导与价格干预等，曾分别被应用于早期英美、19 世纪末 20 世纪初的德国、二战后的日本以及苏联的计划经济体制中。[①] 世纪之交，政府参与搭建的产业基金、创新生态网络等成为技术领先国家的代表性"产业政策"工具。市场化改革以来，我国赶超型产业政策的特点，主要表现在以下方面。针对产业结构，政府多会明确重点发展产业、限制淘汰产业的目录，并利用土地政策、财税政策、进出口政策和金融资源配给干预等实现产业结构调整的意图。对于产业组织，传统上多就重点发展行业鼓励一定的资本集中与专业协作、强调规模经济的实现[②]。在上游技术行业较强垄断性现实以及平台经济组织内生垄断的作用下，近年来我国突出了竞争政策的完善，建立有序的竞争环境，形成有助于创新的产业生态圈。对于产业布局，则多与区域政策相协同，突出对生产力在地理空间中分布的规划。

因此，产业政策既发生在落后经济体有经验可循的产业结构升级过程中，也运用于发达经济体对颠覆性创新项目的投资过程中。对于后发国家而言，工业化越晚需要投入的基础设施越多、相应资本规模越大，国家的干预程度就越高。对于领先国家，"无尽前沿"领域的探索意味着基础科学领域的高昂投入与集体贡献，同样是一个非商业化的领域。

1. 经济体制与增长动能变革过程中中国产业政策的升级

产业政策在我国经济发展历程中的应用方式，伴随着经济体制从计划经济到市场经济，以及经济增长动力机制从赶超型到创新引领型两大

---

① 陈玮、耿曙：《"发展型国家"兴衰背后的国家能力与产业政策问题》，《经济社会体制比较》2017 年第 2 期。

② 黄少卿：《后发国家的产业政策范式转换问题》，载《比较》（总第 118 辑），中信出版集团，2022。

类结构性变革而发生革新。

（1）计划经济时期产业政策以生产力空间平衡布局为主。新中国成立后，为了快速建成独立的工业化体系，政府一度充当了唯一的投资主体，确定国民经济比例、产业结构和区域经济关系，逐步建成的独立工业生产体系为改革开放后的快速经济增长打下了生产能力基础。例如，中国的第一个五年计划包含以 156 个工业项目为重点的工业化计划，当时尽管还没有产业政策的专门提法，但是已经出现事实上的产业政策实践。政府将资源直接配置于计划确定的重点工业项目，不仅包括土地、资金、生产资料、交通线路，还有以大学毕业生分配和大学专业设置为代表的人力资源和科研资源配置。[①]"156 项"在当时还起到了生产力空间重新布局的作用，其选址主要集中在东北和内陆地区。1952 年，我国沿海地区的工业总产值占全国的 2/3，且主要集中在少数沿海大城市，上海一地就占全国工业总产值的 20%，内陆地区则不足 1/3。因此"156 项"选择特别考虑到促进内地经济发展和维护国防安全的目标，以及原料产地、原有工业基础和交通便利等现实条件。在项目建设近 70 年后，有学者发现，项目作为历史遗产在内陆城市被继承下来，对于当地的工业集聚水平依然具有显著的正向影响[②]，也为当前我国区域间协调发展、增长极和都市圈的再造打下了生产能力的基础。以"156 项"为代表，新中国成立后计划经济体制下我国的产业政策建立了当代中国工业化的基础，相对平衡了我国东中西的生产力布局，也是我国形成自主创新能力、不断推动技术进步的重要源头。[③]

改革开放以来，我国遵循改革—开放—创新的产业发展逻辑，不断完善经济体制、调整产业发展战略，走出符合中国国情、具有中国特色

---

① 徐林：《从加入 WTO 到加入 CPTPP：中国产业政策的未来》，载《比较》（总第 116 辑），中信出版集团，2021。

② 李天健：《历史冲击下的工业集聚：来自 156 项工程的经验证据》，《中国经济史研究》2022 年第 1 期。

③ 赵学军：《国家治理能力提高的技术基础——"156 项"重点建设项目与当代中国的工业化》，《中南财经政法大学学报》2020 年第 3 期。

的产业发展和结构升级之路，获得的成就是政府和市场充分互动的结果。中央的产业政策大致具备了两个方面功能：一方面侧重于结构调整，突出对重点产业发展的鼓励，另一方面兼具宏观调控的功能，即在经济增长动能不足时集中出台产业政策以稳增长。改革开放伊始，产业结构的调整首先源自居民生活的基本需要，农业与轻工业发展被置于突出的位置，"重转轻""军转民""长转短"成为产业结构调整的主要思路。

（2）市场化改革进程中产业政策目标的演进。1985 年 9 月我国"七五"计划第一次在国家层面运用"产业政策"一词，主要关注农业、轻重工业以及第三产业的发展比例问题，与此同时，在经济学的理论维度逐步明确了社会经济总量平衡不仅是总供求的数量平衡关系，而且是产业结构的升级，由此实现资源的优化配置，获取更优的宏微观效益。这一时期，日本产业政策的成功经验获得了学界广泛关注，以及高层领导人重视。1988 年，国家计委成立了专门的产业政策司，负责产业政策的制定和实施工作，自"八五"计划起，国家开始全面研制产业政策。1989 年《国务院关于当前产业政策要点的决定》颁布，国家明确鼓励和淘汰的产业类型，对产业结构进行调整；1994 年《90 年代国家产业政策纲要》发布，立足国内需求结构和产业结构变动的基础，第一次提出了国民经济支柱产业的概念，将汽车、建筑等明确为我国经济的支柱产业，并制定相应政策。相比于"九五"时期产业政策侧重对国民经济支柱产业的规划，"十五"时期以来，中央层面的产业政策基本都强调高技术行业，突出对增长新动能的培育和全球竞争力提升。"十一五"规划将关于振兴装备制造业的产业政策作为重点，形成了重大技术装备研制以及重大产业技术开发专项规划，逐步打造出装备制造业的"中国名片。"[1]　"十二五"规划直接提出瞄准"战略性新兴产业"，开始突出产业政策与科技政策的协同。

---

[1]　陈钊：《大国治理中的产业政策》，《学术月刊》2022 年第 1 期。

我国产业政策的推进与市场化改革相协同，在中央确定重点支持产业的基础上，政策落地与现实要素条件相配合，而建立在我国丰富劳动力资源基础上的低成本出口导向，也成为这一阶段产业结构变迁的主要推动力。改革历程中，我国的产业政策落实在地方层面大多以技术引进、招商引资为主要抓手，如本书引言所述，其结果在客观上推动了中国企业参与西方国家在全球化生产体系中主导的模块化和内置化生产。在中国制造能力快速扩张、相应的城镇化与第三产业快速发展过程中，工业体系大而不强、生产性服务业发展不足、实体经济盈利下降、日益增长的公共服务开支需求与财政约束间的矛盾等问题日趋严峻。

（3）新时代以来产业政策与科技政策的协同。新时代以来，中国经济持续增长动力面临转变、全球生产体系固有矛盾激化，我国既有的成本驱动、出口导向的高速增长要转为创新驱动、内需导向的高质量增长。[1] 新时代以前的产业政策多是在已知技术类型条件下，针对性地调节产业比例和适当保增长；新型产业政策更多面临的是寻求技术突破过程中的矛盾协调以及催化未知技术潜力的"放水养鱼"。即从追赶型增长到创新引领型增长，产业政策的运用方式也发生了革命性变化。如陈玮和耿曙曾就产业政策在赶超和领先阶段的作用机制进行了区分，赶超阶段的已知信息使得政府规划的规模优势尽显无遗，但是如果在领先阶段沿用先前的产业选择模式，可能因为信息缺失和路径依赖，导致投资低效和干预失灵。伴随我国发展阶段的变化，产业政策模式变革由具体产业的选择扶植到综合的创新培育已经成为共识。[2]

有研究显示，当一个国家愈加靠近世界发展前沿时，直接的产业指令作用弱化，培养创新默会知识能力的基础研究、研究型教育的重要性

---

[1] 黄群慧：《中国共产党领导社会主义工业化建设及其历史经验》，《中国社会科学》2021 年第 7 期。

[2] 陈玮、耿曙：《"发展型国家"兴衰背后的国家能力与产业政策问题》，《经济社会体制比较》2017 年第 2 期。

则不断增强①，基础科学方面的引导性支持作用更大。80 年代中后期以来，我国典型的产业政策类型包括特定领域的技术引进、产业补贴等，财政和税收优惠都是针对专门的行业的。这种做法的好处是已知领域迅速地补短板，但也伴随着企业过度投资、加剧产能过剩的风险。向世界发展前沿的迈进，既是我国经济建设取得的成就，也对产业政策思路变革提出了要求，产业政策与科技政策的协同必须进一步加强，将政策资源配置的指向由特定的产业逐渐转向创新培育。

在近期对我国产业政策与科技政策协同关系的研究中，有学者发现，传统产业政策与科技政策之间的这种协同作用一直是中国产生重大技术进步的重要原因。② 至少自 1986 年以来，我国产业政策中就一直包含科技政策。例如，1988 年国家实施的"火炬计划"旨在加快高新技术产业发展，内容包含建立科技型中小企业孵化基地、国家高新技术产业开发区，形成地理上广泛分布且具有大中小规模的生产力促进中心。1998～2002 年，政府目标更偏向市场化改革和对通胀的抑制，在此期间，科技政策在很大程度上与产业政策脱钩，并侧重于科学研究和人才培育。随后，2003 年国家发改委在原国家发展计划委员会的基础上改组挂牌，中心任务是在各部委、各行业间发起并协调重大的经济与产业政策，曾一度脱钩的产业与科技政策从此更为紧密地关联。国家发改委在启动和起草产业政策的过程中，收集了科学家、企业、地方政府以及其他政府机构的意见，确定给予重点支持的战略性新兴行业，实质是要通过建立国家创新体系，帮助中国工业和企业迅速赶超技术并实现跨越式发展。如上文所述，"十五"计划以来，相较于对支柱产业的关注，高技术产业特别是战略性新兴产业成为政府规划的重点。在经验研究中，产业政策与科技政策在市场经济中的协同作为改革年代中国经济增

---

① 相关观点可参考：菲利普·阿吉翁、赛丽娜·安托南、西蒙·比内尔《创造性破坏的力量》，余江、赵建航译，中信出版社，2021。

② Mao Jie, Shiping Tang, Zhiguo Xiao, Qiang Zhi, "Industrial policy intensity, technological change, and productivity growth: Evidence from China," *Research Policy*, 2021, 50.

长奇迹的重要动因得到了支持。

2. 代表性经济体产业政策与科技政策协同作用的历史经验

（1）日本产业政策的经验：企业网络的重要性。作为历史经验的参照，日本的产业政策先后经历了两个阶段的功能定位演变，并且显示出产业政策与科技政策在市场经济中的共同作用。20 世纪 50 年代至 70 年代中后期，日本产业政策侧重于对特定产业发展的扶植，包括幼稚产业保护、进口限制以及出口支持；从 80 年代开始，转向为总体经济与产业发展提供良好的环境，从经济增长目标向经济社会的全面发展目标转变。基本历史轨迹表现为，纵向的结构性政策向横向的功能性政策转变。[①] 究其原因，相较于早期针对汽车产业、半导体产业的专项政策的成功，随着产业链复杂化，以及国际贸易中最终品贸易占比高于中间品贸易，适用于特定产业的产业政策更加难以发挥作用，且政府缺乏足够信息预判和识别，于是将产业政策重点转向对新技术研发的鼓励，以及通过政策与法规完善改善企业经营环境等。

弗里曼对 20 世纪 70～80 年代日本与苏联创新体系的对照分析颇能显示科技政策与产业政策协同的重要性。日本的创新体系由通产省、学术界和商业界共同组成，对比 70 年代中期日本与苏联的研发经费在 GDP 中的占比，苏联为 4%，远高于日本 2.5% 的水平，但是日本经济的增速更高，弗里曼将原因主要归结至日本研发资金在产业领域更广泛的分布，而非苏联集中在军事和太空领域，尤其是日本企业层面的研发、生产和技术进口实现了有效融合。[②] 创新不只是集中在科技部门，还来自企业层面。特别值得注意的是，作为新熊彼特学派的成员，弗里曼并非如新古典经济学那样将苏联创新产出的低效简单划归为经济体制问题，而是考虑到科技政策的实施需要与产业政策在微观层次协同才能调度起企业的研发过程，从而在公共与私人空间构筑起创新网络。

---

① 郑磊：《产业政策演进的东邻样本》，《财经》2021 年 10 月 11 日。
② 玛丽安娜·马祖卡托：《创新型政府：构建公共与私人部门共生共赢关系》，李磊等译，中信出版社，2019，第 48 页。

（2）美国产业政策的经验："无尽前沿"领域的布局。美国事实上存在的"产业政策"以"创新政策"的形式出现，多以各种方式鼓励需要长期研发的行业进行基础研究，即产业政策增加与技术创新的挂钩，而减少与具体产业的挂钩。美国并不承认面向特定产业的干预和帮扶，但事实上一直致力于构建长期可持续的国家创新体系。从历史实际出发，美国政府之所以鲜有应用后发国家赶超发展过程中采用的"选择性"产业政策，并将后者斥为对市场经济交易秩序的破坏，是因为第二次工业革命以来，美国总体上居于全球产业格局中的技术领先者地位。这使得美国政府无须直接帮扶特定产业，只需要对基础科学研究、通用型技术研发进行支持。例如，美国"大生产"体系中的航空、信息、核能等，都得益于政府资金支持和促进创新的条件。补贴于技术创新的早期阶段，且较少干预具体技术路线，也为后期"市场机制下技术路线的分散试错、自发协调创造了更多可能性"。这样一种做法被视为有更强容错能力、更易搭建创新体系的"总体发展"而非"任务导向"的公共研发开支。

波士顿作为全球生物产业最密集的地理空间（集合了全球 1/3 的生命科学创新公司），与哈佛大学、麻省理工学院等生命科学领域顶尖学院的聚集所能提供的医疗与科研资源紧密相关。就生物医药这一领域而言，因创新风险较高，以创新投入和产出（获批的新分子实体药物）的比例衡量生产率，大型药企的生产率并不高。因而，生物医药也是美国政府投入度极高的行业，并且美国政府不只是对没有明确目标的研究活动进行资助。在医药开发中存在这样的分工——大多数真正的"创新型"药物（如优先审评的新分子实体药物）出自政府资助的实验室，而私营药企专注"创新仿制"药物（现有药物稍加改良）。[①] 1976～2010 年，美国国立卫生研究院资助生物技术产业的总额达 6240 亿美元，一旦失去美国政府这个"医疗领域知识创造最重要的投资者"，风

---

①　玛丽安娜·马祖卡托：《创新型政府：构建公共与私人部门共生共赢关系》，李磊等译，中信出版社，2019，第 78 页。

险资本及公募基金便难以投入生物技术，即所谓没有"造浪者"，就无法迎来"冲浪者"。

面对美国同样存在的失败的产业政策案例，并且由于在以创新网络搭建为主要特征的产业政策下难以测算具体计划的回报率，"市场原教旨主义"往往对公共财政的产出效率发动攻击。然而，现实是美国政府的创新网络建设帮助一系列企业在全球竞争中处于领先地位。对此，当代著名发展经济学家、英国学者沃德指出，劝导发展中国家不要使用产业政策，而自己开展各类创新计划，是历史上帝国主义国家阻止外围国家进入动态发展部门的延续，目的是延续世界经济中心—外围的结构。①

20 世纪 80 年代以来，对产业政策的"抵制"本身是新自由主义意识形态输出的典型表现。一边是劝导发展中国家"遵循比较优势原理，专业化于初级产品出口、旅游业和廉价劳动力装配线制造业，劝诱它们不要再为发展生产能力而向发达国家要求'政策空间'"。另一边是以美国为代表的发达国家积极推进各类事实上的产业政策，包含公共产业基金和创新网络搭建等，代表性的举措包括："先进技术计划"（ATP），成功申请了该计划的公司大多将平均研发周期缩短了一半，催生了大量的新产品；始于 1988 年的"制造业拓展伙伴计划"（MEP）针对性地抵抗日本消费电子产品制造业和钢铁业对美国的冲击，资金来自联邦和州政府以及客户缴费，通过为小公司提供技术、营销和财务建议等，鼓励它们合作与联合研发，2008 年危机后该项目还得到了双倍预算；为应对危机而出台的《美国复苏与再投资法案》，同样直接对重点和前沿制造业进行大规模投资。

2021 年 5 月，美国国会参议院推出《无尽前沿法案》，面对全球竞争格局给美国技术领先地位带来的挑战，法案旨在加大对关键科技领域的政策扶持力度，明确提出就对"国家领导力至关重要"的技术领域

---

① 罗伯特·沃德：《美国的两面性：自由市场意识形态与产业政策的真相》，贾根良等译校，《中国社会科学内部文稿》2017 年第 6 期。

的研究、商业转化和教育培训增加公共投资。法案的核心是设立一个新的技术和创新理事会，由该机构确定关键科技研究领域且每三年做一次更新（已然非常近似于具体的科技与产业发展规划），当期纳入规划的十个领域包含新一轮科技与产业革命中的核心技术类型，也是美国具备比较优势的产业，如人工智能、机器学习和其他先进软件开发，生物技术、医疗技术、基因组学和合成生物学，先进能源，电池和工业效能，自然和人为灾害防御等。法案的另一部分由商务部实施，国会为它划拨约124亿美元预算，直指新技术的研究成果转化，推动科技成果商业化的公私合作，包括建立各个区域技术中心，补足供应链薄弱环节的专项投资，建立"核心供应链韧性项目"等。① 此外，法案还针对在大学、不同区域建立研学中心、科技人才培育体系等做出了比较详尽的规划。

显然，《无尽前沿法案》是美国应对全球科技竞争加速的产物，相较于其已有的国家创新体系，"法案"突出了对重点科研领域的直接规划、公共资金催化成果转化等内容，甚至还涉及区域间的科研、制造能力布局。与我国的经济治理实践相比，美国的经济政策体系也在事实上呈现科技政策与产业政策、区域政策协同的特征，而这三类政策的应用经验在很大程度上解释了中国作为"典型的有社会主义传统的东亚发展型国家"② 取得的经济增长成就。

除了以创新政策形式出台的所谓"高阶"产业政策外，政府的税收政策、各类监管规章对产业发展的引导，同样"含蓄地"构成了产业政策。即使是自由市场原则的高声拥护者，也会时不时地屈从于支持市场干预。例如，在20世纪80年代中期，里根总统对来自日本的特定制成品（电视机、电脑、电动工具）征收了100%关税，并称其目的是

---

① 周子彭：《科技竞争新动态——解读美国〈无尽前沿法案〉》，搜狐网，https://www.sohu.com/a/465822197_463913，2021年5月11日。

② Mao Jie, Shiping Tang, Zhiguo Xiao, Qiang Zhi, "Industrial policy intensity, technological change, and productivity growth: Evidence from China," *Research Policy*, 2021, 50.

"执行自由和公平贸易的原则"。① 2019 年 2 月美国参议院针对《中国制造 2025》做出的一份评估报告，建议美国政府就中国产业发展战略涉及的美国相关产业提前采取防御性举措，并采取中美战略性资金流动限制。②

综上，徐林的观点为本小节的内容做出了总结——我们应在认识上明确"中国不是产业政策的发明人，只是产业政策的追随者"③。从历史经验出发，产业政策并不只是落后国家赶超之路上的垫脚石，在"成熟的"市场经济环境中产业政策不会自动失灵，产业政策是由市场经济特征与技术创新属性所支持的政府经济参与，可行的做法是系统研究并借鉴先发国家产业政策的经验，以推进前沿领域的研发为导向，不断优化产业政策的实施机制。

（四）实践：创新型企业、企业家型地方政府与国字号"产业基金"

在上一节中我们看到，计划经济时期，产业政策的实施起到了快速建成完整工业体系与平衡生产力空间布局的作用；市场经济体制改革时期，产业政策对加快特定行业赶超发展、推动经济增长、形成地区产业集群都起到了重要的作用。当然，在产业政策落地过程中，部分行业过度投资制造过剩产能、地方政府无视禀赋条件重复建设等客观问题的存在，致使资源错配与浪费，一直被视为我国产业政策中的顽疾。要理解我国产业政策运行中的经验并升级其实施机制，需要分析两类问题：一是产业政策落地过程中，企业与地方政府的行为逻辑以及制度安排；二是产业政策工具的有效性。

---

① "Addressing multi-cloud IT challenges in manufacturing," https://industrytoday.com/ad-dressing-multi-cloud-it-challenges-in-manufacturing/.

② Thomas A. Hemphill, "From industrial policy to national industrial strategy: An emerging global phenomenon," *Bulletin of Science, Technology & Society*, 2020, 38（3-4）.

③ 徐林：《从加入 WTO 到加入 CPTPP：中国产业政策的未来》，载《比较》（总第 116 辑），中信出版集团，2021。

1. 创新型企业对产业政策的落实

产业政策的落地要求微观层面企业有较强的创新意愿和能力，在将新技术商业化和发掘新技术机会的过程中有更积极的作为，从而真正建立起我们期望的公私共生共赢的创新生态圈。与之相反，企业耽于金融活动，目标是以资本市场操作形成理想市值，将无助于创新共同体的形成。在我国经济实践中，创新型企业的成长一方面与愈加完善的市场经济体制对创新的激励相关，另一方面也与企业产权关系及其治理机制相关。在社会主义生产关系属性下，国有企业作为传统意义上承载产业政策微观实现机制的重要主体，也被期望能在长期采取更具进取性的创新战略。

伴随社会主义市场经济体制形成，以企业为主体的技术创新体系逐渐确立，企业的研发投入占比和研发产出占比等都快速提高。2020 年，我国企业 R&D 经费支出为 188959 亿元，占全国 R&D 总经费支出的 77.5%，政府研究机构和高等学校 R&D 经费占比分别占 14.8% 和 7.7%。[①] 对照美国 2008 年的研发支出数据来看，私人部门支出占总额的 67%，联邦政府、高校和其他非营利性机构支出占比分别为 26%、4%、3%。在我国社会主义市场经济体制中，企业作为最重要的创新主体，客观上已经形成，相较于以美国为代表的发达经济体，我国政府研发投入强度还存在进一步提升空间。

就市场机制有效性对创新的鼓励来看，集聚了大量创新型企业的深圳的经验具有代表性，科研和创新资源更加集中于企业，形成了创新的"4 个 90%"，即研发资金、研发人员、研发机构和发明专利的 90% 都是来自企业的。究其原因，在深圳取得成功的技术公司大多以市场需求为导向积累技术能力，而非对实验室成果直接进行转化。深圳的技术公司基本是从产业链低端起步逐渐升级的。通过务实的技术路径保证企业生存和基本盈利，之后才能以产、学、研合作的方式升级产品结构和技

---

① 数据来源：国家统计局。

术体系。深圳将科研活动转变为市场创新，又以创新再助力科学研究的过程，深刻体现了工业革命以来"科学在直接生产上的应用本身就成为对科学具有决定性的和推动作用的着眼点"①的自然科学与工艺学发展规律。2019 年，深圳市副市长唐杰在总结深圳经验时提出，改革开放以来，深圳从"三来一补"走向仿造制造、创新制造，再到当前的科学创新，尤其是基础研究，不论是生命科学领域，还是正在作为"可行走的计算机"的汽车工业领域，没有强大的科学能力集聚，就不会形成顶尖的创新企业。②深圳制造业的升级经验，也成为我国产业政策目标乃至经济增长模式升级的一个缩影，市场经济的运行培育起企业生产能力和经验，而公私协同的科研能力的提升，是市场保持增长的重要动能。

就产权关系与组织形态对企业创新能力的影响来看，路风曾就创新型企业进取性战略的特征与一般企业惯用的适应性战略做出过区分。在他看来，创新型企业会就市场变化与竞争挑战识别新的主攻方向，不畏风险通过重组资产与业务，针对技术突破而投资，以尝试在新产品或新领域改变竞争格局。为此，创新型企业无法直接迎合资本市场要求，必须敢于进行较长时期才可能获得回报的投资，其行为逻辑是战略主导财务，并且由于创新的累积、渐进与集体性，企业组织形态从参与决策到成果分享都要有更强的集体性；而采取适应性战略的企业倾向于在已有资产和能力基础上进行边际性改善，主要通过降低各类成本适应竞争压力，避免更高财务风险。③

要让国有企业成为承担重大创新职责的主体，在其资产管理结构上需要做出相应调整。如果企业经营目标是符合资产所有者（外部控制者）对资产保值增值的基本诉求，就会限制企业采取进取性战略，转而

① 《马克思恩格斯文集》（第八卷），人民出版社，2009，第 195 页。
② 唐杰：《深圳：配齐产业链是创新发展的基础》，搜狐网，https://m.sohu.com/a/335186301_120057347，2019 年 8 月 20 日。
③ 路风：《光变：一个企业及其工业史》，当代中国出版社，2016，第 433~435 页。

采取适应性战略以应对基于财务指标的业绩考核。对此，国资委以出资人身份对企业经营的评价方式若是更支持最大化现有资产效率，而非进取性投资，终将阻碍企业创新能力的发展。在本书第二和第三章对积累的制度结构和资本积累"两重化"的分析中都曾涉及，股东权益最大化的企业治理结构对创新投资存在负面影响并充当金融化的推力，这一问题同样存在于当前国有企业的资产管理制度安排中，国资委、国有资产投资公司的评价方式需要赋予企业长期创新投资最强的支持。而中国表现较好的民营企业也支持了这样的经验，追逐所有者利益最大化的企业往往缺乏创新动力，而那些从生产决策到成果分配都更具集体性的企业则产出了更多的创新成果。

2. "企业家型"地方政府的产业政策实践

在中国经济的增长实践中，中央与地方特定的财政与行政关系，地方政府间横向的竞争关系，使得地方政府充当了特殊的市场经济主体；地方政府间的横向竞争机制作为我国经济快速增长阶段的重要驱动力之一，得到了学界的普遍关注。有必要进一步厘清的是，地方政府的竞争能否以及如何解释我国在新技术领域的快速崛起，这就与本节第二小节提及的凯恩斯财政视角与熊彼特创新视角产生了汇合，响应中央产业政策与科技政策的过程中，地方政府间的竞争，在保持经济增速与推动投资质量提升间获得了一定的统一。

不论是对于分税制改革以来我国央地关系形成的高投资增长模式，还是对于地方政府的"企业家精神"对地区产业链构建和技术创新给予的支持，地方政府在产业政策推进中起到的重要作用都毋庸置疑，而使得地方政府有能力实现其投资计划的资金来源，则不仅是地方财政收入，还涉及特殊的土地出让金。伴随住房与土地市场改革，土地转让金一度成为部分地方政府最为重要的财源，地方政府将来自土地的租金收入投入地方产业生态的布局，就在一定程度上贯通了土地资本对实体经济的投资。

如孟捷和吴丰华曾关注到，在《资本论》的经典叙事体系当中，土地所有者作为非生产阶级存在，地租是对剩余价值的扣除也是实际资本积累的障碍。但是需要注意，随着营建环境在现代生产与消费过程中的重要性增强，地租在被用于营建环境建设的过程中，也推动了作为金融资产的土地升值，并产生了制度－垄断租金，而在地方竞争体系中，不应忽略"制度－垄断租金"被生产性使用的可能，如用于补贴创新型企业落地发展。尽管地方政府依靠土地出让获得收入客观上导致了房地产市场泡沫、实体经济与虚拟经济比例失调等问题，但是土地作为地方金融资产，在我国地方产业政策实践中曾发挥过"生产性"作用，其价值不应被忽略。来自土地的租金收入，也使得地方政府在中央的总规划之下，具备一定的产业选择自主权。例如，1997 年安徽省和芜湖市投资成立了地方国企——奇瑞汽车，这并不符合当时我国对于汽车工业"以市场换技术"、不鼓励自主品牌发展的产业政策思路。但是在地方实践的坚持下，国产车问世逐渐挑战了合资品牌车的寡头竞争格局，并使得中央自 2004 年修改了汽车产业政策的思路，转向对自主品牌的鼓励。中央和地方两个层次的产业政策在实践中体现了较高的容错能力。在地方政府的竞争过程中，地租的生产性利用也成为我国保持高投资率和经济增长率的重要原因。[1]

伴随房地产市场改革、土地财政趋紧，以及产业政策的运用朝向可持续与包容性的创新引领型增长，地方层面的产业政策工具和目标等面临革新。如阿吉翁等提出，中国地方层面引入契约、组织或制度上的变革要兼容充分竞争与环境和社会治理的改善，地方层面新的组织模式对于创新型产业政策的意义[2]，将是需要研究与实践突破的重点。下面就将目光投向地方层面以产业基金模式为代表的产业政策工具升级。

3. 产业政策的工具创新：以产业基金为例

我国以往的产业政策，大多针对特定行业进行税收优惠和财政补

---

[1] 孟捷、吴丰华：《制度－垄断地租与中国地方政府竞争：一个马克思主义分析框架》，《开放时代》2020 年第 2 期。

[2] 菲利普·阿吉翁、赛丽娜·安托南、西蒙·比内尔：《创造性破坏的力量》，余江、赵建航译，中信出版社，2021。

贴。直接的优惠和补贴方案理论上使企业用于研发投入的资金有所增加，但实践中也导致企业有意识地将资源投入可测度的研发开支。政府在进行补贴制度设计时面临的识别成本、企业为获取政府补助而存在的道德风险，都使得产业政策对激励企业研发的效率和效果受到质疑。①与之对照，近年来由政府规划引导、由财政资金或国资撬动、吸纳社会资本参与协同助力创新的产业基金模式得到了一定的实践。以"合肥模式"为例，我国产业政策的实施机制正在探寻新的突破。

合肥模式以当地头部企业的带动作用为基础，运用"产业基金"工具优化投融资结构，一方面，积极打造地方产业生态，形成了高质量增长必须依靠的有竞争力的产业集聚；另一方面，也为国有资本兼顾公共性与营利性、做优做强的投资模式探索了道路。合肥模式的基本经验以尊重市场规则和产业发展规律为前提，政府通过财政资金增资或国企战略重组整合打造国资平台，再推动国资平台探索以管资本为主的改革，以直接投资或组建参与各类投资基金，带动社会资本参与，服务于地方产业生态圈的建设。资本运作的两个主要途径：一是投资上市公司股权（定增或协议转让）—上市公司落地重大战略项目，增厚每股收益—上市公司价值提升—资本市场退出；二是投资有清晰的证券化路径规划的战略项目—上市或上市公司项目收购—实现资本市场退出。② 这样一来就以有限规模的国资撬动了更多社会资本，加速了资本周转和提高了产业孵化效率，避免了长期财政消耗性投入导致的地方债务负担加剧。产业布局方面则聚焦地方已有一定积淀的主导产业，围绕优势产业进行战略布局，通过再筛选行业内的头部上市公司，策划招商引资战略项目，依托于国资平台的产业基金帮助解决项目落地的资金问题。京东方、长鑫半导体、科大讯飞、蔚来汽车等企业都曾受惠于合肥模式。

---

① 黄群慧、贺俊：《未来 30 年中国工业化进程与产业变革的重大趋势》，《学习与探索》2019 年第 8 期。

② 唐溯：《合肥模式是时间的玫瑰吗?》，香帅的金融江湖（微信公众号），https://mp.weixin.qq.com/s/e0djYCp2G_FlgM-x45LI-w，2021 年 4 月 3 日。

2021 年末，合肥市政府还提出了设立 200 亿元政府引导母基金，打造科创资本中心的计划。当前，合肥市凭借"芯屏汽合""集终生智"的产业生态体系定位，在已有产业的基础上，敢于直面国家发展战略急需的新兴行业新题大作，其底气在于金融创新和产业培育有效结合取得的经验和技术能力，合肥模式也成为我国新型产业政策的典型案例。

除合肥模式外，湖北省在 2015 年也以 400 亿元省级财政资金为起点，与国内外各类资本合作建立了 2000 亿元规模的长江产业基金群，其中较有代表性的是与小米协同设立的小米长江产业基金，该基金重点投资于小米系分拆业务、智能硬件供应商等。对于小米而言，融入政府牵头的产业基金并撬动更多社会资本，也使自己有更大底气进入风险更高的芯片领域。规模 120 亿元的小米长江产业基金成立后，小米创始人雷军将半导体、先进制造、智能制造和工业机器人选定为核心投资领域，以增强其供应链话语权和在科技领域的竞争优势。除小米外，长江产业基金还与蔚来汽车、航天科工、联想、吉利等分设了专项基金，在原产业布局的基础上推动更多战略性新兴行业落地湖北。

在合肥模式取得一定成功与较高关注度的同时，也需要关注，此类产业基金的投资总体上是顺应市场化逻辑、符合地方比较优势的选择。一方面，这意味着，政府加入产业基金可能只是因为资本市场，特别是风险投资本身发展的不足，仅仅是市场体系的不完善要求政府去发挥相应功能；另一方面，上述投资领域使得政府在适当的因势利导后可以快速退出，投资风险、资本沉淀、财政赤字的压力都很小，但是对于投资周期更长、投资风险更高的通用和共性技术，以及涉及国防或经济安全的产业，此类产业基金的作用就可能有限。政府产业基金的已有成功经验多数是在赶超型产业政策的历史路径下发挥作用的，面对基础科研和颠覆性创新的重要性增强，遵循市场化经营逻辑的地方政府产业基金，可能无法直接对基础科研与颠覆性创新发挥作用。

此外，政府产业基金的运营实践还存在以下问题。（1）政府产业基金与资本市场一般的产业基金定位区别问题，对于政府产业基金是否只是对市场化投资基金的替代，二者的利弊如何比较，徐林指出了当前政府产业基金一定程度上可能是对市场化投资基金的挤出；政府出资背景的基金在与市场化基金的竞争过程中，有时会通过提高标的估值获得被投企业的接纳，从而导致投资标的估值扭曲的风险；地方政府引导的母基金对子基金的多倍返投要求，引致投资机构投资配比的困难，以及投资风险加大与收益下降问题；考虑到国际贸易规则问题，政府产业基金虽然按照商业化投资标准运营，但易于被归为政府产业补贴范畴，有遭到规制的风险。因而，政府产业基金的投资领域还是应集中于创新早期阶段的项目，助力早期融资和对创新型企业的孵化。[①]（2）各级政府设立的大量鼓励企业开发应用型技术的技术创新基金，原意是为了支持企业创新投资，但在现实中可能引发扭曲企业研发目标的问题。例如，企业的研发不是针对市场需要、获得市场认可，而是异化为获取政府的基金资助。这导致高校甚至企业的研发与应用路径变得更为冗长，需要先获得政府认可，再进行市场转化，而非直接面向市场转化。[②] 所以，合理的产业政策体系应当包含不同政策工具的组合，不应简单夸大政府产业基金的功能。

综上，在分析了产业政策理论逻辑、历史经验和实际落地机制的基础上，明确了我国产业政策从赶超型到创新引领型，在从技术引进、招商引资到自主研发的过程中，产业政策范式面临根本性转变。直面实体经济高质量发展的产业政策尤其需要针对以下要点布局。

首先，功能性产业政策并不只是以完善的市场经济体制自发鼓励创新，而是政府与市场各尽其责，有效贯通产学研协同的创新体系，立足新技术革命背景与全球竞争格局。产业政策一般不再侧重于帮扶特定产业，而是与科技政策相协同，以加快突破"工业四基"，稳步走入全球

---

① 徐林：《从加入 WTO 到加入 CPTPP：中国产业政策的未来》，载《比较》（总第 116 辑），中信出版集团，2021。

② 黄少卿：《后发国家的产业政策范式转换问题》，载《比较》（总第 118 辑），中信出版集团，2022。

价值链高端。

其次，产业政策的运行以一整套制度保障的政府能力为前提。产业政策要为实体经济持续积累和盈利提供智能与财力的积极保障，需要综合运用我国经济治理体系中的各类制度优势。如上文所述我国中央与地方关系提供的经济增长机制、具备进取性投资魄力的国有与民营企业，都是产业政策落地并不断得到及时反馈的实现要素，是新型举国体制的微观基础。

最后，"创造性破坏"的发生是在市场机制作用下循序渐进的过程，实施创新导向的产业政策在地方层面要避免过于机械地引导生产资源向新兴产业汇集，对传统产业和使用旧技术范式的在位企业造成较大打击，引致对地方经济增长、就业的过度冲击。颠覆性技术创新的背景下，政府产业政策的内容应包括为创新导致的风险兜底，如失业保障和基本收入计划等，而非"一刀切"、过度激进地压缩传统在位企业的可用资源与运营空间。

立足本书的中心，产业政策要直接有助于振兴实体经济，必须不断催化技术创新、改善实体经济的盈利、推动实体经济持续增长；并能对技术变革风险适当保底，稳固就业、扩充需求，改善经济循环；在实践中持续升级政策目标与工具，形成有中国自主经验的高质量产业政策。同时，收入分配政策与区域政策的协同，又会通过良好的产品实现条件、扩大的生产流通空间给予创新优化的经济循环支持，即制度体系互相之间形成完整合力，不断巩固优化经济循环、提供技术创新的内生动力。

图书在版编目（CIP）数据

　　振兴中国实体经济的资本积累结构：基于马克思主
义经济学的视角／李怡乐著. -- 北京：社会科学文献
出版社，2024.4
　　（清华·政治经济学研究丛书）
　　ISBN 978 - 7 - 5228 - 2484 - 0

　　Ⅰ.①振… Ⅱ.①李… Ⅲ.①中国经济 - 资本积累 -
经济结构 - 研究 Ⅳ.①F121

　　中国国家版本馆 CIP 数据核字（2023）第 173250 号

清华·政治经济学研究丛书
振兴中国实体经济的资本积累结构
　基于马克思主义经济学的视角

著　　者／李怡乐

出 版 人／冀祥德
组稿编辑／陈凤玲
责任编辑／田　康
责任印制／王京美

出　　版／社会科学文献出版社·经济与管理分社 （010）59367226
　　　　　地址：北京市北三环中路甲 29 号院华龙大厦　邮编：100029
　　　　　网址：www.ssap.com.cn
发　　行／社会科学文献出版社 （010）59367028
印　　装／三河市龙林印务有限公司

规　　格／开　本：787mm × 1092mm　1/16
　　　　　印　张：20.5　字　数：291 千字
版　　次／2024 年 4 月第 1 版　2024 年 4 月第 1 次印刷
书　　号／ISBN 978 - 7 - 5228 - 2484 - 0
定　　价／128.00 元

读者服务电话：4008918866